通感视域下
儿童艺术教育研究

孙瑶　著

郑州大学出版社

图书在版编目（CIP）数据

通感视域下儿童艺术教育研究／孙瑶著. — 郑州：
郑州大学出版社，2023.11
ISBN 978-7-5773-0034-4

Ⅰ. ①通… Ⅱ. ①孙… Ⅲ. ①儿童教育-艺术
教育-教育研究 Ⅳ. ①J114-4

中国国家版本馆 CIP 数据核字（2023）第 222825 号

通感视域下儿童艺术教育研究
TONGGAN SHIYU XIA ERTONG YISHU JIAOYU YANJIU

选题策划	宋妍妍		封面设计	王　微
责任编辑	席静雅		版式设计	王　微
责任校对	陈　思		责任监制	朱亚君
出版发行	郑州大学出版社		地　　址	郑州市大学路 40 号（450052）
出 版 人	孙保营		网　　址	http://www.zzup.cn
经　　销	全国新华书店		发行电话	0371-66966070
印　　制	郑州宁昌印务有限公司			
开　　本	710 mm×1 010 mm　1/16			
印　　张	17.25		字　　数	293 千字
版　　次	2023 年 11 月第 1 版		印　　次	2023 年 11 月第 1 次印刷
书　　号	ISBN 978-7-5773-0034-4		定　　价	68.00 元

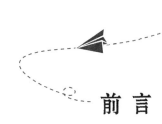

前　言

　　近年来,随着素质教育的全面推进和人们思想观念的转变,孩子的艺术教育问题得到社会的广泛关注。儿童教育中各个学科之间交叉、融合、渗透、综合成为儿童艺术教育改革与发展的趋势。因此,如何将儿童艺术教育在综合学科的融合中获得更大效益,成为儿童教育工作者思考的问题。本书立足于儿童艺术教育视角,围绕《幼儿园教育指导纲要(试行)》《义务教育阶段新课程标准纲要》《教育部艺术教育课程标准》《教师教育课程标准》等几个主要政府指导性文件,涉猎多个教育领域学科理论与实践,阐释了儿童艺术通感的内涵及其在艺术教育及综合育人中的意义,提出在通感视域下完成儿童艺术教育,会获得更理想教育成效的理论。

　　本书共分八章。第一、二章阐述了艺术、通感、艺术教育的概念、价值与内涵,概括了艺术与通感的关系及艺术通感对儿童艺术教育的意义,内容涉及通感产生的心理机制、艺术通感在儿童艺术教育中的意义;对艺术及艺术教育产生的背景与发展脉络进行了梳理,并介绍了国际上处于领先地位的几个国家的艺术教育状况。第三至六章对儿童艺术教育的几种主要形式,包括音乐、美术、儿童文学、儿童剧进行了介绍,并对这几种儿童艺术教育的特点及意义进行了阐释,最后均以课例形式对通感视域下实施艺术教育具有促进及增效作用这一理论进行了实例分析与证明,并为教学实施提供参考。第七章中对综合艺术课程进行了介绍与阐释,指出艺术通感的日常存在及在艺术综合课程中更易获得通感及更易于进行引导与发挥通感功效,建议有条件的幼儿园及学校尽量开展艺术综合课程教学。第八章对我国儿童艺术教育的现状及存在的问题进行了概括,并对艺术通感视域下实施艺术课程的现状及问题提出了具体改进措施与建议。

　　在对儿童艺术教育及儿童艺术通感进行深入研究的基础上,本书将二者科学地结合以期提高儿童艺术教育质量,提升艺术教育效果,其精神与新进代新型人才培养的目标完全一致,并具有一定的创新型与超前性。但这是一项开放性的课题,本书仅是对涉及的部分问题进行了粗浅探究,后续还有更多的问题需要与同仁进一步深入研讨,恳请专家、同行多多指正并提出宝贵意见。

孙　瑶

2023 年 6 月

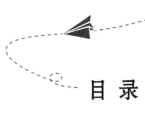

目 录

第一章
艺术与儿童艺术教育

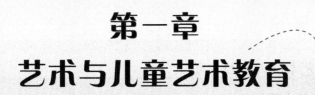

第一节
艺术与艺术教育

一、艺术

（一）艺术的内涵及本质

1. 艺术的内涵

随着时代的更迭，人类文明的进步，艺术的定义也在不断调整和发展，但是有关艺术的各种观点却从来没有一个能被全盘接受的。艺术是一种非实物的存在，它可以通过艺术作品呈现出一种对自我意识形态的表达。在马克思主义学说的框架下，艺术作品首先是指一个社会现象、社会事件，属于上层建筑中的社会意识形态，以自己所特有的方法能动地认识世界。在古代，艺术作品泛指经过一系列的技术活动后，以个人道德修养为基础，在客观、忠实、准确、理性反映事物的基础上所形成的社会生产实践的特殊形态，是为了满足人们的精神追求而进行的文化行为。从某种程度上说，一个时期的艺术风格也是由同时代大众审美观所决定的，每个时代的艺术风格都反映了当时大众的审美意愿和审美理想，体现了时代精神主题。随着时代的发展，人们对艺术有着不同的理解，也进行了不同的诠释，人们通过艺术来进行精神和感情的交流互动。

艺术与哲学、科学是存在一定联系的，艺术作品的定义也应该从哲学与科学两方面进行界定。哲学往往是挑起争议的，而科学则是能终止争议的，艺术作品正是哲学和科学之间的抽象实体。艺术的思维基础来源于哲学，而艺术的表现形式和方法比哲学更广泛。因此，艺术的审美追求和发展方向取决于形而上学的哲学意识，而艺术的表现形式也反向影响着哲学的发展。人们在艺术创作的过程中，充分体现了对生存环境的创新、理解及思辨能力，进而推动了人类文明的发展进步。以哲学意识为主导，艺术和哲学的彼此交融互长,促进了艺术表现形式和方法手段越发多种多样,内涵丰富,耐人寻味。艺术创作就是一个蕴含理性思辨的过程,而哲学的方法论和世界观引导着艺术内涵的升华,二者是动态的相辅相成、辩证统一、交融互长的关系。科学是对真理或者绝对精神的描述,给予人们经验和规律,而艺术是对真理或者绝对精神的美化,给予人们精神层面的慰藉和温暖。

2. 艺术的本质

关于艺术本质,有几种主要的传统观点:主观精神说、客观精神说、再现说。而从艺术的内涵角度来讲,艺术的本质在于"艺术美"。

(1) 艺术美是对现实美的反映

艺术来源于生活而高于生活,是对生活的浓缩、萃取和升华。文学作品、书法绘画作品等视觉类作品,芭蕾舞、歌剧等表演类作品,京剧、评剧、昆曲等我国传统戏曲以及当代广受大众欢迎的小品表演类作品都具备艺术的这种本质属性;对于绘画、雕塑、雕刻等艺术形式来说,它们的呈现方式能够真实反映、再现、还原生活现实中的人物和实物,不论是20世纪六七十年代开始流行的超级现实主义绘画、雕塑艺术,还是我国宋代以后的写实画家马远、范宽等,其作品内容都是来源于生活而高于生活;而小说、影视剧本及话剧的创作就不尽相同了,它们也是具体反映生活现实的艺术作品,在构思和创作过程中,往往艺术地反映作品的主题思想,将生活中搜寻捕捉到的情节、亮点、具体事件和真实人物,按照艺术的高度进行改编、提炼、加工、塑造、糅合,使作品人物鲜活并充满个性,故事情节生动而扣人心弦、引人入胜,然后再还原于生活,将蕴含的人生哲理、对人性的揭示与人性魅力的彰显融入作品,结合作者高超而深厚的艺术造诣、文学修养及文字功力,创作出经典力作。

一部好的艺术作品一定会做到将艺术彰显和真实刻画二者达成高度统一和完美融合,这样的作品才会拥有永久的艺术生命力。

艺术创作的思辨源自现实生活,而生活中美好的事物是艺术取之不尽、用之不竭的源泉。生活中的人、自然、社会等万事万物,都是艺术创作的原型,并在此基础上加以浓缩、升华而成。

(2) 艺术美由艺术创造

"艺术美"是指人们通过对艺术作品的创造或欣赏体会到的美感,一方面,是由创作者凭借自身的艺术造诣、审美意识创造的,遵循美的规律并且专门为了让人们体验到美感而所创作的美;另一方面,是观赏者通过对艺术作品的赏析,结合自身认知积累及艺术修养,在对艺术作品的观赏过程中产生的审美心理反应。艺术不但能表达真实美感,同时也能够表现艺术美,还能够借助主观的认识,将不够完美的事实呈现出来,并通过艺术的表现方法突出其中美的元素或运用丑陋的现实事物做对比进行艺术的碰撞,从而突显美妙的事物,借此使大众产生艺术美的共鸣。综上所述,艺术美是人对真实事物进行艺术创作的真实体现。

艺术是人们感悟客观现实的一种方式。艺术创作则是以思辨与直觉、整体与独立的辩证思维的方式反映客观事物,以此为基础,以代表性具象的表现形式传达、通过追求形神兼具的艺术审美高度的实践表现方式,最终呈现给大众符合时代美感的艺术作品。

艺术创作从创作者人数可分为独立创作与群体创作;从作品来源可分为一度创作、二度创作。一度创作也称为原创,是指画作、雕塑、文学作品、乐曲、歌曲等艺术作品完成后的静止状态;二度创作是艺术的再创作活动,通常是在尊重原创作者的原则上,结合创作目的及客观需求和再创作者的感悟及经验,来对原作品做些局部的改动,达到创作者的创作意图,表现出符合大众审美的真实情感和时代追求。一般情况下,我们把在创作声乐、舞剧、戏曲、电影等艺术动态作品过程中,必须借助于艺人的表现能力,将音乐、歌谱、舞谱、影视剧和戏曲等剧本从一度创作的静态书面作品,转换为可眼观、可耳听的动态作品的艺术再创作行为,即艺术形式从静态转为动态的过程称为二度创作。

(3)艺术美的意义以审美客体形式存在

对艺术美的欣赏是人类审美活动中一种高级、特殊的形态。审美是指欣赏、感悟现实世界万事万物本身所蕴含的美,具体指的是社会生活中人与周围事物产生和建立起来的特定的表现关系。而艺术美与现实美最大的区别在于,艺术美存在的意义就是作为审美对象,是为了满足大众欣赏的需求而创作、存在的。艺术家在创作过程中,终极追求是为了呈现出来一个能满足大众艺术审美需求的作品。艺术,简而言之就是给予人精神享受,让大众欣赏艺术美的同时,潜移默化地提高审美能力,是使审美主体在感受艺术美的同时获得感官的、精神的愉悦并自然地做出审美评价。现实世界中,大多数事物都具有实用性,是真实客观存在的,而艺术作品却不同,它必须具有审美价值才有存在的意义,如在徐悲鸿的《八骏图》里,八匹马能被看却不能被骑;在达·芬奇的名画《最后的晚餐》里,画中的小面包作为圣餐只能供人赏析,却不能享用、解饥。也正是因为这些艺术作品具有高度的美感,符合同时代或后世人的大众审美标准,才能体现真、善、美统一的艺术作品的社会道德导向功能。

在人类的认知中,艺术美是最高表现形式的美,美的定义到底是什么呢?《美育词典》解释:"美是美学最重要的范畴之一,是对能引起人们美感的客观事物的共同本质属性的抽象概括,是所有构成人们审美对象的事物的总和。"[①]"美的概念又包括一些基本的范畴,如崇高、优美、悲剧性、喜剧性、幽默、滑稽等。"[②]美分为艺术美和现实美。艺术美当然指艺术作品呈现的美感,是公众审美的主要来源。而艺术作品是艺术家基于对生活的审美感受和审美追求的创作,是艺术家将生活中的美好与丑恶结合在艺术作品中的再创作,从而体现了人们惩恶扬善的美好愿望。艺术美是人类精神层面的追求,它是最细腻动人、最能引起情感共鸣的艺术表现形式。

(二)艺术的特征及价值

1. 艺术的特征

艺术涵盖多个艺术种类,有各种各样的表现方式和呈现形态。古今中外,学界对艺术特征一直有着不同的观点,我们在此总结:艺术具有形象性、体验性和审美性的特征。

(1)形象性

任何一门艺术都需要将艺术作品形象精雕细琢,不论是音乐、舞蹈、话剧、影视、戏曲表演等艺术二度创作活动,还是绘画、雕塑、文学等艺术构思创作,盖无例外。艺术家通过对艺术形象的打造,将这些艺术形象以独特的形式呈现在审美主体面前,让审美主体产生各自的体会,感慨艺术形象的丰满、真实、生动,或使之体会"余音绕梁,三日不绝"的奇妙美感,或产生"三日不知肉味"的陶醉,通过对艺术表达的高度认可,将之带入崇高的艺术境界,

①杨咏祁:《美育辞典》,江苏美术出版社,1993,第58页。
②杨咏祁:《美育辞典》,江苏美术出版社,1993,第66页。

达到刻入脑海、震撼心灵的效果，从而引发观赏者长久思索，接收艺术家所要传达的审美哲学及审美理念的信息，从而逐步提高观赏主体的审美能力。艺术作品往往带有感性的成分，但又不能仅靠感性创作完成，还要经过反复思考与耐心打磨，才能创作出艺术精品，才会具有一定艺术高度。可以说，优秀的艺术作品是耐人寻味的，是艺术家感性火花的迸发与深度理性思考的结合体，它不是对现实世界客观事物的原封不动的随意照搬，而是经过创作者精挑细选，利用艺术手段进行加工并融入艺术家对人生的感悟及现实世界的态度。艺术形象往往是艺术家对客观事物的理性认识的外化体现和具体彰显。

（2）体验性

艺术的体验性是指艺术活动需要主体体验，这种体验性是艺术审美的必要条件。不同的艺术家以现实世界的事物为原型进行艺术创造时，会产生风格迥异的艺术作品，不同的欣赏者赏析同一件艺术作品会产生各不相同的联想与情感体验，正所谓"一千个读者心中有一千个哈姆雷特"。在艺术创造和艺术欣赏活动中，主观体验性不仅与艺术作品的形式、内涵密切相关，也受主体的认知水平、审美能力等影响。主观体验性是一种特殊的心理现象，往往以审美认知为基础，随审美认知而产生。审美形象、审美认知与审美情感三者具有一定关联性，审美形象经过主体审美认知及其复杂的思想活动，达到情感体验与逻辑认知的统一，美才被发现、被感悟。

（3）审美性

艺术属于上层建筑中的意识形态，具有审美特性，是人对世界的一种精神把握的方式，人们通过艺术审美提升对世界的认识，也包含着人类对自己的认识。通过艺术审美，人性中真善美的光芒得到歌颂与继承，人们获得精神的愉悦与心灵的慰藉，审美性是艺术作品审美价值的集中体现。

2. 艺术的价值

（1）审美价值

在人类的各种意识形态中，艺术最显著、最基本的意义就在于艺术独有的审美价值。艺术家通过艺术创作来表现和传达自己的审美感受和审美理想，欣赏者通过艺术欣赏来获得美感，并满足自己的审美需要。

审美就是"主体对客体审美特征的审辨、感受、体验、判断、评价和能动创造,体现了主客体之间的一种特殊的审美的关系"①;"艺术审美就是对艺术品的审美特征进行审辨、感受、体验、判断、评价和能动创造。"②

价值属于关系范畴,从认识论上来说,是指客体能够满足主体需要的效益关系,是表示客体的属性和功能与主体需要间的一种效用、效益或效应关系的哲学范畴。价值属于哲学范畴,具有最高的普遍性和概括性,是客体能够满足人们(个人或社会)某种需要的关系的属性。

艺术之美能满足人类美化社会、美化环境、愉悦身心、改善人际关系、自动调控生态系统的需要,往往具有审美和娱乐等多重价值。

艺术是人们的精神补给,它不仅展示美的感性形式,而且拥有丰富的内涵。所以艺术的审美价值一般有双面性,一方面的价值是满足人们审美的情感需要,给人以精神享受,使人感到愉悦;另一方面的价值也是更深层次的价值,体现在调节人们的行为,如对美好事物的向往与求索,以利于群体社会的生存与发展。审美价值的深层意义,正是人类社会向文明、进步前进的动力。艺术的审美价值也是艺术的核心价值。艺术不仅是"美"的代名词,还含有很多其他文化价值的沉淀,可以满足人们多方面的需求。审美价值具有主体性、客观性、精神愉悦性的特征。从某种意义上说,审美价值主要是情感价值,同时,审美价值只能产生在审美活动中。

(2)其他价值

除审美价值外,艺术还具有其他的价值,如认知价值、教育与熏陶价值、娱乐价值等。其中,不同于科学的认知功能,艺术的认知价值是指通过举办、参加艺术创造与审美活动,使人们在活动中了解自然与社会,认识人生与世界;艺术的熏陶与教育价值,是指人们通过艺术活动受到真、善、美的启迪与感染,浸润性地产生"三观"态度、思想感情等方面的渐次变化;艺术的娱乐价值,是指人们通过艺术活动获得精神享受和审美愉悦,在这一过程中情绪得到释放,心情得到转换。艺术品本质上属于精神产品,审美价值既然具有使主体精神愉悦的特征,审美价值便属于精神范畴,也具有情感引导的作用,那么,当审美被当作精神产品时,它可以进行价值交换性质的流通,除了艺术本身的价值以外,它还可以获得一定的经济价值。但是,艺术的经济

①楼必生,屠美如:《学前儿童艺术综合教育研究》,北京师范大学出版社,1997,第3页。
②邱明正:《审美心理学》,复旦大学出版社,1993,第21页。

价值只是审美价值的附属价值。只有实现艺术审美的双重精神价值，个体才能获得与社会、自然的和谐统一，才可以实现精神和物质的双重收益。

（三）艺术的分类

现在普遍流行的艺术分类方法是采用了欧洲 18 世纪以来的分类方式，即以"美"的表现形式统摄各门类，如绘画、音乐、建筑、雕刻、文学欣赏、话剧表演等活动。一般来讲，艺术分类常见以下几种。

第一种：以艺术作品的存在方式划分，将艺术分为时间艺术、空间艺术和时空艺术。如音乐、文学就属于时间艺术，雕塑、绘画就属于空间艺术，戏剧、影视就属于时空艺术。

第二种：以艺术作品的审美方式划分，将艺术分为听觉艺术、视觉艺术和视听艺术。如音乐就属于听觉艺术，绘画就属于视觉艺术，戏剧则属于视听艺术。

第三种：以艺术作品内容特征的呈现途径划分，将艺术分为表现艺术和再现艺术。如音乐、舞蹈、建筑、抒情诗等就属于表现艺术，绘画、雕塑、戏剧、小说等则属于再现艺术。

第四种：以艺术作品的物化形式划分，将艺术分为动态艺术和静态艺术。如音乐、舞蹈、戏剧、影视等就属于动态艺术，绘画、雕塑、建筑、实用工艺等则属于静态艺术。

第五种：近些年在欧美等国家比较流行的分类法，把艺术分为视觉艺术和表演艺术。视觉艺术，如绘画、雕塑、建筑、摄影及广告艺术、电影艺术、现代艺术设计、计算机三维动画等；表演艺术，包括音乐、戏剧、舞蹈，以及流行于西方国家的现代音乐剧等。这种分类方法因为容纳了最新出现并广受欢迎的新兴艺术门类，适应现代艺术的发展趋势，因此具备一定合理性，但是这种分类出现时间较短，目前尚未得到世界各国艺术界、学术界、教育界的普遍认可。

第六种：从艺术的美学原则来划分，可以将整个艺术分为五大类别，即实用艺术、造型艺术、表情艺术、综合艺术和语言艺术。如建筑、园林、工艺美术与现代设计就属于实用艺术，绘画、摄影、雕塑、书法等属于造型艺术，音乐、舞蹈等属于表情艺术，戏剧、戏曲、电影电视等属于综合艺术，诗歌、散文、小说等则属于语言艺术。

二、儿童艺术教育的意义与理念

(一)儿童艺术教育的意义

儿童艺术教育是美育的核心内容,也是素质教育的重要组成部分。它的根本教育目标是培养"三观"正确、人格健全、全面发展的社会人。儿童艺术教育对儿童的感知力、理解力、想象力、创造力的培养有重要意义,在启迪智慧、宣泄情绪、表达情感、慰藉灵魂方面也发挥重要作用。

儿童艺术教育所包含的艺术知识部分使艺术教育具有认知功能。艺术是人类文化的重要组成部分,是人文精神鲜活的储存器,那么艺术教育自然是一种文化教育,是一种人文素养教育,是一种对人的心灵进行深度滋养和全面塑造的教育,而绝不是单纯的、可有可无的消遣娱乐活动。它有利于受教育者形成健全的文化人格、健康的人文精神,可以帮助增进人的内在精神力量的全面展开与发展。

艺术教育不仅对世界观、人生观和价值观的塑造具有巨大影响力,而且对责任心、同情心、爱国、爱民、爱社会、爱人类、爱大自然、尊重人、关心人、爱护人、以人为本、善于与人团结合作、尊老爱幼等优良品质的形成产生深刻影响。中外古今有大量经典艺术佳作,均可作为艺术教育的极好内容。如我们欣赏拉斐尔的油画作品《西斯廷圣母》时,通过赏析的过程,受教育者从中注意到的不仅限于油画的高超表现技法,还会了解到画作背后的宗教故事、作者生平,甚至对西方文化知识也能有所涉猎;再如我国传统京剧《锁麟囊》所表现的同情贫苦大众的情怀、救人于贫困的动人情节,唐代诗人王昌龄的乐府短诗《出塞》所表达的心系边关的爱国豪情,文学巨匠鲁迅先生的短篇杰作《一件小事》《祝福》所流露出的对劳动人民深切同情与关注社会、关注底层民众的那种深厚博大的情怀……总之,这些艺术作品所表现出的动人心扉的人文关怀,有助于艺术教育的受众开阔眼界、提升认知、树立正确的"三观"与良好性格品质。

艺术教育所涵盖的艺术技能训练部分使艺术教育具有启迪智慧、开发大脑的功能。艺术教育是一种可以培养创造精神、激发创造潜能、提升想象力、发展语言表达能力、增强逻辑思维能力的教育,尤其针对儿童而言。

　　艺术教育是培养儿童创造精神和能力的一个非常有效的途径。创造性活动是人的潜在能力的表现。艺术教育可以激发人类尤其是儿童的创造欲望，受此欲望的驱使，孩子们会对未知世界进行各种探索与寻觅。在各种类型的艺术教育活动中，学生们在学习与掌握艺术类技能的过程中，个体的情感体验、表达、联想、表现是多元的、自由的、不同的、可变的，艺术教育活动会激发想象力，提升思考力，提高语言表达能力，增强逻辑思维能力，在进行艺术作品的欣赏与品评乃至创造的过程中，儿童的审美能力也在不断提升，产生的审美意象更加丰富、鲜明、生动。积累的艺术审美经验又会促进儿童对生活中美的信息的感知力和能动性的发展，萌生出创造的灵感，即采用艺术形态将自己头脑中的一般意象加工成审美意象，进而创作出艺术作品。

　　艺术教育涵盖的赏美与创美部分使艺术教育具有提升情感能力、培养完美人格的作用。由于艺术是审美情感的重要呈现，艺术的欣赏就是创作者、表演者及欣赏者之间的情感交流与共鸣。在艺术展示过程中，创作者或表演者用艺术符号，如动作、色彩、声音以及言词把自己所曾经体验过、想要传达的思想感情表达出来，以情感感染观众或听众，使审美主体体验到同样的情绪情感，在此刻，艺术审美教育活动对审美主体情感的培养与提高发挥着特别重要的作用。历来的哲学家、艺术家们，都十分重视艺术对人的情感的熏陶与净化作用，强调通过艺术教育来培养人们美好的情感与纯洁的灵魂，进而逐步完成完美人格的构建。艺术教育作为美育的核心内容和主要手段，正是通过以情感人、以情动人的方法，陶冶人的情操，美化人的心灵，使人进入更高的精神境界，成为一个具有高尚情操的人。

　　朱光潜先生在《谈美感教育》中主张："美育就是情感教育，世界事物有真、善、美三种不同价值，人类心理有知、情、意三种不同的活动，这三种心理活动与三种事物的价值相对应，真是关于知，善是关于意，美是关于情，美育的功能在于'怡情养性'，使人具有高尚的情操和崇高的理想。"[1]

　　艺术教育可以使一个人获得全面发展，也是社会实现全面进步的基础，更是建立和谐社会的重要保障。从这个意义上来说，我们认为，艺术教育对于社会主义精神文明建设，对于全民族人文素养的提高，都有重大的意义。艺术教育深刻的社会意义在于发展、传播民族乃至全人类的艺术文化的同

---

①朱光潜：《谈美》，安徽教育出版社，2006，第56页。

时,培养个体成为"审美的人"。他不一定是一个艺术创作者,但他具备一定的审美能力、艺术素养,他能够用崇高的审美境界和人文情怀来看待生活、对待世界、憧憬未来。"艺术教育目的不应该是造就几个专业的艺术家,而是培养一批有美感的国民,让他们从最平凡的东西上见到美;也懂得利用身边平凡的东西创造美;使他们对生活有一种积极快乐的态度,而不只是现实的价值;更使他们能以美的感觉,面对人生的苦难。"①美育这一深刻的社会意义也应是艺术教育的最高目标。

(二)艺术教育的类型

按照不同分类标准进行划分,艺术教育可以分为以下几种。

第一,按照教授对象年龄阶段划分,艺术教育分为学前儿童艺术教育、中小学艺术教育、高校艺术教育。

第二,按照教授内容广度及深度划分,艺术教育分为专业艺术教育与普通艺术教育。

第三,按照教授专业划分,分为音乐教育、美术教育、文学教育、表演教育、艺术综合教育等。

(三)艺术教育秉持的理念

1. 艺术教育是一种审美教育

人类的生命活动,大致可分三个部分,即生存、发展和享乐,这三个部分构成了人的三种基本需要。这里的"享乐"主要包括肉体享乐与精神享乐。审美需要是精神享乐的需要,也是精神享乐的最高形式。当人们满足生存的需要后,有盈余的精力和能量时,精神方面的需求就会随之而来。精神需求得到满足,人类在生产劳动中所积聚的负面能量就会得到释放,心灵处于轻松而自由的状态,人的身心也会顺其自然地进入一种创造状态,重新回到生产劳动之中,进而工作效率也会得到大幅度提升。人们对艺术审美的追求可以溯源到人类早期,远古先民们的审美艺术活动与生产劳动结合得非常紧密,劳动者本身也是艺术的创造者、表演者、欣赏者。之后,随着社会生产力的发展,社会分工出现,艺术创作者和欣赏者之间也有了明确分工。随着经济的发展,这种社会分工也越来越细,具有艺术审美属性的艺术创作成

---

①印小青:《现代儿童艺术教育论》,山东人民出版社,2005,第56页。

为少数人从事的职业，比先前时代的划分更精细、更深入，而另外一部分人，则成了审美产品的消费者，以欣赏者的角色加入艺术审美活动。

进入现代社会，人们娱乐休闲的方式多种多样，如打电子游戏、追剧、看短视频等成了人们主要的放松方式。这些娱乐活动可以促进多巴胺的分泌，可以在短时间内使人感到轻松快乐，但从事这些活动时，它们使人类大脑处于信息被动接受状态，一般不会引发人们深层次的思考。艺术审美则不同，它拥有一种力量，这种力量可以使审美主体获得精神愉悦的同时，心灵产生震撼并引发其理性的思考。

随着现代科学技术的发展，物质产品的丰富，人类文化素质的提高，节省了人们为生存和发展所耗费的时间和精力，使人们有更多的时间与精力投入对美和艺术的追求中，审美艺术活动已经进入"寻常百姓家"。然而在高度发达的商品经济社会里，人们很容易滑入物欲、功利的泥沼。如过度地开发艺术的物质价值而忽略其精神价值，抑或只开发艺术审美的表层价值而忽视其深层价值，导致外在美和内在美的不和谐，物质文明和精神文明的不和谐。对学生实施优秀的艺术文化教育，使学生接受艺术的洗礼与熏陶，提升其审美能力与人文素养，是艺术教育需要达成的重要目标之一。审美创造教育是引导受教育者对自然美、生活美、艺术美、社会美、科学美等进行创造或赏析的行为，一般要达成两个教育目的：一是进行审美形态及其结构的审美特征的教育，培养受教育者的审美能力，包括具有正确的审美观念、艺术的鉴赏能力和审美创造能力等；另一方面，是对人的情感进行熏陶。

"艺术教育通过以情感为中介，由想象、感知和思维所构成的审美心理与审美意识形式对人进行陶冶和教育，不仅能培养审美感知能力、审美情感体验能力、审美想象能力、具体思维能力，而且能培养一种独特的审美联通能力、审美联觉能力、审美通感能力和审美创造能力。"[①]在艺术教育实施过程中，要把提升审美能力这一理念放在重要位置，这是世界各国艺术教育发展的新趋势，也是提升国民国际综合素质竞争力的需要。

2. 艺术教育是综合素质教育，而不仅是艺术技能教育

从艺术教育的组成形式、构成元素及教育功效来看，艺术教育是一种综合素质教育，而不是某种单一艺术门类的教育。它往往要将技能技巧与情

---

①印小青：《现代儿童艺术教育论》，山东人民出版社，2005，第67页。

感、文化、道德、科学、哲学、自然、生活、宗教等要素糅合在一起,受教育者接收到的不是某一方面的技能训练和技巧培养,而是包括审美能力在内的综合素质教育与多种能力培训。艺术教育的目标不仅仅是单纯获得艺术技能,而是推动学生的人文素养和艺术能力等综合素质的发展。这一目标的确立是信息时代的需要,也是培养新时代人才的必要条件。

3. 艺术教育是一种文化教育

艺术是人类文化的核心与精粹,是人文精神鲜活的储存器。艺术教育也是一种文化教育,是一种人文素质教育,是一种对人的心灵进行全面培育和塑造的教育,它对人文精神的养成、文化人格的塑造,都具有极其重要的培育作用。

西方现代哲学家卡西尔认为,人性的表现不仅仅包括语言、神话、宗教、历史和科学,而且也包括艺术。艺术教育作为文化教育的重要组成,是任何一种人类事业的基石。在文艺复兴时期,西方艺术教育进入综合性大学,视觉艺术因其与文学、历史相同的道德训诫作用而成为具有科学精神的人文学科。在美国,高校艺术学科建设已经得到了充分的发展。目前,艺术课程已成为美国高等教育中文科和人文学科的核心组成部分。

西方艺术教育的人文性是艺术作为一门学科存在的基础,这一点对我国艺术课程的建设有着重要的借鉴意义。艺术教育作为文化素质教育,它一开始兴起,就有着鲜明的人文价值取向。文化素质教育就是指人文科学和艺术教育,培养学生的人文精神是艺术教育的宗旨。"人的人文底蕴越深,视野越宽,融会贯通的能力、再创造的能力才会越强,内化的能力也才会越强。"时任教育部副部长王湛在 2000 年全国学校艺术教育工作经验交流会上的讲话中指出:"普通高等院校的艺术课程,要淡化单纯知识传授和技能训练,充实艺术文化教育的内容。"在多艺术门类、多学科综合的艺术教育中,运用各类艺术丰富的内容和感人的形式,注重培养学生的情感和精神追求,"以人文精神统领艺术教育,是世界艺术教育发展的趋势,是提高艺术教育的价值,引导教师走出艺术教育的误区、走出技能训练的怪圈,使艺术教育真正成为对学生情感、态度、价值观的培养、精神的提升和整体素质提高的体现"[1]。

①杨立梅:《致教师》,科学出版社,2001,第66页。

第二节
儿童艺术与儿童艺术教育

一、儿童艺术

每一个孩子的心里都有一颗美的种子,对艺术的热爱是儿童的天性使然。对儿童而言,艺术教育是塑造健全人格、健康心理、全人培养的奠基石,对他们的身心健康发展与和谐成长发挥着不可替代的作用。《幼儿园教育指导纲要》《义务教育阶段新课程标准纲要》均提出了审美感受与创造表现并重的艺术教育观,强调艺术教育对儿童健全人格的促进作用,强调儿童在艺术课程与活动过程中的情感体验和态度倾向。

(一)艺术对儿童发展的意义

1. 艺术能丰富儿童的审美情趣,提升儿童的审美能力

审美是艺术的核心价值,艺术是儿童感受美、表现美和创造美的重要形式,能有效提升儿童的审美情趣,培养儿童对自然界、生活与艺术美的感受、表现与创造能力。如到郊外春游时,听到潺潺的流水声、虫鸣鸟叫声,儿童会特别感兴趣,会倾听、分辨各种声音,并对父母与同伴讲述"青蛙与知了"的故事(对自然美的情趣与感受);面对齐白石的丹青之作《墨虾》,儿童能够感受国画中虾的灵动与活泼,并结合自己的生活经验大胆想象,用语言描述虾儿在水中嬉戏的故事(对艺术美的想象与理解);手里拿着一条彩带,儿童就会伴随音乐边唱边跳(对艺术美的表现);儿童阅读完绘本《拔萝卜》,会结合自己的生活经历,自编自演故事,并为表演选择和搭配简单的服饰、道具或布景(对艺术美的创造)……喜欢接近艺术是儿童的本性决定的,亲近艺术使得儿童获得快乐、愉悦与轻松的好情绪。

2. 艺术提高儿童的心智水平,促进儿童全面发展

艺术不仅为儿童创造丰富的精神与情感世界,获得愉悦的心情,也可以

使儿童的心灵变得更加纯净。艺术能启迪儿童的智慧,潜移默化地发展儿童的认知,温润儿童的心灵,提高儿童的心智水平。通过艺术活动,可使儿童获得其他领域发展所需的态度、能力和知识技能等,从而获得全面发展。多种多样的艺术活动,不仅能增长儿童对世界的认识,还能影响儿童的情感、趣味、气质、胸襟,激发儿童对真、善、美的追求与热爱。如伴随音乐进行歌舞与有节奏的运动,可使儿童的肺部与身体得到积极的锻炼;借助于图画、表演、动漫等艺术形式,可以帮助儿童更加生动、形象地理解文学作品的意义与情感;在日常生活中,凭借歌唱、演奏、手工、环境布置等方式,可帮助儿童养成许多良好的学习习惯、生活习惯与合作能力。

3. 艺术是适合儿童的表达方式,满足其成长的内在需求

儿童对事物的感受和理解与成人不同,独属于孩童的动作和语言蕴含着直觉性的认知和情感,他们表达自己认知和情感的方式也与成人迥异。在审美艺术创造活动中,儿童所呈现的是一种对世界感性的把握,主要包括直觉、想象、灵感、猜测、幻想等方法。

因为儿童生理发育特点的缘故,他们认知世界的特点是非逻辑的,缺乏一定的思考与理性,没有规律性与秩序可言,是对自己内心世界、情绪、情感的表达。而艺术所具有的独特属性恰好吻合了儿童的这种表达特点。对儿童而言,艺术活动就是一种游戏,是一种让儿童感到快乐与满足的审美与审美创造游戏,能够使儿童在艺术审美创造活动中以顺其自然、水到渠成的松弛状态完成自我表达,从而我们说,艺术可以满足儿童成长中的诸多需求。当一个 5 岁的儿童无意中听到《命运交响曲》,自言自语地说:“这么重的声音,好吓人! 一定是大灰狼躲在门后面突然钻出来,把小白兔吓了一跳。”另一个 5 岁的儿童听了这首乐曲后,则画了一幅炸弹爆炸的图画,并选择鲜红的颜色涂上,以此表示情绪激动;一个 4 岁的儿童听到《土耳其进行曲》,就跟着音乐神气有力地迈步走,一边踏步还一边做冲锋、开枪等动作;一个 8 岁多的儿童在画小朋友唱歌的情景时,把小朋友的嘴巴画得很突出很大,而把鼻子眼睛等其他器官画得小得快看不到⋯⋯由此可见,无论是艺术欣赏还是艺术创作,儿童往往是凭借着直觉或第一感受,以直接的方式做出解释与判断,并以儿童独特的方式进行表现与表达。儿童会全神贯注地投入艺术活动中,这种沉浸式的审美与创作均发自初心。不论活动结果如何,他们都

会在过程中收获到快乐与满足。

（二）对艺术的精神需求是儿童天性决定的

通常情况下，儿童具有从事艺术活动的天性和能力倾向，儿童的艺术活动也是儿童生命需求的直接表现。生命需求分为不同的层次，既有原始的生物学的需求，也有高级层面的精神需求。对艺术审美的需求，是人类生命活动对原始生物学基本需求自我进化的不断突破的结果。从古至今，不论人类遭遇何种困苦劫难，对美和艺术的追求从来都没有停歇过。正如马克思主义认为："人之所以审美和从事艺术活动，是出于同春蚕吐丝一样的必要，是他的天性的能动的表现。"①海德格尔把"审美和艺术的方式视为一种本能的方式，它是人的一种最高级也是最自然的需求和存在方式，虽然人们有时不能察觉到它的存在。人类之所以创造了艺术并还在不断地创造着，还与人类的另一种天性——精神欲有关"②。精神欲这一机制，是每个人都有的。年幼的儿童，尽管弱小而稚拙，却时时呈现出人类的这种欲求。他们绝不会因为穿暖就会心满意足，恰恰是处在生理心理发育期的他们，对精神食粮的渴求处于一生中最旺盛的阶段，他们往往有这些表现：会缠着大人讲故事，即使一个故事不停地重复听，也百听不厌；他们喜欢信手涂鸦，而且往往一段时期只涂画一个主题；他们忘我地投入游戏，且乐在其中。故事和游戏并不能满足身体上的需求，而是让他们获得某种精神上的享受。而且，他们的"精神欲"并不仅仅是获得快乐那么表层，那些儿童故事、涂鸦，很多是让他们感到悲哀和忧伤的，游戏中同样会有紧张、愤怒、恐惧等非快乐的体验。所谓"精神欲"，并非就必须是快乐、愉悦，也是指某种精神及情感上的满足与宣泄。

人类的精神需求离不开艺术，离不开艺术的审美与创造，其中艺术创造可以算是一种最为符合儿童追求随意自由天性的创造，它作为存在于儿童身体内的一种生命冲动、一种本能、一种精神欲求，是与生俱来的东西。我们经常看到一个孩子在全神贯注地创作一首天书一样的诗，或者自言自语一个离奇而荒诞的故事，或者哼唱一段无调子的旋律及歌词、无逻辑的歌

---

① 王杰：《马克思主义美学研究》（第 20 卷期），东方出版中心，2017，第 158 页。
② 海德格尔：《艺术作品的本源》，孙周兴，译，商务印书馆，2022，第 123 页。

谣,画出其他人谁也看不懂的作品……孩子们创造的是什么不重要,重要的是他们从创造中获得了精神上的满足,而这种精神需求正是艺术发生和发展的原动力。

二、儿童艺术教育

(一)儿童艺术教育对儿童发展的作用

大千世界,美无处不在。这种美,映照着孩子心里那颗美的种子,这颗种子却往往被现实生活中出现的一些"艺术教育"的负效应压抑而不能生根发芽。比如有很多孩子对自然与生活中各种美好的图景、天籁的声音、缤纷的色彩、奇幻的造型反应麻木,甚至统统都"视而不见""充耳不闻";家长会带着孩子去参加各种艺术培训班,学习艺术技能,但结果常常是父母想让孩子学什么,孩子反倒不爱学什么,老师教孩子什么,孩子反倒讨厌什么;在老师的"规范性"教导下,孩子学会了一些艺术技能,所完成的艺术作品看上去也近乎完美,但一旦脱离老师的"教授",孩子常常就无从下手……这些现象令很多家长、老师感到困惑。这种情况下,如何合理看待、利用儿童艺术教育显得尤为重要。首先,我们要深入了解儿童艺术教育的作用,只有了解,才能更好地运用。

1.儿童艺术教育有助于儿童全脑功能开发

全脑功能协调、均衡地发展是完整人格形成的生理基础。人的大脑是一个高级系统,这个系统由左右两个半球组成,两半球承担的功能是不同的。据研究显示:正常情况下,大脑左半球主要承担语言、分析、逻辑及抽象思维的功能;大脑右半球主要承担非言语、直观、综合、音乐及几何图形识别的形象思维功能。两个脑半球对输入的信息处理路径也不相同,左半球的信息处理方式是串行性、继时性的,思考方式使用收敛性的因果式;右半脑的信息处理方式采用并行的、空间性的,思考方式采用的是发散性的因果式。因此,左右半脑处理信息时具有不同的特点:左半球长于分析领会语言信息,善于完成有规律可循的任务,并可以归纳的方式探寻出事物之间的因果关系,找出事物变化的内部规律;右半球则长于处理灵活、开放的问题,善于对事物的表象或形象以空间网络式的同步直觉加工,然后进行演绎推理并重组成新的形象,这也是发明和创造的产生过程。尽管大脑的左右半球分工不同,解决问题的方式也不同,但是脑部的联结纤维使得左右半脑能够做到互相配合、协调、补充。这样,一些复杂的心理活动,如科学活动、艺术活动都必须调动大脑两半球,使之以不同的工作方式,发挥互补功能,才能顺利进行协同工作。

艺术教育对全脑功能的开发一般体现在两个方面:一方面,艺术活动主要由大脑右半球控制,因为艺术活动属于具有灵活性、开放性特点的创造性活动,是接纳与表达情感的活动。儿童智慧发展的顺序先从动作思维开始,然后发展到形象思维,最后到抽象逻辑思维,从这一顺序看出,儿童的右脑发育在先,左脑发育在后。在此阶段的儿童对客观事物做出的反应主要依靠形象思维,在反映的过程中,脑海中经常进行变换和重组形象发生,这种现象本身就带有艺术创作的特色,如他们喜欢信手涂鸦,他们经常说出童言无忌式的话语却带出几分哲理,以及他们对音乐的"天然"敏感性等,都表明他们的右脑功能处于活跃状态。对这个阶段的儿童进行艺术教育,是顺应人类身心发展规律的,因为此时正是儿童右脑功能快速发展阶段,在儿童早期对右脑进行充分开发,对儿童晚期的逻辑思维发展形成阶段具有促进作用,也为入学后右脑开发的持续发展打下良好基础,彼时学习任务量剧增,右脑发育带动左脑功能迅速发展,起到两半脑的平衡和协调的作用。

另一方面,任何一种艺术活动都离不开大脑两半球协同作用。例如,语言的能力一般为左半脑所控制。但是,右脑也有一定的语言能力。最新研究表明,语音和句法的能力由大脑左半球负责,词汇语义加工的功能也一样存在于左右两半球,对具体形象的词语的储存和提取的能力居于右脑半球。对大脑损伤病人的研究中还发现,在言语交往中,左半球只能表达和理解事实,但不能表达和理解情感,不能表达主体的情感和态度,也不能对别人说话的情感和态度进行理解,从这一结果看出,右脑半球对形象、情感为主题的艺术语言处理起主要作用;再比如,一般认为,右脑半球控制艺术加工的高级过程,但是据最新研究发现,"在音乐方面,对音乐旋律、节奏的感知在右半球,而对音乐性质以及乐曲各要素之间关系的理解方面左半球起了重要的作用。在绘画方面,根据对大脑损伤病人的研究表明,左脑损伤,画面的整体结构依然存在,但细节内容将从根本上消失;右脑损伤,细节可能表现得丰富多彩,但画的结构却残缺不全"①。而真正的绘画创作,既需要整体框架结构,也需要内容细节。通过以上研究我们得出结论:"艺术作为一种复杂的心理活动,无论从艺术加工过程、还是从艺术成品来看,都是直觉与抽象、情感与理智、非理性与理性共同加工的产物。"②结合大脑的分工来看,我们可以判断,一般情况下,艺术活动是以右脑功能为主的左右脑合作、互补活动。

"在艺术教育中,应坚持艺术形象整体布局的审美特征和具有细腻丰富的情感内容相结合,坚持直觉整体的加工和理性领悟相结合,使左右脑不同的工作方式与艺术作品中不同的结构要素开展相互作用。儿童前期,往往更需要依赖于右脑的整体性的、非理性加工,随着儿童年龄的增长,逐渐增加理性加工的成分。"③因此,对儿童开展适时地、恰到好处的艺术教育,将有助于促进儿童以右脑功能为主的全脑功能的开发。

2. 儿童艺术教育是塑造健全人格的基础

心理学范畴的"人格"是指人的气质、性格、能力等特征的总和,即人的"个性"。伦理学范畴的人格是指人的品德和尊严,是人之"善"的本性。哲学美学范畴的人格则是指个体的全部本质属性和丰富性的高度综合,其发展是有顺序与阶段的,即从"自然人"—"社会人"—"审美人"依次进阶。"'社会型'人格属于'实用型'人格,当个体行为都以实用功利为目的时,与社会、自然的关系不可能总是和谐的。而'审美型'人格追求社会、自然和自我的和谐、秩序,追求自我知、情、意、行的统一,追求'美'。所以'审美型'人格是一种'完满型'人格。"④这里所说的完满型人格,也就是健全人格,是指拥有正常和谐发展的人格的人。培养具有健全人格的儿童,不仅是家庭的需要,社会的需要,也是个体获得生命的愉悦和意义的前提。

近年来,我国教育界逐渐认识到儿童艺术教育在培养健全型人格方面所起的重要的作用。一方面,艺术审美是作用于心灵的活动,是牵动情感的

①谭顶良:《学习风格论》,江苏教育出版社,1995,第152页。

②楼必生,屠美如:《学前儿童艺术综合教育研究》,北京师范大学出版社,1997,第35页。

③楼必生,屠美如:《学前儿童艺术综合教育研究》,北京师范大学出版社,1997,第68页。

④张涵:《中国当代美学》,河南人民出版社,1990,第12页。

闸门,而心灵与情感均为意识形态产物,是不受时空所限的,它可以自由、跳跃、不受拘束,可以联通过去与未来、有形与无形、遥远与咫尺、物质与精神。正如法国大文豪雨果所形容的:"比陆地更广阔的是海洋,比海洋更广阔的是天空,比天空更广阔的是人类的心灵!"①从这句经典诗句中我们可以看出,来自心灵的自由和超越才是世界上最无限的广阔,而直接作用于灵魂的艺术之美是人类获得内在成长的最好营养元素。艺术教育能够赋予人们发现美、创造美的能力,提升人的审美格调,丰富、滋养、开拓心灵,激发人们创造美的激情,使人类进入理想的生存状态。另一方面,艺术教育中所培养的对外部世界的审美、创美的整体反映能力是造就完满人格的基础。艺术审美教育培养"审美的人",不仅是对其心灵的净化与修炼,也是对其外部行为和存在形式之间的主动调节。有很多事情,从局部看是可行的,但从整体观看,就不和谐了,如果去做了,就不美了。在人的社会行为实践中,会存在无数涉及美的行为,从微观到宏观,从细节到整个生态环境,都必须体现出客观背景、主体事物和谐、一致的形式,这都需要具备审美、创美素养与能力。长期以来,幼儿园及各级学校教育中,存在着重理性教育、轻感性教育,重传承教育、轻创造教育的倾向。这种教育导向是培养学生成为一个"社会的人",成为一个"实惠型"的人。比如在儿童教育中,曾经有一个时期,教师与家长被鼓励尽早对儿童的智力潜能进行开发,过分强调发展早期智力对后期发展的重要程度,忽视开发艺术潜能对全人培养的深远影响。在儿童教育实践中,陈旧的教育体制很快可以将一个情绪化的个体"成功"培养成为一个充满理性的社会性个体,在传统的教育体制中,施教者将教育内容进行区域划分、归类,每个区域和类别以合理得近乎完美的姿态存在。但是,正是这种局部的过于合理性,使得这些条块与儿童的大脑和行为发生相互作用时出现受限性,从而使整体的和谐完满性被破坏。目前,幼儿园及各级学校响应号召,从应试教育向素质教育转变,为艺术教育的发挥提供了广阔的舞台,一种融审美性、创美性、知识性、情感性、实践性、趣味性于一体的艺术教育正在建构、实施与变革之中。

儿童期是人格塑造的基础阶段,也是接受艺术教育的最佳启蒙期。在艺术教育中,我们应该坚持形式美和内容美的一致性,艺术审美欣赏和艺术

①雨果:《雨果诗选》,程曾厚,译,人民文学出版社,1986,第302页。

创美相结合,理性领悟与直觉感受相结合,与其他教育类型紧密配合,坚持艺术与德、智、体教育并重发展;教育目标贴近"社会性""科学性"和"审美性"的人格培养,在儿童成长过程中,对其实践行为不断予以规范、指正,这样的艺术教育结果必然收获身心成长健康、行为举止优雅、内涵底蕴深厚的优秀"社会人",最终为完满型人格的塑造打下良好的基础。

3. 儿童艺术教育有助于激发儿童艺术兴趣和天赋

就天赋异禀来讲,个体间存在很大差异,艺术能力作为一种特殊的才能,个体间的天赋差异比其他能力更为显著,而这种差异往往在出生后不久便可能表现出来。例如,在两个 6 个月大的孩子面前放置一束鲜花,一个孩子会出现兴奋的表现,要扑过去拿,另一个孩子却表现得很平静;在摇篮里的婴儿,有的对于音乐的反应会是四肢摆动、情绪愉悦,而有的则表现滞钝,有没有音乐在反应上没有什么区别;当可以站立走路、会握住笔时,有的孩子喜欢在纸上、墙上乱涂,有的则更喜欢拿小棍子敲打地面、桌面,倾听不同的响声。而且,从孩子最初的无意识动作中也可以看出:有的孩子动作带有韵律感,而有的孩子的动作却缺少节拍律动,显得有些生硬,缺乏规律性和弹性。随着孩子逐渐长大,儿童的兴趣爱好的个体差异就会表现得更加明显,如一个班里面孩子的绘画水平、语言发育水平差别非常大,这些差别既存在先天原因,也与后天环境、教育密切相关。但是孩子的神经系统、大脑机能正处于高度发育期,可塑性极强,只要方式恰当、方法科学,儿童艺术教育是可以做到对所有的孩子发生效用的,使儿童能对艺术活动产生兴趣并激发他们的艺术天分,这一点已被相关的研究与实践证明。与此同时,艺术教育实施者也要细心地去发现那些具有艺术天赋的儿童,对他们施以额外的关注,为他们创造条件,使他们的潜能得到持续发展。在儿童艺术教育进行中,应使艺术教育面向全体儿童,但同时也要遵循因材施教的原则,做到补缺聚优,既要承认差异,又应为每个儿童提供艺术发展的机会,促进儿童艺术兴趣的发展,使其童年获得更多的欢乐。

(二)儿童艺术教育应遵循的教育理念

1. 遵循儿童内在生理发展规律,合理安排活动内容

艺术教育的审美创造活动内容、方式要依据不同年龄阶段安排。儿童早期(3~6 岁)应该以游戏为主导,渐次加入人文知识与技能训练,踏入学校

就意味着以游戏为主导的活动阶段基本结束。就我国义务教育阶段的情况看，学校学习阶段是一种既享受权利，又对个人、对社会、对家庭负责与承担义务的阶段，学习在这个阶段逐渐变为有目的、有意识的活动，需要更多的意志来参与。学校的学习既要使学生在追求知识获得的过程中获得成就感和愉悦性，又必须有计划、有步骤地使学生尽可能扎实地获取人类的文化知识。学校教育中的儿童一方面在竞争的环境中完成国家规定的学习任务，另一方面要保持愉悦的情绪、活泼欢快的学习状态，这看似矛盾的两个任务常常令孩子本身、教师及家长感到纠结、无所适从。在普通学校里，面对升学压力，校方的观念与做法就是把学习主要科学文化知识视为"主业"，把语文、数学、英语定为"主课"，艺术类的课程成为他们眼中的"辅课"。那些将艺术作为主要学习对象与兴趣爱好培养的家长与孩子会被主流教育观贴上"异类""不务正业"的标签。在这种观念引导下，很容易导致儿童从事艺术活动的时间、精力大为减少。但是研究显示，根据对儿童心理生理发展阶段特点的分析，2～12岁，即整个学前期和小学阶段，儿童对艺术的兴趣几乎一直可以保持在高位。在学前阶段，是儿童艺术兴趣最为浓厚的时期，也是儿童与艺术最贴近、最适合开发其艺术潜能的最好时机。艺术教育活动还会带动早期儿童的整个生活，使之更加生动活泼，充满创意、童趣。但这种构想仅仅停留在构想，在大多数幼儿园及中小学校园里缺少实际操作。我们分析研究其原因主要在于长期以来幼儿园及中小学的教育过分强调应试，强调早抓科技人才的培养，忽视了人文素养及艺术修养在人格养成、心理健康及后期人才培养中的作用，出现短视行为。

2. 以感性教育为基础，开发儿童的理性思考能力

儿童的艺术教育应遵循儿童生理发育规律，儿童早期以语言、直觉、想象力的开发为主。在艺术教育中，侧重于在发展儿童感性教育的基础上，启发儿童进行对事物因果关系和事物间相互转换关系的发现、探索，重视语言逻辑、推理能力的训练和提高。既要重视非理性教育，如直觉、情感、意志、审美、艺术经验的表达与积累，人格的塑造和素质的培养，也要考虑到理性思考能力的延伸，寻找教育契机，适时对儿童艺术教育的功能进行开拓与深入挖掘。

3.将德育、智育渗透进艺术教育

艺术教育实施过程中应充分考虑到其对德育、智育的影响,也把艺术教育当作实施德育和智育的辅助手段,较多地发掘艺术中真、善、美的内涵,以促进德育智育的协同发展。通过多种艺术形式,使用多种艺术元素让儿童积极参与到艺术创造审美活动中,使其树立正确的"三观",进而规范其言行,注重道德修养的提升;同时点燃智慧火花,促进智力的发展。避免一味鼓励儿童欣赏美、创造美,忽视艺术教育对智育、德育的发展和教化作用。

4.以提高审美趣味为主,技能训练为辅

在传统艺术教育中,一向注重技能技巧的训练,轻视审美趣味、人文素养等能力的培养。在各种艺术实践活动中,都比较重视通过示范—模仿—练习—反复练习等模式培养艺术技能,缺乏对儿童的认知积累和其他素养的提升训练。这必然对儿童的生活感受能力造成不良影响,并最终影响儿童的艺术创造能力。随着素质教育宣传力度的加强,这几年在城市里,对儿童的艺术教育日趋重视,人们也越来越重视对儿童时期艺术能力的培养。但是,社会上的儿童艺术教育依然充斥有较多的功利性和实效性,对艺术素养、人文素养的养成排在技能训练之后,对审美情感的引导和表现措施依然缺失。艺术的技能与情感一旦脱节,艺术表现就会失去生命的活力,失去创造性,这样的做法是不可取的。

三、国外儿童艺术教育发展概略

目前全球教育日益重视艺术教育,不同国家之间达成了"没有艺术教育就是不完整的教育"的普遍共识。世界各国的艺术教育呈现出不同的特点,但总体发展趋势比较一致,即:艺术教育必须面向全体学生,必须关注人文内涵;强调艺术教育的综合性,更注重艺术与文化及社会的联系;强调以情境学习取代机械式的艺术学习。

(一)美国儿童艺术教育

美国是世界上儿童艺术教育最发达的国家之一,儿童艺术教育形式多种多样。在教育理念上,美国强调以儿童为中心,通过开展各种活动对儿童进行全面和谐发展的教育,在具体的艺术教育实践中充分体现了其儿童艺

术教育的特色。美国 1994 年出台的《美国艺术教育国家标准》(后简称《标准》)的绪论中写道:"全世界各个民族都有一种追求意义的永恒需要——追求空间与时间、经验与事件、身体与灵魂以及智慧与感情之间的联系。一个没有艺术的社会和民族是不可想象的,正如没有空气便没有呼吸,没有艺术的社会和民族无法生存。"《标准》明确规定了每一个年轻美国人最起码应该掌握的艺术知识和拥有的创造力。不仅如此,《标准》还明确了今后的艺术教育不能如过去,仅仅是学习绘画、歌唱的技能,还应该包括从美学、文化、历史的角度,欣赏、分析、品评作品的能力和智慧的培训。

艺术是什么?美国人说的艺术包括音乐、美术、儿童剧等。他们认为儿童阶段是人的一生中想象力最为丰富的时期,孩子们对探索内心的世界与新奇的外在世界充满动力。让儿童在想象中学习,他们便会在创造的环境中长大。

1. 美国儿童艺术教育的现状、目标和标准

第二次世界大战结束以后,美国经济进入了黄金时期,与经济水平一同提升的是儿童生理、心理研究方面的发展,美国教育者越来越重视儿童艺术教育。1989 年,白宫与国会一致通过了儿童艺术教育相关法案,使得下面的州政府也逐步重视儿童艺术教育并为其增加相关的教育经费。尤其是对学前儿童艺术教育的投资增加明显。1979 年,支持公立儿童教育机构的州政府只有 7 个,至 1989 年这一数目已经增加到 32 个。布什总统在 1990 年的国情咨文中,提出让每个孩子都接受学前教育,并将之定位 2000 年在全国范围内实现的一大目标。从中我们可以看出美国对儿童艺术教育的重视。在儿童的日常学习课程中,除了开设语言、自然、常识等课程外,还要求必须开设音乐、美术、舞蹈等艺术教育课程。在教育家蒙台梭利的"儿童乐园"及杜威的"学生中心论"等教育思想影响下,美国还注重游戏和手工艺术活动的开展。美国教育注重全面发展,并将之定为教育目标,这个大目标中包含着美国儿童艺术教育的子目标。"美国教育者强调儿童的全面发展,要为儿童提供能够促进他们体力、情感、社会性、认知等方面发展的活动和体验,培养儿童热爱学习、乐于学习的态度,发展儿童的主动性和艺术创造能力。"[①]具

①印小青:《现代儿童艺术教育论》,山东人民出版社,2005,323 页。

体要求可以概括如下：培养儿童应具有良好的交往能力，懂得尊重别人；培养儿童具有接受音乐、美术、文学、体育、科学和健康等方面的能力；塑造儿童正向的人格特征，使其具有一定自制能力，具有宽容心；培养儿童对学习的热情与信心。

2.美国儿童艺术教育的理论基础与实践特点

（1）*理论基础*

其一，美国儿童艺术教育的哲学基础。美国儿童艺术教育是以著名哲学家歌德曼教授及其先驱的哲学理论为基础的。歌德曼及其先驱是从符号学入手的，他们提出人类可以使用的文化符号是多样式的，包括记谱、图画、文字、姿态、数字等。在歌德曼看来，关于符号同艺术的关系是：艺术应该依据采用不同的方式去确定使用各种不同的符号，并且艺术的同一符号的意义与内涵是不同的。一个艺术教育实施者要善于训练学生用不同的符号系统读写的能力，或者教会他们用不同的方法使用各种符号。比如，当学生观察一条曲线时，如果学生被教师告知这是一座山，学生就会留意曲线符号的艺术功能，就会启发性的认真地看它的细节，通过联想领悟它的意境。另外，其他各种艺术也通过各种符号呈现不同意义，个体只有具备某种训练有素的艺术技艺，他才能够得心应手地通过符号准确表达自己。比如，在美术课的素描教学过程中，教师有必要向学生解释清楚用线造型的特点及其在素描创作中所代表的感情思想，只有学生明晰了各种线的特点与内涵才能将线灵活使用并使之准确地表达自己的思想感情。

其二，美国儿童艺术教育的心理学基础。瑞士著名心理学家皮亚杰和当代著名心理学家、教育家加德纳关于儿童思维的理论为美国儿童艺术教育的发展打下了基础。"皮亚杰明确指出儿童思维与成人思维是不同的，应区别对待。孩子思维不同于大人，他们有自己的思维方式。加德纳将儿童与成人的思维进行了区分。他于1983年出版了《智力的结构：多元智能理论》一书。在书中，他提出了世界著名的'智'，指出人类至少有七种思维形式，他们分别是语言的、逻辑的、音乐的、空间的、体态的、人与人之间的（交往的）以及对自我的认识等智力表现形式。加德纳认为，这七种思维形式在每个儿童身上的表现程度是不同的，一个儿童的音乐才能就不能根据他对数理逻辑的知识来鉴定和考察，必须以其音乐才能为主要依据。同样，考察一个儿童的美术才能也不能以其语言能力为考察的尺度。加德纳特别强调艺术思维,他指出人们很可能把艺术思维误解为科学思维的同一语言。"①但是,艺术有自己独特的思维方式,各门艺术的语言不能用非艺术的语义来解读。

（2）实践特点

其一,尊重学生的自由性和创造性。美国的艺术教育家认为,应该给儿童空间与时间使他不受干扰地接触音乐与绘画,这对儿童的成长是很有价值的。过多的示范、规矩、条条框框,极有可能使儿童过早形成对错的概念,这样会限制儿童的艺术想象力、创造力,给儿童套上无形的意识枷锁,对儿童的后期艺术能力发展贻害无穷。美国教育家认为,7 岁是儿童基本技能的最优训练期,应该抓住这个时期使儿童接触各种不同的艺术形式,使他们了解解决问题有多种途径与方式。如鼓励接受音乐教育去参与不同的表演,或者使用不同的记谱方式记录乐曲,也可以给他们一个作品让他们按照自己的感觉去改编、创作。

其二,强调学生的主体性和创造性。在美国 20 世纪 80 年代盛行的基础教育改革中,设置了以训练儿童的思维能力为目的的思维技法课、创造技法课、创造活动课三门相关课程。对于艺术教育,美国教育者认为艺术是人类表达情感的符号。因此,美国的艺术教育强调主体感受性,不主张对艺术作品做逻辑分析。他们认为:"艺术是艺术家的自由创造。加德纳曾指出,我们用多的时间让孩子写曲子,或者创作自己的记谱方式以及编自己的舞蹈,我们力图使学生从事音乐创作或者在电脑上作曲,或认识音乐作品中存在的一些明显的差异。"②

其三,主张教育内容与方法的多元化和综合性。美国是多种族移民国家,在艺术教育方面同样主张面向世界,所以要合理整合、利用各个种族和国家的不同艺术文化之间的关系。无论从内容还是形式上来说,美国的艺术教育都不设限制,教师授课的教学方式方法也比较灵活,随意性较强。关于艺术教育的课程内容和方法,美国教育家提倡课程的综合性,尤其强调将艺术理论课程、艺术史与艺术实践课的糅合,同时很重视艺术课程与非艺术

---

①印小青:《现代儿童艺术教育论》,山东人民出版社,2005,345 页。
②印小青:《现代儿童艺术教育论》,山东人民出版社,2005,325 页。

课程的糅合。加德纳指出："我们赞成把音乐理论和音乐史上的东西与音乐实践结合起来教学,这就是综合的教学方法。"①

其四,学科发展注重专业细化、实用性。美国的心理学家认为艺术思维是人类重要的思维形式,如音乐的、空间的思维,将艺术人才看作特殊人才加以厚待,也由此导致艺术学科的专业细化非常明显。具体表现在无论是音乐专业还是美术专业都被划分为专门的学科。比如美术专业除了进行油画、雕塑、版画、工艺等基本的专业划分以外,又对每个专业进行了细划。美国艺术教育的另一个特点是注重实用性,不鼓励孩子死读书,注重儿童动手能力的培养。教师鼓励孩子从小热爱劳动、参与劳动,自己动手制作工艺品,创作歌曲、随意绘画,让学生在艺术实践中感受美、创造美、发现美。

3.当代美国儿童艺术教育的基本观点

(1)关于艺术教育的意义与价值

美国教育研究者发现艺术教育对儿童的整体学习效果具有重大意义,有助于儿童在其他学科上获得更高的成就。多种艺术的综合可以使儿童的理解力提升,使儿童的学习兴趣增强,在促进儿童全面发展方面具有独特的价值。美国有工具论和本质论理论,这两派观点对艺术教育的本质与意义各执一词。其中美国教育家罗恩菲德、里德是工具论的代表人物,他们主张利用艺术教育促进儿童人格的全面发展,提升儿童创造能力。因此,他们更重视创作过程而忽视创作效果。本质论的代表人物是美国教育家艾斯纳、格利,他们认为美术教育的价值来自个人经验;工具论认为,艺术教育的目的不在于艺术本体,而在于艺术教育可以促进儿童创造能力及人格的发展。本质论认为,艺术教育的目的就是艺术本体;工具论认为,艺术教育可以促进儿童的健全发展,要善于利用艺术教育这一手段,但同时,让儿童在适当的时候掌握一定的艺术表现的技巧也是必要的。二者观点有不同,但可以在艺术教育过程中相互辅助。在儿童艺术教育过程中,设立教育目标采用的理念还要以工具论为主,以本质论为辅,即儿童艺术教育的主要目的在于提升儿童的创造力和培养健全人格。在美国不断发展的艺术教育理论中,工具论对艺术教育的意义与价值的看法逐渐成为被大众接受的主流看法。

---

① 印小青:《现代儿童艺术教育论》,山东人民出版社,2005,第328页。

（2）艺术是儿童的一本最佳"启蒙书"

认为艺术学科有其独特的思维方式和习惯,艺术的形象思维可以将感觉、感性及理性相结合,对认知经验给予解释,促进主体的顿悟。艺术推动儿童用新的方式内观自己。从学习的性质分类来讲,儿童一般采取"认知性学习"和"情感性学习"两种基本的形式。艺术推动使得儿童的情感性学习变得丰富,增进儿童对其他学科的爱好和兴趣,为儿童更加努力学习注入动力。艺术教育的"认知性学习"和"情感性学习"的双重功效有助于儿童的经验交流和人际交往,增强儿童的自我表达,引导儿童思索深邃的事物与原理。因此这种观点可以总结为:艺术是儿童的一本最佳的"启蒙书"。

4. 美国儿童艺术教育的改革趋势及采取的形式特点

美国教育当局提倡艺术教育对象普及化,把艺术教育作为义务教育中不可缺少的内容,要求制定课程计划时必须把艺术教育纳入其中。在州教育部门有关范围内规定:学校自己确定小学的课程设置,学校一般设置的课程有阅读、数学、科学、写作、社会、音乐、美术、体育等,而音乐、美术被列为基础课程。随着美国艺术教育改革深入,幼儿园的课程也增加了艺术的活动内容。第一次世界大战以后,美国幼儿园开设的主要活动是音乐、故事、游戏之类,少量的绘本故事阅读、识字本、手工制作及科学常识也属于幼儿活动和学习项目。及至20世纪70年代中期,幼儿园的课程发生了较大改变,首先,增加了一些艺术教育类课程,如绘画、剪纸及其他开发手眼协调动作的活动形式,包括创造性绘画、音乐律动、戏剧表演、科学体验。也会带领孩子们到小学环境中参观体验,让他们有更多接受艺术教育的机会,也扩大了孩子们的朋友圈;拓宽形式的同时,艺术教育的内容也逐步丰富与加深;另一方面,要求儿童更多地掌握基本艺术技能,并提供机会让儿童学习艺术技能。现代美国儿童艺术教育发展及形式特点可归结为以下五个方面。

（1）提供的教育必须适合儿童的发展要求

要了解儿童生理、心理发展规律,并以此为依据,制定儿童教育计划中的教学目标和教育内容。适合儿童发展的教育会尽可能关注到儿童群体的个体差异性,而不是只见一个同龄群体。因此,美国教育者很注意提醒教育工作者必须以实践为出发点,因地制宜,因材施教。

（2）**综合性课程的开设**

在设置课程时，教师往往考虑艺术课程综合设置，即围绕一个主题而采用多种艺术实践形式进行，将多门知识与艺术技能训练有机统一起来，并鼓励儿童去亲自尝试与体验各种综合性知识技能。

（3）**全面性评价的实施**

评价是幼儿园教育及学校教育的一个重要的组成部分。幼儿园和学校会为每位学生准备文件夹，以此记录孩子的受教育情况，美国实施全面评价普遍采用的方法之一就是整理和检查儿童活动的文件夹。文件夹能促进儿童积极参与评价自身的学习活动，方便教师记录每位儿童的进步，同时也为全面评价每位儿童进步情况提供了一份可靠的记录。

（4）**提倡混龄班教育**

即将不同年龄的儿童组织在一起，对之进行实践活动的教育方式。这种教育方式不主张对儿童进行分类，也不赞成将课程分成模块并注上年级标签，即不考虑年龄或年级因素，而是允许不同年龄、不同能力的儿童在一块接受教育，互相促进，以利于儿童实现超前发展。

（5）**倡导多元文化教育**

美国是多元文化国家，多元文化教育是建立在多种族基础上的，通过在课堂中主动讨论差异性和平等性等问题，使儿童在多元文化教育中，潜能得到培养和充分开发。在组织各种艺术教学形式的时候，教师会尽量使用不同文化和民族特色的图片、音频、视频资料。另外，对儿童进行多元文化教育时，教师也会使用能反映多元文化的教具（如音乐、书籍、玩具等）。

（二）德国儿童艺术教育

1. 德国艺术教育的发展背景

德国是欧洲国家中实施"强迫式"义务教育比较早的国家之一，是 19 世纪西方学前教育的发源国家。在义务教育和学前教育的推动下，德国的儿童艺术教育具有深厚的历史积淀，并取得了较高的成就。德国的国家政治、经济特色使其教育发展深受制约与影响，儿童艺术教育作为教育的一部分也带有其国家政治、经济的特点。但是由于国家政治、经济在不断发生变化，儿童艺术教育在不同的历史阶段也呈现出不同的特色。

2. 德国儿童艺术教育的目标

（1）鼓励儿童有自己的独立见解。尊重儿童主张，而不是老师、家长、其他儿童怎么说怎么做，自己就怎么说怎么做，允许儿童保持自己观点与做法。

（2）培养儿童敢于表达自己的勇气，帮助儿童克服害羞、恐惧心理。

（3）引导儿童留意周围的客观环境，为审美认知经验做积累。

（4）培养儿童手工制作及动手能力，如写字、折纸、力所能及的家务等。

（5）对儿童进行音乐、美术方面的训练，如学唱歌、跳舞，培养节奏感，认识颜色、会将颜色性质分类等。

以上艺术活动内容中渗透着艺术教育方面的目标与教育方法。现阶段，德国儿童艺术教育的目标提倡从"纯粹艺术"教育中解脱出来，注重整体化训练，以利于提高儿童整体化素质高度，使儿童在艺术审美创造和艺术审美过程中获得美感体验。儿童艺术教育的最终目标并不是单纯获得艺术活动的物质性结果，而是通过艺术教育培养儿童的审美能力、创造能力，以利于儿童在其一生中获得充分的发展，在21世纪的社会文化生活中获得更有意义与价值的人生。

3. 德国儿童艺术教育的实施途径

德国的儿童艺术教育具有多层次、多渠道的特点，主要概括为：

（1）在游戏中进行艺术活动

这种形式在幼儿园中采用得较多，强调在开放的游戏活动中，对处于儿童前期的儿童进行艺术教育。教师在幼儿的半日或者一日活动中安排适合其发展的多种游戏，并在游戏中利用教育契机进行艺术教育。此外，教师还给幼儿提供各种机会参加结构游戏、运动游戏、音乐游戏、手指游戏、智力游戏等，在这些游戏中也会适时适当地加入艺术教育内容。

（2）在区域活动中进行艺术教育

围绕儿童的喜好，教师为儿童合理安排了娃娃角、手工角、音乐角、建筑角等多种活动区域。在每次活动前，儿童可以根据自己喜好自由选择活动区域，充分利用活动区内的材料进行艺术活动。

（3）在课程中进行艺术教育

德国的中小学很早就把艺术学科纳入课程中，并把音乐、美术两门艺术学科结合在一起进行综合教学活动;同时进行渗透性艺术教育,即在语文、数学等传统学科教学中渗透艺术教育,例如,在劳动技术编织课中渗透艺术教育,在活动中让儿童学习传统手工编织,或者学会自己制作小工艺品,送给朋友或者用于美化环境;德国小学的艺术教育活动还以开展各种课外艺术活动形式进行,他们把艺术课外活动作为课程艺术教育的重要补充。

4.德国儿童艺术教育的方法

德国儿童艺术教育鼓励个性发展,注重儿童的个别差异,提倡因材施教。在充分了解儿童的个性特征的基础上,对儿童实施有针对性的艺术教育,充分发展儿童的潜力。例如,在美术课上,教师任由儿童无主题地作画,而且绘画过程中,儿童可以随时提问,教师进行随时引导与讲评。画到一半时,教师可能会讲一个相关联的童话故事,儿童边画边听,这样童话里的人物、花草、各种景物不仅可以丰富儿童作画时的想象力,还能使儿童得到启发。同教师一起设想童话中的情景,这样有助于儿童创造力的发展。对艺术基础不同的儿童,学校专门开设了艺术辅导课,对儿童进行不同侧重点的艺术教育指导,为儿童创设多种情景、多种条件以发展儿童的艺术爱好与特长。

(三)日本儿童艺术教育

处于亚洲的日本有着悠久历史和文化传统。日本对儿童艺术教育非常关注,而且日本的儿童艺术教育具有本民族独有的特色。

1.日本早期的儿童艺术教育

在 17、18 世纪,日本的儿童艺术教育获得了一定程度的发展,但发展不够充分。随着学前教育和小学教育的不断变革,日本的儿童艺术教育也经历了一系列的演变过程。日本自明治维新开始,就将"富国强兵"作为政治、文化和教育改革的方针,围绕这一方针进行了教育改革。1868—1873 年,明治政府成立后,开始了自上而下的资产阶级改革运动,这就是著名的"明治维新"。明治维新开始以后,日本政府加大了工业化进程以实现其全面工业化目标,此时的日本经济发展非常迅猛,这一时期的艺术教育发展受工业化经济建设影响,也得到快速发展。1885 年,明治政府于 1886 年颁布了《小学校令》,对各级各类学校教育法规做了一些修正。1900 年又对 1890 年颁布的《小学校令》进行了调整,对儿童的艺术教育逐渐重视。该法令明确规定,在小学的课程中,除了开设日语、算术、历史、地理、自然科学、修身外,还要开设一些艺术类课程,如绘画、唱歌、手工和体操等。第一次世界大战以后,日本进入军国主义时期,将日本的学校教育拖入了"战时体制",日本的儿童艺术教育也随之进入缓慢发展期。过了这一时期之后,日本的儿童艺术教育开始慢慢复苏并产生了一些艺术教育成果。20世纪40年代,为适应对外侵略的战时需要,日本教育开始对初级教育进行改革,儿童艺术教育也发生了很大的变化。日本于1941年颁布《国民学校令》,将小学改为国民学校,并规定设置的课程必须包括国民科、数理科、体育科和艺术科。

2. 日本儿童艺术教育的现状

进入20世纪90年代后期,面对新世纪的挑战,日本文部省对幼教、小教大纲进行了全面修订,并于1999年年底颁布出台,决定从2000年开始在日本幼儿园及小学全面实施。新大纲重视艺术教育,设置了综合学习课程,开创多种艺术教育活动,鼓励特色教育和特色学校的设立,提倡儿童个性化,强调培养儿童的主动性、自发性。近些年,日本立足于儿童的全面发展,在调查研究的基础上制定了相关政策与指导性文件,加强了政府部门对艺术教育的重视。将艺术教育的目标定为:"持有对各种事物美好的丰富感性;乐于自我表现、感觉和思考;丰富生活中的印象,乐于各种表现。艺术教育的内容包括:注意观赏生活中的各种音、色、形、感触、动作等;接触生活中的优美事物和震撼心灵的事物,丰富印象;在各种事物中,玩味感动,分享快乐;以声音和动作表现感觉、思考,自由绘画与制作;亲近各种素材的动脑游戏;亲近音乐、唱歌,用简单节奏乐器体会乐器。"[1]这些教育改革措施的实施,使日本儿童的艺术教育越来越正规化。对儿童实施全面艺术教育,力争使每个儿童接受艺术教育并具备一定的艺术素养,已成为日本儿童艺术教育的发展目标。儿童艺术教育制度从此奠定了基本原则。在此之后,日本进入了明治维新改革以来的"第二次教育改革"。

3. 日本儿童艺术教育的实施途径和方法

(1)强调寓教于乐、因材施教

根据不同儿童及儿童不同时期身心发展的特点,选择适合的教育方式,针对不同年龄段的孩子设计不同的艺术教育活动内容,以开发艺术潜能与

---

[1]印小青:《现代儿童艺术教育论》,山东人民出版社,2005,第375页。

培养艺术兴趣,针对气质类型不同的孩子设计不同的活动与教学方案,以获得不同的引导效果。

(2)艺术课的设置方式

日本幼儿园及小学均将艺术科目作为重要的课程,幼儿园阶段每学年开设不低于 50 课时的艺术活动。至小学阶段,每学年开设不低于 70 课时,比例不低于总课时 6%。而且,日本小学新教育大纲对艺术教学设置了细化目标,比如音乐课教学规定,各年级的音乐教材都要比前一个年级增加一首歌曲,由三首歌曲变成四首歌曲,钢琴和日式鼓也被要求引进音乐课堂教学中。据相关调查显示,日本儿童艺术教育内容丰富多彩,如在进行完音乐、体育、家政等这些教学课程后,学校还要组织开展各种活动,如全校集会、学校集体节目表演及班会等,这种非课程教学活动占日本儿童课程内容的三分之一。日本教育界推崇对整体意义上的全人教育,并将培养全面发展的人视为施教者的责任,杜绝培养仅具有片面知识、技能的掌握者。日本教育者认为艺术以及与艺术相关的各种课外活动能培养人的许多优秀品质,如团队精神、耐力、担当、合作意识等。

由于国家对儿童艺术教育的重视,日本的儿童艺术教育发展很快,尤其是在音乐方面成绩显著。儿童的音乐教育,不仅为儿童识谱、唱歌、乐器演奏、音乐欣赏等音乐素养的提升奠定了基础,同时也促进了日本儿童综合素质的全面发展。日本艺术教育的目的就是通过艺术创作、表演及欣赏教学活动,在培养喜爱艺术的心情和对艺术的感受能力的同时,也要培养艺术活动的基础技术能力和丰富的审美情操。其教育特色表现在以下三个方面:

第一,日本的儿童艺术教育很重视儿童的参与性及实践性,注重对儿童积极性的调动,通过各种方式加深儿童对艺术及相关事物的理解,并引导儿童参与到形式、内容丰富的艺术活动中去;鼓励儿童充分利用游戏、舞蹈、表演、想象、叙述、绘画等多种艺术手段,提高儿童的综合艺术素质和整体素养。

第二,根据儿童的身心发展规律,巧妙地运用儿童教育学、儿童心理学的原理,培养儿童的艺术审美感知能力、艺术实践能力和认知能力,帮助儿童形成一个符合他们认知规律的艺术审美体系。

第三,强调顺应儿童的天性,启发和培养儿童的想象力和艺术创造能力。

（3）开展丰富多彩的艺术课外活动

日本把艺术课外活动作为实施艺术教育的一个重要途径。日本小学一般在每天下午设置有一个多小时的文娱、体育活动时间，儿童可以根据自己的爱好选择参加歌唱、舞蹈、绘画、剪纸、乐器演奏等课外艺术活动，有很多幼儿园及小学每学年都会举办一次艺术节。

4. 影响日本儿童艺术教育的因素

（1）环境因素

日本是一个很整洁的国家，这种特点的产生一方面因为国民传承下来的生活习惯，另一方面得益于日本发达的经济水平。日本的儿童教育机构拥有整洁干净的室内和室外环境，给了儿童充分安全、自由的活动空间和游戏条件。户外活动场地多是土地、草坪，日本人认为土地、草坪是最适合儿童活动的，其中的设施多是使用自然物质设置的，让别人觉得自然的环境有益于孩子发展，他们喜欢尽可能扩大孩子们的户外活动空间。室内活动也是独具特色，如日本幼儿园班级内部的墙面以孩子的作品作为装饰，没有多余的装饰物，老师们觉得装饰物如果并非孩子自己的创作，也就不能带给孩子美感，反而可能由于色彩太过丰富而导致孩子产生负面情绪，老师们工作的注意力更多集中在如何设计好活动与增加活动的趣味性上。

（2）师资对儿童艺术教育的影响

日本非常重视艺术教育师资的专业化，各都、道、府、县设立了本地认证并通用的"特别教师许可证"，为艺术教育师资力量提供保证，并为艺术专业大学生提供学以致用的就业机会。

（3）家长对儿童艺术教育的影响

日本教育工作者呼吁家长对儿童的艺术教育提高重视程度，他们采取多种措施，引导、鼓励家长及家庭对儿童进行艺术教育。大多数幼儿园与小学都设立班级为单位的家长委员会，而日本的家长们均给予全力配合，积极参与学校组织的要求家长参与的艺术活动，如家长讨论会、家长合唱团、木偶团，与孩子们一起参加亲子演出和表演。

自20世纪80年代开始，日本政府开始对儿童艺术教育进入持续改革与创新阶段。经过一系列相关文件的制定和出台，通过20多年实践，逐步在日本儿童艺术教育领域达成对教育目标、内容的共识，并取得一定成效，如教育目标是要求儿童持有对各种美好事物的丰富情感;勇于表现自我、积极进行思考;丰富生活中的认知。艺术教育的内容一般包括:善于发现生活中的各种音、色、形、感触、动作包含的美的部分;接触生活中的美好和触动灵魂的事物并加深、丰富其印象;在审美游戏活动中分享快乐、感受美的内涵;以声音、肢体动作、思考、自由绘画或者制作等表现感受、表达情绪;参与各种具有艺术元素的动脑游戏;亲近音乐,学习简单节奏乐器演奏。改革之后的日本儿童艺术教育将向着正规化发展,对儿童全面实施艺术教育,使每个儿童都接受艺术教育并具有一定的艺术素养。日本儿童艺术教育的发展已经过数十年的改革与实践,获得相当可观的效果。

四、我国儿童艺术教育发展情况概述

在国外相关的教育文献中,早就有关于儿童艺术教育理念的记载。近30年来,国外对儿童艺术教育领域的相关研究也越来越重视,并取得极大进展。在国内,艺术教育的地位也在不断提升,"没有艺术教育的教育不是完整的教育"这一观念也成了越来越多国人的共识。

进入21世纪以来,时代对教育提出新的要求,现代教育的基本特征是培养全面发展的人。实际上,培养全面发展的人的理想很早就提出来了。马克思早就指出:"从工厂制度中萌发出了未来教育的幼芽,未来教育对所有已满一定年龄的儿童来说,就是生产劳动同智育和体育相结合,它不仅是提高社会生产的一种方法,而且是造就全面发展的人的唯一方法。"[①]马克思所说的"未来教育的幼芽",实际上指的就是现代教育。"未来教育"是教育发展的更高级的形式,包括它的较低级形式——现代教育。对此,马克思的另一提法可作为佐证。在《哥达纲领批判》中,他说:"生产劳动和智育的结合是改造现代社会的强有力的手段之一。"[②]可见,实际上马克思已经对现代教育的根本特征做出了概括,也就是:教育要与生产劳动相结合,培养全面发展的人。现代教育是科学教育与人文教育的统一,科学精神要求现代教育能使"学生系统地学习科学知识,包括基础学科和各相关的专业科学知识,

---

① 《马克思恩格斯选集》第3卷,人民教育出版社,1979,第318页。
② 《马克思恩格斯选集》第3卷,人民教育出版社,1979,第354页。

学习和掌握综合(基本)技术和有关的专门技术,进行动手和实践能力的训练,培养追求真理、探索、创新、献身科学为人类造福的科学精神,教育方法遵循科学的认识论路线,理论联系实际,重视理论,重视观察、实验、操作和社会实践"①。人文精神则要求现代教育不能仅仅成为一种谋生的工具,还要关注学生人性的完善和人格的发展,重视教育中"人"的因素。注重儿童个性心理素质的发展以及伦理道德素质的培养,体现了现代教育对人的终极关怀。儿童艺术教育是一种不同于德育和智育的审美教育,它包含在人文性教育中,并充实与丰富着人文教育,而且对德育与智育起推动作用。艺术教育在整个基础教育中具有相对独立且重要的地位,这是由审美教育本质决定的。它必须面向全体儿童,必须处理好艺术知识技能、艺术表现和艺术欣赏三者在艺术教学中的地位和相互关系。艺术教育要让儿童在艺术实践活动中获得亲身体验的感受及审美体验,并通过实践教学活动的开展达到提高全体儿童艺术修养的目的。

当前时代,我国整个社会经济迅猛发展,并带动教育事业步入快速发展时期,这为儿童艺术教育的发展提供了良好的契机。儿童艺术教育应抓住机会,积极变革,以进一步适应我国社会、经济快速发展的节奏,满足社会对高素质人才及高素质国民的需要。

我国艺术教育的发展历史悠久。新中国成立初期,我国的整个教育处于对旧的教育体制进行初步改造、发展的时期,这一时期对教育性质逐步实现扭转。在1949年12月,教育部召开新中国第一次全国教育工作会议,提出了以老解放区的教育经验为基础、积极吸收旧教育中的有用经验,同时借助苏联教育建设的先进经验来建设新教育的方针。新中国的儿童艺术教育工作就在这一教育方针的指导下展开。1952年3月,教育部颁布《小学暂行规程(草案)》和《中学暂行规程(草案)》,两个规程中对美育的规定分别为:"使儿童具有爱美的观念和欣赏艺术的初步能力";"陶冶学生的审美观念,并启发其艺术的创造能力"。同时颁布的《幼儿园暂行规程(草案)》中提出"培养幼儿爱美的观念和兴趣,增进其想象力和创造力"的美育目标。1961年《文汇报》编辑部组织了关于美育问题的大讨论,在前后一年多的讨论中,对美育在基础教育中的重要性的认识是一致的,争论的焦点也只是应不应

①印小青:《现代儿童艺术教育论》,山东人民出版社,2005,第391页。

该把美育作为全面发展教育的组成部分这一问题。

从 20 世纪 50 年代后期开始,儿童艺术教育得到了一定程度的发展。但是由于政治环境的影响,儿童艺术教育还是没有引起足够的重视。1964 年,国内全面开始了对"现代修正主义"的批判。具体到教育领域,在批判"红专""爱的教育"的同时,也批判了主张把美育列入全面发展教育组成部分的观点。"文化大革命"时期,美育遭到了彻底否定,我国儿童艺术教育进入停滞不前状态。直到 1978 年,国内政治及经济形势日趋好转,教育事业获得了恢复与发展,儿童艺术教育又开始焕发生机。

1981 年 3 月,教育部、文化部联合发出《关于当前艺术教育事业若干问题的意见》,指出:既要重视对专门艺术人才的培养,又要注意普通教育中的美育,各级文化教育部门必须把艺术教育放在应有的地位。"1986 年 9 月国家教委成立第一个主管普通学校艺术教育工作的专门机构——艺术教育处。同年 12 月成立国家教委艺术教育委员会。"①标志着我国艺术教育组织管理系统形成,这为我国艺术教育的快速发展提供了组织管理体制上的保证。1989 年 11 月,国家教委颁发《全国学校艺术教育总体规划(1989—2000 年)》,明确提出了我国学校艺术教育的方针和任务,对学校艺术教育的改革指明了方向。现在又制定了《2001—2010 年全国学校艺术教育总体规划》,这些都充分说明了当前我国儿童艺术教育的制度化建设正在深入发展。

1994 年 6 月,全国教育工作会议召开,美育成了会议的议题之一。李鹏总理指出:"中小学教育(包括音乐、美术、劳作等)对全面提高学生素质、陶冶学生情操、培养全面发展人才,具有重要作用,应切实加强。"②大会还特别指派艺教委委员作了《加强审美教育,培养全面发展的一代新人》的专题发言。1999 年 3 月,国务院总理朱镕基在九届人大二次会议上所作的《政府工作报告》中提出:"大力推进素质教育,注重创新精神和实践能力的培养,使学生在德智体美等方面全面发展。"它标志着美育被正式写进了我国的教育方针,进入 21 世纪的 20 多年来,我国艺术教育一直处于平稳发展阶段。

---

①印小青:《现代儿童艺术教育论》,山东人民出版社,2005,第 402 页。
②黄济,王策三:《现代教育论》,人民教育出版社,1996,第 179 页。

完成以上脉络梳理后，我们可以看出，在改革开放以后，我国儿童艺术教育已经进入发展的"快车道"，在儿童艺术教育日益得到重视的同时，也必须注意到，我国儿童艺术教育的实际发展相对于发达国家依旧是滞后的，是需要进一步改善的。

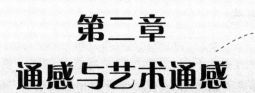

第二章
通感与艺术通感

第一节
通感的概念及内涵

一、通感的概念

通感与一般的感觉不同,通感超越了感觉的阈限。感觉是指人的某一感受器官受到外界的刺激,大脑直接接收到相应的信号,并对这个信号作出传导。而人在与世界交往的过程中,往往伴随着想象及情感的参与,在认知过程中会形成一种"物我交融、感而遂通的关系"①,这种关系由一种真实的感觉触发,幻化、引发出另一种或更多种感觉,通感就这样产生了。

通感是由感觉引起的表象联想而产生的,又需要通过生活经验的积累与思索而得来。例如这段描写花香的文字:"黄昏的庭院,一阵阵的幽香不断飘来,香味儿随着微风或浓或淡,时断时续,但来得自然雅致,那淡然从容的韵律,宛如一曲温婉的江南丝竹。"在这段话里,我们看到由于香气引发了嗅觉,嗅觉引发了美感,美感又触发了与之相通的听觉表象的联想,这就产生了通感。通感一般由一种感觉引发其他的感觉在表象上的近似联想,也可以由一种感觉引发类似感觉表象的近似联想。通感一般起源于感觉,而后由这种感觉蔓延中唤醒其他感觉的共觉,从而实现感觉的迁移、贯通,使一种感觉和另一种或几种感觉之间建立联系。人们常由色彩引起"冷"或"暖"的感觉,不同声音引起的"尖"或"圆"的感觉,不同的动作引起"脆"和"黏"的感觉,这种感觉转移的心理现象是通感产生的基础。在实际创作与欣赏中,通感的掌握除了有赖于较为丰富的实践经验之外,还必须通过持久的用心琢磨,才会得心应手,要求创作者与欣赏者仔细地玩味以分辨各种感受和印象,悉心地比较、认识、体味各个欣赏对象的优劣和异同,从中揣摩出"点子"和"门道"。正确地运用通感,不仅可以提升创作

①陈育德:《灵心妙语——艺术通感论》,安徽教育出版社,2005,第3页。

者的创作灵感,增强作品的感染力量,还可以提高观赏者的审美层次,丰富审美体验。

二、通感的内涵及通感心理机制的形成

(一)通感的内涵

"通感"属于一个基本概念,也是一个需要给出明确界定的概念。要想明晰核心概念的内涵,首先应该将前人对通感这一概念的研究脉络进行梳理。历数关于通感的相关研究,由于通感属性的多质性及其外延学科的多样性,围绕通感进行的一系列研究也呈现出负责性、多元性,因此,对通感的研究很容易造成理解上的偏差与误解。"通感"一词在中文中的出现,"系钱钟书先生译自英语 Syn(a)esthesia。该单词来自现代拉丁语,更早源于希腊语。其中 Syn 一意为'一起''一样'或'熔合',(a)esthesia 一意为'感觉',整体直译为'感受之共产',即'共同感觉'又称之为'通觉'或'联觉'"①。从心理学研究领域考证,对通感这一概念通常用"联觉"替代,在这一领域,"联觉"被视为一种感觉或者表象,它的产生源自于某种感受器官受到刺激时发出信号,从而引起另一种感官的反应。"1891 年,'觉'为正式词条收入美国出版的《世纪词典》(The century Dictionary)中。由于我们对 Syn(a)esthesia 研究是着眼于它的'贯通'性本质,要探究其发生和贯通的过程,因此在文中主要采用'通感'这一译法。但在介绍或论述与心理学密切相关的实验或研究内容时,也会使用'联觉'一词。"②对"通感"的研究和重视存在于不同的研究领域,当我们站在儿童艺术教育的视野对其进行关注的时候,非常有必要首先对关于"通感"的不同角度研究进行回顾和梳理,从而逐渐厘清本书中的艺术通感的内涵以及艺术通感的内在规定性。

1. 将通感作为一种修辞表现手法进行的研究

最开始的时候,人们把通感视为一种文学修辞手法进行研究和使用。通过文献回顾,我们可以发现通感早在被人类进行语言描述前就已经作为人类的本能产生了。也就是说,通感早在被人类进行语言表述前产生,后来

①②陈育德:《灵心妙语——艺术通感论》,安徽教育出版社,2005,第38页。

人类用语言表述了通感，再后来，人类对通感的学术研究开始，这个渐进性阶段的先后顺序在东西方都是类似的。在西方文学史上，通感被作为修辞手法的历史很悠久。"荷马史诗（约公元前十二—公元前九世纪）中即有这样的句子：'树上的知了泼泻下来的百合花也似的声音'（《伊里亚特》，卷三）。在我国，先秦著作《周易·系辞》中说：'同心之言，其嗅如兰。'从中西方史料文献记载中我们可以了解到，他们对文学的感受，已达到'听声类形，状似流水，又象飞鸿'的境界。"①这种境界，其实是进入了感性与理性的沟通状态。我国唐诗宋词的创作中巧妙运用通感的例子更是不胜枚举，而且很多描写通感的词句都与日常生活里表达这种经验的习惯语言密切相关。比如："贾岛《客思》：'促织声尖尖似针'或《牡丹亭·惊梦》：'呖呖莺歌溜的圆'，把'尖'字和'圆'字形容声音，就是依据日常语言习惯。王维《过青溪水作》：'色静深松里'，或刘长卿《秋日登吴公台上寺远眺》：'寒磬满空林'和杜牧《阿房宫赋》：'歌台暖响'，把听觉上的'静'字来描写深净的水色，温度感觉上的'寒'、'暖'字来描写清远的磬声和喧繁的乐声，也和通常语言很接近，'暖响'不过是'热闹'的文言。"②诗人天生具有的敏感特征，往往使其对事物具有更细腻的体会及情感体验，这就促使他们可以突破一般经验的体会，对客观世界有更全面与感性的认知。在中国的近现代文学中，将通感作为修辞手法进行描述景物与感受的优秀文学作品更是屡见不鲜，例如朱自清先生的散文《荷塘月色》中的"微风过处，送来缕缕清香，仿佛远处高楼上渺茫的歌声似的"，这里就是将通感用作修辞手法——清香是嗅觉感官的参与结果，歌声是听觉感官参与的结果，在文中，作者将两种感觉互通使用，自然而巧妙，使这段文字经常被作为通感修辞手法的典范之作加以分析举例。

虽然通感在中国古代文学中被广泛使用，但对通感的研究却开始于20世纪。依据现存的资料可知，我国最早研究通感问题的是陈望道先生。他于1920年为《文学小辞典》写了个词条："官能底交错——就是感觉底交杂错综。这是近代人神经极敏所生的一种现象。例如德国诗人兑梅尔（Dehmel）《沼上诗》中有'暗的声音'一语；明暗是视觉上的现象，声音底听

---

① 朱光潜：《朱光潜全集》（第1卷），安徽教育出版社，1987，第188页。
② 此段参见钱钟书：《通感》，《旧文四篇》，上海古籍出版社，1979，第50—52页。

觉上是无所谓明也无所谓暗的;说是'暗的声音'是视听两感觉底混杂,就所谓官能底交错了。余类推。"①由此可见,在这个记载中,虽然"通感"一词并没有直接出现,但是"官能底交错"这一描述显然所指的就是通感。到了 20 世纪 30 年代,朱光潜先生在其书作中也谈及通感。他在其著作《文艺心理学》中,论及美感与联想的关系时阐释了通感。他把波特莱尔的诗 *Correspondances* 译为"感通",并分析了象征派的理论:"各种感觉可以默契旁通,视觉意象可以暗示听觉意象,嗅觉意象可以旁通触觉意象,乃至于宇宙万事万物无不是一片生灵贯注,息息相通……所以诗人择用一个恰当的意象可以唤起全宇宙的形形色色来。"②

2. 从修辞手法的通感到艺术通感

在 19 世纪后期,西方象征主义诗派将"通感"(synesthesia)推举为一种新的艺术风格和创作方式。到了当代,美学、艺术学领域出现了一种关于"通感"较为流行的见解,即将通感解释为五官感觉(视觉、听觉、嗅觉、味觉、触觉)之间的挪移、贯通。在如此理解通感的基础上,很多著作或论文在谈到通感时,不论是从理论高度去诠释通感的概念,还是描述与分析艺术作品中存在的通感,大多数的专家、学者都会不将通感看作一种文学描写手段,一种方式。对于通感被运用到作品中的形象描绘时,分析通感的研究者们普遍会着眼于词语的分析与判断角度去研究通感。如此,关于通感研究形成了较为丰厚的学术积累,成为后来者研究通感的高大平台。然而,客观上,这个平台又是一种无形中的局限,需要后来的研究者超越与突破这个局限,才能取得进展。我国早期的通感研究基本发端于对古诗词文章中所使用的跟通感相关联的创作手法的分析,尤其在钱锺书先生所著《通感》论文发表后,国内很多对此感兴趣的学者纷纷顺着钱先生的思路,将通感作为一种修辞手法进行了更加全面、系统的研究,对通感的概念、方式、类型等进行了辩证的思考与概念界定。大家逐渐明晰的是,作为一种修辞手法的通感基本特征就是:"利用各个感官的感知相似点进行感觉挪移,用描写甲类感官的感觉的词语去描写乙类感官的感觉。在利用通感进行修辞时根据通感是否借助其他辞格来表达或借助何种辞格来表达,可分为描绘型通感(不借

①陈望道:《陈望道文集》(第 1 卷),上海教育出版社,1980,第 9 页。
②朱光潜:《朱光潜全集》(第 1 卷),安徽教育出版社,1987,第 287-288 页。

助其他辞格的通感)、比喻型通感、比拟型通感、移就型通感、夸张型通感等。作为修辞手法的通感与比喻、比拟、移就等辞格有着深刻的联系。"①

"通感"一词在现实运用中,特别是在语文中的运用都是修辞的用途,修辞中的通感只是一种描述形式,是外在的冷静观察。广义的通感至少可分为两种形式:其一是描绘的通感,是外在的,可以因之进入通感想象,也能因此进入通感体验;其二是直接的通感体验,是内在的,在艺术欣赏中有集中体现。直接的通感是通感的实际状态,是无介质的通感体验,真实而具体;描绘式的通感已经不是通感的实际状态,由于介质的参加,它只是一种描绘和传达形式。无论描绘式的通感所使用的介质如何恰当和描绘技巧如何高超,都是第二手的东西,不是真实的,它有可能引起人的通感联想,也有可能进入真实的通感。通过介体的复述性,通感常常是与其他修辞手段联合运用的,很多人将其与比喻等修辞手法混淆了,在很多的文学描述中的"通感"修辞大多不是通感,而是比喻等修辞手法,重在对对象的修饰。

文学中描述性的通感已经脱离了通感实际的生动性,复述者在其复述时已经脱离了通感的现实,现在只是把当时的体验默写出来,阅读者由于文学修养和心理等原因对通感修辞手法的理解有难度,人们对通感的实际了解还是不清晰。借助生动的描述可以部分地达到对通感体验的实际的复原,但描述性的通感是人的第二次创造,所以作为修辞手法的"通感"实际不是通感,它只是在运用修辞来述事、写意,使所描写的对象更传神。一般人总是这样来分析:山的"柔嫩"是通到了触觉,"柔和"是通到了意觉,"凝脂"是通到了视觉。其实这都是作者在写山,他的心在山上,其他事物的联想都是用来写山的,无论其通感形象如何多样和生动,最后的落脚点都在"山"上。这种通感更可以说是一种比喻,是为了写活事物而用的修辞手法。当作者身临其境时他没有通感到它物上去,心灵并没有飘到更旷远的事物中去,他还在此物中,他是用彼物比此物、说此物,给此物加上一些美丽的衣裳。看者不是以此物为桥梁通到另外的事物中去,并且在另外的事物中享受着其更高的美感,他还在"此岸"。

因此可以这样总结:作为修辞手法的通感首先是文学创作者为了表达自己情感的一种表述手段,虽然他可能曾经有身临其境的通感,但现在他是

---

① 王丽:《艺术通感与儿童艺术教育研究》,南京师范大学博士论文,2007,第 10–11 页。

创作,是在做文学。其次,文学将这种通感形之于文字,无论是创作者还是接受者,都是借助意象的引导来解读文字的,人们读的是文学,借助形象,靠的是想象,它得到的东西更多的是靠想象得到的。这些"通感"是通过语言形象思维得到的,是意义联想,这与通过现实的艺术手段如音乐、绘画的欣赏,通过五官感觉带来的现实通感是不同的。最后,虽然我们在一般的文学阅读中也会有通感发生,但这种通感却溢出了文学之外,文学阅读是作为个人的生命体验参与个人的生存日程中,它的独特性和隐秘性不为人知。我们把这两种通感形式都称为"艺术通感",只不过后者的艺术通感性虽然也是修辞的效果和艺术品的功劳,但我们看到的不是文学和艺术品本身的内容,它常常是超出了创作者的意图而到了玄远之境,与我们的生活经历和生命本质相通。在人类的审美和艺术活动中,通感作为一种心理机能和表现方法,历来都是存在和使用着的。将通感作为一种修辞表现手法进行研究使我们看到了通感在艺术创造中所发挥的巨大作用,但显然仅仅从这个角度对通感进行研究是极不充分的。一方面,通感与人类的艺术活动密切相关,而修辞手法仅和人的文学创作相关,人类的艺术活动形式多样,除了文学之外,在美术、音乐等形式的艺术活动中所存在的通感现象是不容忽视的;另一方面,人们之所以将通感作为一种修辞手法大加利用,背后的原因是什么? 通感这种修辞手法何以能如此活化和丰富文字的意境? 这些问题都促动着人们对通感进行更多角度、更深层次的认识。

有人说:当无介质的纯粹的通感需要表达的时候,即使是艺术通感,它就不能不是比喻方式,或者说不得不借用修辞式通感来表达。因此在通感的实际表述中,通感就不得不是比喻,除非任通感单纯地在意识流中游荡。"任何一个通感中都蕴含着一种从无介体到有介体的倾向。在这种倾向比较弱的时候,它是一个较为纯粹的通感,而这种倾向如果加强,具体表现就是所接纳的不可能特征的指向明确起来,通感就成了一个比拟。这种倾向继续加强,就会导致隐含的介体出现在语言形式中,通感就和各种类型的比喻联系起来。"但真正的通感仍然不是比喻,它必须涉及两个以上的感官感知的参加,而且以被引起的感知为主导,这些都是比喻所不具备的。通感不能归为文学修辞术语,也不完全是心理学术语,它涉及人类众多的文化形式,在艺术欣赏过程中得到最集中体现。

（二）通感心理机制的形成

通常在人们的认知中，通感指的就是五官感觉功能的互通。其实，五官感觉之间的挪移的确是一种通感，但仅仅是丰富、复杂的通感心理中的一个类别，远非通感的全部。也有人认为通感是指从感知、表象到意象形成过程中的各种感觉挪移、转化、渗透、互通的心理过程。其实，通感不仅具有复杂的内涵分类，而且通感的心理机制也依据媒介属性不同，分为一般通感与艺术通感。不管如何界定，通感都是属于心理现象，是人的高级神经活动的产物，是多种感觉经验有机综合的心理现象。

主体与客体相统一，心与物双向交流，感于外而通于内，方能生成通感。当然，它并非实体的统一，而是类比的、想象的、象征性的统一，是情感价值的感发与认同。艺术通感是以一般通感为基础，并对之进行审美净化与升华的成果。

有时候，通感往往缘情而生，遂感而发，实中有虚，虚中有实，具有随意性、偶发性、模糊性的特点，使人感到扑朔迷离，玄妙莫测，按照逻辑思维是难以索解的。这就为我们揭示通感产生的根源和本质带来不少困难。

不同事物以及同一事物的不同属性之间是相互联系、相互制约的，这就为通感心理的产生提供了客观基础。人的认知活动不是简单的、机械的、一对一的反应（如眼睛只能看形色，耳朵只能听声音），而是一个复杂微妙的过程。人的头脑中储存着大量信息和记忆表象，并且是相互联系的。因此，当客观事物刺激某一个感官时，除了直接产生与之相应感觉表象外，还会举一反三，由此及彼，反映出客观事物外在的和内在的联系。通感作为一种心理现象和感觉经验，在所有的正常人身上都会发生，但大都属于一般的、自发的通感，特别是同味觉、嗅觉、触觉联系起来，引起生理上适应与不适应的反应是很突出的。美感虽然不同于生理快感，但味觉、嗅觉、触觉等生理性很强的感觉，经过情感、想象的陶冶、净化，却可以被以扬弃的形式融入审美的精神愉悦之中，成为美感不可或缺的因素。朱光潜先生在《文艺心理学》中引用法国美学家顾约《现代美学问题》中的这样一段话颇能说明问题：

我们每个人大概都可以回想起一些享受美味的经验与美感的享受无殊。有一年夏天，在比利牛斯山里游行大倦之后，我碰见一个牧羊人，向他索乳，他就跑到屋里取了一瓶来。屋旁有一小溪流过，乳瓶就浸在那溪里，浸得透凉像冰一样。我饮这鲜乳时好像全山峰的香气都放在里面,每口味道都好,使我如起死回生,我当时所感到那一串感觉,不是"愉快"两字可以形容的。这好像是一部田园交响曲,不从耳里听来,而从舌头尝来。……味感实在带有美感性,所以也产生一种较低级的艺术:烹调的艺术。

　　这段话的意思固然有把生理快感与审美情感混为一谈之嫌。不过认真思考一下,其中也不无几分道理。一个登山越岭、极端疲倦、饥渴难忍的旅游者,能喝到一瓶清凉如冰的鲜乳,产生口味的"愉快"当然是寻常的快感。但这种快感强烈的犹如"起死回生",引起丰富的联想,感到"全山峰的香气都放在里面",仿佛从舌头尝来"一部田园交响曲",这便超越了单纯的快感,获得了精神享受。所以,朱光潜先生说:"如果说寻常快感到再现于记忆时每每变成美感,倒有几分道理。顾约在比利牛斯山饮乳时所享受的只是快感,到他著书时回忆那种风味,便杂有几分美感在里面了。"①当顾约回忆起喝鲜乳时的愉快,并产生丰富的联想,便与寻常的味觉快感拉开了心理距离,使之得以升华。味觉与嗅觉、听觉相互感通、协作,在审美整体中发挥辅助作用,可从对象中领略到更多的风情韵味。我国古代美学中利用味觉与听觉、视觉之间的通感,提出的"滋味"说,艺术创作和欣赏追求"味外之味",就体现出情感将日常快感推进、提升为审美通感动力的作用。总之,"通感作为多种感觉经验有机综合的心理现象,是人的高级神经活动的产物。主体与客体相统一,心与物双向交流,感于外而通于内,方能生成通感"②。当然,它并非实体的统一,而是类比的、想象的、象征性的统一,是情感价值的感发与认同。

①朱光潜:《朱光潜全集》(第1卷),安徽教育出版社,1987,第272页。
②陈育德:《灵心妙语——艺术通感论》,安徽教育出版社,2005,第38页。

第二节
艺术通感的产生及其心理机制的形成

一、艺术通感形成的历史考察

通感作为人类的一种本能反应和官感的能动反应,在中西方传统文化中均具有悠久历史。

(一)国外的历史考察

据西方相关史籍记载,早在公元前 3 世纪,当中国的丝绸被运到古希腊罗马,受到当时王公贵族的推崇与喜爱,丝绸的美妙令他们惊叹,说:"它真像一个美丽无比的梦。"[①]丝绸这种纺织品拥有绚丽的色彩、轻柔的质地,色彩的视觉冲击、触感的清凉滑润使他们狂热地爱上丝绸织物。通感引发了他们的联想,在他们的心目中这种物质成了无形无色、"美丽无比的梦"。在西方的文字记载中,这是我们所看到的早期关于记载艺术通感的事例。亚里士多德对于通感也曾经有过研究,在他的著作《心灵论》里讲到声音有"尖锐""钝重",他还在他的经典哲学论著《形而上学》中指出:各种感觉不仅有区别,有分工,也有联系与合作,并触及通感同艺术鉴赏的关系。他说:"如没有具备相应的感官,我们怎能认识各种不同感觉的各类事物? 可是,如果像复杂的声调可由适当的通用的字母(音注)组成一样,一切事物所由组成的要素都为各感官都能相通的要素,那么我们就能看音乐或听图画。"[②]这之后,通感被中世纪宗教艺术大量运用,以通感宣扬神的威力。

由于通感的本质就是多种感受器官的联系与贯通,这就使得人们对不同感官的视觉艺术、听觉艺术等不同艺术门类之间的关系产生深究的欲望。

---

①杨力:《中国的丝绸》,人民出版社,1987,第 2 页。
②亚里士多德:《形而上学》,商务印书馆,1983,第 31 页。

17世纪时,英国物理学家牛顿利用色光实验,揭示了颜色光谱和音阶之间的对应关系。之后,到了1735年,卡斯特尔(Castel)也注意到了这种关系,并以此为理论基础建造了世界上的第一架色光琴。卡斯特尔还将声音与色彩的关系又进一步演绎,将之与他的哲学观联系在一起,他提出这样的观点:人类是在音乐中降生的,因此人类要善于利用听觉去体会音乐,而且还必须善于利用眼睛感受音乐的色彩,而后去做判断。到了18、19世纪中,还有很多其他关于通感的研究资料陆续公之于世。例如1883年,高尔顿在发现通感现象似乎在婴幼儿及童年阶段更容易发生。在这个时期出现很多关于通感的理解和描述,其中对艺术领域的通感现象的探究最为集中与突出,比较有代表性的当属艺术家斯克里亚宾(Scriabin)和康定斯基(Kandinsky)的研究。斯克里亚宾和康定斯基在20世纪的头十年开始了他们的通感实验,艺术通感对他们来讲是一种理所当然无需论证的客观存在。那时,在音乐厅中演奏古典名曲已经非常流行,而他们的实验则使用色彩乐器演奏古典名曲。斯克里亚宾声称自己在聆听音乐的时候,脑海中会浮现出多种颜色的频繁转换,甚至在听到音乐进行中音调出现变化时,脑子里面的颜色也在变化,但每次情况并不相同,即他认为自己的通感的产生每次都有不同的强烈程度与不同的呈现方式。

　　1911年5月15日,俄罗斯声名斐然的"三S"之一的斯克里亚宾(其他二人是斯特拉文斯基和西贝柳斯)的作品《普罗米修斯:火之诗》(第五交响曲)在俄罗斯的莫斯科举行。当时大家把这场演出视为是使人"脑洞大开"。因为,在人们约定俗成的观念中,音乐作品都是让人听的,是听觉艺术,但此刻的演出上演听觉,也需要视觉参与去欣赏。在这首乐曲的总谱中,除了庞大的管弦乐队中的每一种乐器声部之外,在每一页乐谱的最上段还增加了一行标记。这行标记是由一架具有创新意味的"乐器"来完成的,这个新鲜乐器就是一架有色无声的"色光琴"。当管弦乐开始演奏时,"色光琴"会发出多种颜色,并将带颜色的光投射到舞台的屏幕上,而色光的颜色和图案会随着音乐的进行而变换。这种创新的初衷是源于作曲家觉得虽然管弦乐队庞大且表现力丰富,但是对于他所作曲目中运用的独创性的和弦等音乐元素还是表达得不够完美贴切,于是才求助于色光语言了,想利用听觉、视觉的综合运用调动通感功能,以使观众更好地理解音乐作品。他还专门为色光琴写了乐谱,这个乐谱的书写主要遵从两种逻辑方式:一种和音乐进行保持协调一致,一种和音乐进行格调相反。观众可以领略到色光与音乐进行的或和谐或冲突的演奏。在他的演奏过程中,颜色的浓淡变化会随着演奏者情绪的变化而变化。作曲家自己认为,不是每段音乐都会使他产生通感反应,例如演奏贝多芬的音乐时,就会因为贝多芬的作品太多理性元素而无法唤起他的通感。对于斯克里亚宾来说,因为现代音乐的感性元素多,而且情绪更加丰富、转换更加剧烈,因此能产生更多的通感,会有更多的色彩变化联想。斯克里亚宾这样阐述自己的体验:演奏音乐就像颜色在音调下面划线一样,它使音调变得更加突出。从这个示例我们看出,情绪往往会成为通感产生的基础,并且会增强欣赏者对音乐的多维体验。

康定斯基一直致力于使绘画与音乐融为一体的研究,这想法源于他在学生时代听管弦乐的时候,经常会在眼前呈现出无数的线条在随音乐的节奏飞舞旋转,他觉得这就是音乐的独特魅力使然,对音乐家的这种抽象性表达情感及审美的创造能力叹服。之后,康定斯基逐渐开始思考色彩是不是也如同音乐一样,使用无声的图案、色彩、线条实现内在的表达,并且这种方式具有极丰富的表现力。他产生了一个构想,就是使绘画与音乐融合。音乐能真实、细腻地表达情绪、宣泄情感,绘画也能随心所欲地运用技能呈现真实的内心世界,也会同音乐一样能直接动人心魄。如何将音乐与绘画融合?最直观的做法就是把钢琴的琴键变成彩色。那么琴键就有了美术的视觉审美元素,由画家弹奏多种色彩的键盘演奏令人灵魂激荡的乐曲,就会形成视听的艺术通感。在对视听艺术之间相互关系的实验研究中,康定斯基发现,一个人同时进行美术活动、音乐活动和舞蹈活动时通常能够感觉得到多感官的和谐一致或不一致,为了证实这一理论,康定斯基邀请作曲家哈特曼为康定斯基的通感游戏写了一首名为《黄色声音》的曲子,又邀请舞者萨卡若夫参与了其中的一项实验,对此次实验,康定斯基进行了这样的描述:"我自己和一位年轻的音乐家和一个舞者进行了一些小实验。音乐家从我的水彩画中选择一幅最具有音乐元素的画,在舞蹈者不在场的情况下,先请音乐家根据这幅被挑选出来的水彩画进行即兴演奏;之后,请出舞者,请他听这首音乐作品且随这首音乐进行舞蹈,然后从一堆作品中找出那幅水彩画。"这些小实验的结果倾向与支持之前的假设理论是成立的。

这个实验做后不久,1931年,心理学家霍恩博斯特尔也完成了类似实验。霍恩博斯特尔要求被试者去完成嗅觉与视觉及听觉的通感体验。首先,被试者得到一种气味;然后,被试者被要求去找出与此气味相匹配对应的灰色卡片;再然后,被试者还要去挑选出与气味相匹配的音调;最后,请他们将这种音调与对应的灰色卡片相匹配。结果发现,被选择的灰色卡片几乎完全一致。

康定斯基的《论艺术里的精神》《康定斯基论点线面》等论著中所表述的视、听等艺术相通的理论研究对通感研究有着重要的启示作用。《论艺术的精神》一书中,偏重于对图形的基本元素与听觉艺术元素的通感分析,康定斯基的一些作品也与他的理论看法相吻合,他用抽象的形式来抒发情感和展现精神内涵,并在绘画中引入音乐、戏剧等相关艺术的手法,创造了一种独特的艺术形式。他的抽象画论,集中体现了与他同时代的抽象画家的艺术追求与审美理想。他对绘画元素的分析,主张绘画借鉴音乐的构成手段,追求画面的音乐感受力,正是当时抽象画家们集中探讨的问题。在他的理论里,对音乐艺术的很多探索为美术艺术提供了强有力的支持。反过来讲,视觉艺术从音乐那里也汲取了丰富的灵感。他的绘画印证了他关于"视觉音乐"的理念,这些理论说明绘画和音乐之间有着密切的联系。在他的艺术作品中,可以做到听色彩、看声音,很轻松便可以捕捉到视听通感的体验。另外,更重要的一点是,康定斯基提出的"内在需要""内在声音""综合艺术""隐性结构"等概念,曾对 20 世纪视觉观念的变革产生过深远的影响,这为艺术通感研究提供了理论支撑。虽然康定斯基的通感探索以绘画为主,但却影响了艺术通感总体的发展,因为抽象艺术的原则是贯穿于整体艺术之中的。当我们今天回顾发端于 20 世纪的抽象主义运动时,以康定斯基为代表的抽象艺术家,在绘画实践和理论上,以及对于丰富艺术的表现手段、拓宽艺术的审美领域以及改善视觉形象的构成方式等方面都具有不可磨灭的贡献。

(二)国内的历史考察

艺术通感是建立在一般通感基础上,并经过主体审美感知与审美能力的净化与升华,形成一种更高级的感知形式。艺术通感在我国古代诗词作品中早有体现。"吴景旭在《历代诗话》中说:'竹初无香',杜甫有'雨洗娟娟静,风吹细细香'之句;雪初无香,李白有'瑶台雪花数千点,片片吹落春风香'之句,……云初无香,卢象有'云气香流水'之句。妙在不香说香'使本色之外,笔补造化'。在他看来,诗歌中竹、雪、云等自然物象'不香说香',是诗人'笔补造化'的结果,不是其'本色',肯定了艺术创造的能动作用,是很有见地的。但到底怎么'笔补造化',却没有讲出道理来,其实就是艺术通感。"①在艺术创造活动中,艺术家面对着自己的客观创作对象,在直接接受感官刺激的同时,还会在想象联想、情感体验等审美心理机制的能动作用下,补充以记忆中储存的认知经验,又通过对主导感觉的充分利用,唤醒主体所不能直接反应的感受,最终形成虚实结合、抽象与具体、理性与感性结合的审美意向。竹子本来是没有香味的植物,但是诗人把它想象为端秀文雅的女子,从而由女子身上的脂粉香联想到婷婷秀竹也会发散出"细细香"来;飘舞的雪花使诗人联想到春天百花齐放的情景,而花香会追随春风四处飘香,看到飞雪飘散便宛若嗅到了落花的芳香。在诗人贾唯孝的《登螺峰四顾亭》中:"雨过树头云气湿,风来花底鸟声香。"则描写细雨过后,空气清新而湿润的场景下,春风拂面,传来缕缕花香,让人产生花中鸟的欢乐鸣叫声仿佛也带有香气的感觉。杜甫的另一首诗作《月夜》中:"香雾云鬟湿,清晖玉臂寒。"夜晚的云雾本是没有气味的,但是联想到自己的妻子可能就站立在月色笼罩的夜雾中,盼望他尽早回家,诗人想到那幅画面,便从妻子身上散发的香气中仿佛也嗅到了夜雾的香气。在心理学上,这种现象便是由自己对亲人的思念产生了投射现象,觉得妻子也在此刻思念自己,从而产生了这篇诗作,诗作中又由思念引发了视觉与嗅觉的通感,这种通感经由诗人的艺术联想产生了艺术通感,增添了这篇诗作的独特魅力。文字里的"香"是通过想象虚拟产生的,并非产生于生理性的嗅觉感受,联想赋予了通感以情感的、审美的意蕴,是诗人"本色之外,笔补造化"的成果。

在现当代,我国许多专家学者也对艺术通感进行了探讨,及至 20 世纪 80 年代之后,产生了可喜的研究成果。对于艺术通感,有学者认为:"观画读诗有音乐感,听音乐有诗画感等,即所谓'诗画中有旋律''音乐中有诗情画意'。"②这种艺术通感是由于两种或两种以上的相关艺术表现有共同的规律呈现、共同审美特征属性,从而激发了艺术通感。还有其他学者提出:"诗歌与绘画的交互感应、渗透融合,连接了听觉与视觉的通道,突破了时间和空

①陈育德:《灵心妙语——艺术通感论》,安徽教育出版社,2005,第40页。
②陈年:《论中国诗与中国画的融通》,《文艺理论研究》,1995年第4期,第18页。

间的界限,极大地拓宽了两种艺术的审美维度,丰富了两种艺术的审美意象。"①我国当代学者周海宏在对艺术通感的研究中,另辟蹊径,将联觉相互间的关系作为根基,对音乐发出的音响效果与其表现对象之间的关系展开了研究。通过心理学的实证方法,周博士证明了与音乐听觉相关的六种联觉对应关系规律:"与音高相关的联觉、与音强相关的联觉、与时间相关的联觉、与时间变化率相关的联觉、与紧张度相关的联觉、与新异性体验相关的联觉。实验结果表明,音高越高视觉感受越亮、引起的空间感越高、感觉物体越小、感觉越兴奋、感觉物体越轻;音越强感觉物体形状越大、情态体验越强、感觉事物力量越大、空间感觉越近、越重;音越长感觉空间越开阔、感觉运动速度越快、感觉物体越重、感觉越平和或安静;起音速度越快,触觉感觉越硬、感觉越直接、越果断、越具有威胁性;听觉紧张度越大,感觉越紧张、感觉威胁性越大;空间感觉越狭隘或拥挤,视觉线条的流畅性越差、和声越不协和、色彩感觉越乱。该研究的样本包括了年龄跨 8~61 岁的共 32 名人员。统计分析表明,上述的实验结果与年龄差异无明显相关。"②在实证研究的基础上,研究者提出结论:音乐之所以能够表现听觉之外对象的根本原因与首要的前提就是联觉对应关系规律。

二、艺术通感心理机制的形成

艺术通感的产生根基是心理机制发挥能动作用,心理机制的能动作用体现在其对艺术通感三个维度的能动进行。

(一)感官互通是艺术通感形成的生理基础

有人这样认为:当我们对纯粹的、无媒介的通感进行表达的时候,包括艺术通感,它就必须借助比喻的修辞方式。因此在对通感的传达与描述中,通感就不得不是比喻,否则通感只能单纯地是一种意识方式的存在,这一特质在艺术通感中表现更加突出。艺术通感中蕴含着一种从无媒介到有媒介的倾向,当在这种倾向处于比较弱的状态时,它是一个较为纯粹的艺术通

---

①邱明正:《审美心理学》,复旦大学出版社,1993,第 215 页。

②周海宏:《音乐与其表现的世界:对音乐音响与其表现对象之间关系的心理学与美学研究》,中央音乐学院博士学位论文,1996,第 32 页。

感,而这种倾向如果加强,具体表现就是所接纳的不可能特征的指向明确起来,艺术通感就成了一个比拟。这种倾向继续加强,就会导致隐含的介体出现在艺术表达的形式中,艺术通感就会和各种类型的比喻联系起来。但真正的艺术通感仍然不是比喻,它一般由艺术信号给予感官刺激,会涉及两个以上的感官感知的参加,而且以被引起的感知为主导,这些都是比喻所不具备的。

在一般情况下,耳目口鼻各有所司,不能相通,这是正确的。《庄子·天下》曰:"耳目口鼻,皆有所明,不能相通。"《荀子·正名》认为五官功能各有不同,不能相互混淆,提出"正名"。但在艺术欣赏过程中,五官感觉相通却是常有的事。

我国学者陆一帆认为,通感就是各种不同感觉的相互代替,他将通感分为三种:"感觉通感、表象通感、双重通感。感觉通感是不同感觉之间的相互转换,表象通感是表象间的相互转化,双重通感是在第一次通感之后,再追加一次通感。"①金开诚认为被称为"通感"的心理现象,"不外乎两种模式:一是从感觉到表象,二是从表象到表象,指出凡是通感的出现,都必然有表象联想(以至于想象)参与的。"②刘晓波认为:"通感的产生有赖于人的联觉,审美活动中的通感正是以联觉为生理基础的,通感不仅仅是一种生理感觉,在审美活动中,通感主要是在丰富的情感的触发下想象力的自由运动,是由内感觉走向外感觉,由某种特定的心境引起对外在事物的通感。"③"从感觉特性方面来认识通感,把通感分为相似性通感和并举性通感。相似性通感是指通感涉及的两个事物或两种现象之间,总具有某些相似之处,这种相似主要不是事物客观物质属性的相似,而是事物在人的艺术感觉中所呈现出的情调或曰表现性的相似。并举性通感是依据格式塔的基本原理,认为实际感觉是共时的、整体的、不可分割的,只是由于语言艺术的继时性特点,作家才不得已以前后相随的形式将它们并举,这种通感就称为并举性通感。"④此外,邱明正探讨了艺术通感具有五官互通所引起的感觉的关联性、传递性、转折性、多重性、幻觉性、增益性等艺术心理特征。

---

①陆一帆:《文艺心理学》,江苏人民出版社,1985,第 77 页。
②金开诚:《文艺心理学概论》,人民文学出版社 1987,第 279 页。
③刘晓波:《审美与人的自由》,北京师范大学出版社,1988,第 99 页。
④谭德晶:《通感的两个基本类型》,《文艺研究》,1995 年第 4 期,第 33 页。

（二）心觉的统领使艺术通感达成融会贯通

从艺术通感的心理机制形成来看,除了通常所说的五官感觉的贯通迁移外,还应将"心觉"包括进来。心觉与其他感觉的相通互融,使通感变得更复杂、更高级,这也就是人们所说的"心统五觉"。以心统五觉(视、听、味、嗅、触)、六根互用的通感界说为基点,纵向上看,通感是一种心理流程,横向上分析,通感又可呈现出不同的形态。人的精神活动是变幻莫测、多姿多彩、内涵丰富的,被恩格斯誉为"在地球上最美的花朵"①,艺术通感心理就是这"最美的花朵"中的一朵。

经心理学家论证的通感现象与美学家所说的那样广泛、多见、具有贯通人的本质的通感特征有所不同。诗人、美学家所谈论、运用的通感是一种纯粹的审美通感,是审美创造活动中得到的一种艺术感受,艺术家们又利用这种感受进行艺术创造,艺术观赏者们利用这种感受进行艺术审美,艺术通感除了五官感受,还会深入人的灵魂世界,触及人的完整生命。"由于受神秘的通感经验的影响和启发,再加上自己特有的艺术素养,决定了艺术家和诗人对生活的感知能力比普通人更细腻灵敏,更善于感受、体验微妙的心理。在审美活动中,在审美想象的作用下,各种感官都在同时起作用并且形成了相互的关联,各种感官及其感受得以贯通,艺术享受就变得异常丰富、奇妙和不可思议。"②人类并不具备以鼻听音,以眼闻香的特殊异禀。因此在实际生活中,感觉的迁移、贯通现象是不常见的,但在艺术审美欣赏中,这种审美通感现象却经常出现,且引领审美主体到达妙不可言的审美境地。但是因为艺术通感具有一定的局限性,因此在对艺术通感进程研究的过程中,要注意把握审美通感经验的适用范围及效能程度,也要切忌把审美体验当成一种普遍的心理现象,那样就很容易夸大艺术通感的功效,对审美创造欣赏活动主体形成误导。

在艺术通感中,心灵这个感官是通感的"主人翁"。因为从意象的起始到感官的互通,每一个过程都依赖于心灵的融会与反应作用。我们的情意需要某些感官联手合作去表达自己,这个情意在心灵中形成,形式包括多种

①彼得罗夫斯基:《普通心理学》,宋桂煌,译,人民教育出版社,1981,第266页。
②邱明正:《审美心理学》,复旦大学出版社,1993,第216页。

情感、丰富的想象等,审美主体通过心灵将自体的情、意在各感官及其感知间进行分配、贯通、迁移。因此不难看出,心灵这个"主人翁"既是通感形成的缘起,也是通感的结果,更是通感之所以如此形成的内在原因。

在人们的审美创造活动中,并非只运用某一种感官,往往是从整体的感官出发,甚至会全身心地投入,此时机体处于活跃状态,几乎所有的感官都会被调动起来,打破感官间的壁垒,形成艺术通感,并在此基础上完成审美创造或欣赏过程。

当然,我们都知道,人类的感觉并不止以上五种主要感官。人类感觉的种类可以依据信息的接受情况分为外部感觉与内部感觉两大类。外部感觉包括视觉、听觉、味觉、嗅觉和肤觉,其中肤觉又可细分为温觉、冷觉、触觉和痛觉等;内部感觉反映有机体本身的状态,包括运动觉、平衡觉和机体觉。通感是"心理'层面或"心灵"层面,它是五官感觉的统摄,即恩格斯所说的"我"的统一性。当我获得某种感知的时候,由于"我"的机体的统一性及心灵的统一性,会自然自发地与其他感官产生呼应、联通、转移关系。我们把它称为"心治五官"。联系到第一个层面我们说,艺术通感是建立在"心官"上的,心理内容是五官通感形成的枢纽。

(三)生存背景决定艺术通感形成的品质

在通感形成的初始阶段,是由感官接收到刺激信号并做出反应,这种反应会投射到心灵,心灵就犹如一面镜子,当某种信号发出的光投射到镜面,心灵便会发挥统合功能,将各种信号达成感官的贯通。我们表象层面看到的是不同感官的相互作用,其实心灵之镜的背后是人类与个体全部的生存背景折射,这些生存背景对镜面折射的内容和方向产生举足轻重的影响。从感觉的信号接受到感觉之间的挪移,再到多种感觉融会贯通,都是对艺术通感中感官互用的研究。以通感的初级形式呈现时,这一过程是由一种感官的感知唤起了另一种感官的感知,如视觉引起了味觉"她的微笑很甜",听觉引起了触觉"他的声音冰冷"等。感觉的这种迁移虽然仅仅超越了一种感觉表象的单纯与独立,但依然极大丰富了人类的感觉世界。在感觉迁移的基础上更进一步,就成为一种感觉唤醒众多感官,形成多感觉的共振反应,这种复合的感觉就形成对事物的整体感知。人体机能及身体各个感官是不可分割的整体,各种感官是相互感应和贯通,并为总体的感知服务。

感知与感觉不同,感觉一般来自官能感受,而感知往往来自我们的心灵,心灵内容对官能感觉进行反映、融汇、迁移,五官感觉的互通就出现了。感官触物产生"情意",或者反过来这个情意使感官触物而有所感,由这个情意与感官相通,感官间的情意互通都是通过心灵实现,这是心官产生的基础,是思维或心灵以何种性质和何种状态、何种时机出现的潜在原因,是一切通感产生的动力因、始因。

《乐记》中言:"其哀心感者,其声噍以杀;其乐心感者,其声啴以缓;其喜心感者,其声发以散;其怒心感者,其声粗以厉;其敬心感者,其声直以廉;其爱心感者,其声和以柔。"以此我们看出,心灵的感受通常不以心灵本体的名义呈现,而是以五官感知的折射方式呈现,并最终以主体面前世界的基本面貌做以呈现。当心灵想做呈现的时候,就会运用自己的所有能力,调配麾下的各种感官,利用多条感官之路,这时多觉融汇的现象就必然发生。当对某一客观事物的融会贯通达成后,心灵的愿望和目的就实现了,但是这种对客观事物的反应在很大程度上取决于主体对自身生存背景的主观认识,而生存背景的主观认识很大程度上取决于主体对客观世界的感知经验与生存历练。我们是自己心灵的主人,但心灵的主人是从遥远的生存背景中走来的。客观的物质世界是精神世界的基础,生存的基础是精神世界的基础,人的内在情意形成于他的生存背景,可以是遥远的人类生存背景,也可以是现存的、眼前的客观世界。精神世界与现实世界往往存在着奇妙的对应关系,在"异质同构"中形成意识的同像。在遥远的生存背景中走来的人,当面临他内心世界的艺术再现时,心灵与物质共感、情感与景物交融的状态就会本能做出反应,这就是艺术通感。生存记忆积累的意象群有些是活跃的,有些是沉默的,那些活跃的往往先呈现,那些沉默的更习惯用隐含的、深刻的方式说话。当心灵在艺术的海洋世界中畅游的时候,这时主体机能所有的大门都打开了,任我们的意识从众多的门进出,我们的情意是清净、活跃和贯通的。这时我们外在的感官、内在的心灵和我的生存认知,最大可能地显现出生机勃勃、融会贯通、一脉相承的关系。这种贯通状态可以使我们通过感官通感再造一个客观生存世界,并可以用艺术手段表现出来。当我们对客观世界的生存记忆由于缺乏艺术的唤醒而处在沉睡状态,同时又缺乏理性思考的时候,那么通感的灵妙将无法获得,那样的日常生活将是一潭死水,生命也是缺少活力的。

人们之所以能从有限的艺术感知中生出无限的意蕴来，不是因为审美客体本身隐藏着什么没有被展示出来，也不在于我们的感官接收到了什么，而是审美客体沟通了主体心灵的隐秘部分，唤醒了"我"的客观世界生存记忆，这个客观世界海洋里有无穷无尽的珍藏。石涛说："诗中画，性情中来者也，……画中诗，乃境趣时生者也。"①心灵是通感的指向，生存背景是通感之源，它们都被心灵承载着，我们在这里看出了艺术通感的"精神实质"。所以从这个角度说，通感是生存的命令。以单纯的感官认清楚这个世界是不可能的，凭借单纯的感官之间的"通感"把握的世界也不会是完整的世界，当感官联合思维，思维联系到生存的客观背景世界的时候，通感的完整面貌方才出现。

如此看来，艺术通感外在表现为不同感觉之间的贯通、变换、迁移、唤醒、融合，关键点是通过心灵的作用而超越感官局限，从而实现与整个生存背景的共鸣，这便是艺术通感的心理机制的作用过程。

三、艺术通感机制在艺术创造与审美过程中的能动作用

通感现象在人类认识和掌握世界的历史进程中，伴随着社会实践活动不断得以丰富、发展。当今时代，随着社会经济的高速发展，科学技术的快速进步，人类生存空间的日益扩大，人的感知能力的全面发展，各种艺术门类相互渗透、融合的势头增强，通感在培养和提高想象力、创造力和审美能力方面，发挥着更为重要的作用，尤其在审美和艺术活动过程中表现得鲜明、突出，因而对艺术通感产生的心理特征和规律的研究，越来越受到心理学界、教育界、艺术界的关注和重视。艺术家在艺术创造以及人们在审美活动中，不是只运用某一种感官，而是从人的整体出发，即全身心的投入，有时所有的感官都会被调动起来，打破感官界限，协同运作，创造出多种感官共振的景象。艺术通感是一种艺术心理机制和表现方法，这就需要较为充分地考虑到通感心理内容与形式的复杂、丰富，而我们也需要从艺术创造与审美欣赏的整体心理流程中来研究通感。对艺术通感研究视野的拓展，也可以带来一系列的开创性的探讨。

---

① 周积寅：《中国画论辑要》，江苏美术出版社，1998，第46-47页。

从艺术分类方面来看,在文学、绘画、音乐、建筑、书法等艺术的通感研究中,具体地分析了它们之间对立与互通的关系。有的专家片面认为不同的艺术之间"没有界限",那些对各种艺术作美学分类的企图都是荒谬的;另有一些专家则往往忽视不同艺术门类之间的相互兼蓄、通融。这些偏激的观点都不利于我们对各种艺术的创造与审美特征的把握。客观分析,不同艺术门类之间存在着异曲而同趣、相异而相通的关系,这个观点不同于上述认识上的主观性、片面性,带有中肯、辩证的色彩。"它从艺术心理机制与意象营构的层面,帮助我们既认识不同门类艺术形象的独特魅力,又注意它们相互之间的渗融,从而更好地实现艺术创造与审美欣赏。"①

在进行艺术创作与欣赏过程中,艺术通感现象产生的基本条件和前提作用是人类感官对艺术门类不同信号元素的接受,比如绘画主要通过视觉功能,以色彩、线条描绘事物的空间并列关系;音乐主要通过听觉功能,以节奏、旋律的音响表现人的情感流程;电影、电视、戏剧等艺术通过视听综合功能使人既可以看又可以听,被称作视听综合艺术。

但是,人作为有机的生命整体,在接收外物的信号并做出反应时,各种感官既有明确的分工,各司其职,又可以彼此沟通、相互转化、通力合作。钱锺书先生说:"在日常经验里,视觉、听觉、触觉、嗅觉、味觉往往可以彼此打通或交通,眼、耳、舌、鼻、身各个官能的领域可以不分界限。颜色似乎会有温度,声音似乎会有形象,冷暖似乎会有重量,气味似乎会有锋芒。"②对此,钱先生还列举了很多诗歌例句,如:花红得发"热",山绿得发"冷";用"圆""瘦"形容的体积的词汇表示光亮和声音;用"闹"表示颜色的丰富繁杂;说风声也会变成"绿"色的;白云能"学"流水声,星星似乎在"切切私语",燕语如"剪刀"一般"明利",歌声则"累累如贯珠",如此等等,钱先生感叹"五官感觉真算得有无互通,彼此相生了"。其实说穿了,通感就是人体的官感与心灵之间的相互唤醒、贯通、融汇起来的一种心理现象和感觉方式,即"在客观事物刺激人的某一感官产生相应感觉的同时,引发出另外一种或多种感觉,形成实觉与幻觉相兼的复合感觉。这种感觉方式既存在于日常生活经验

①陈育德:《灵心妙语——通感的生成》,安徽教育出版社,2005,第56页。
②钱钟书:《旧文四篇》,上海古籍出版社,1979,第52页。

中,又是与艺术创造、审美感知、体验活动息息相通的,具有独特的艺术功能。"①

在19世纪中期,法国象征主义诗人波特莱尔发表了《应和》一诗,西方唯美主义、象征主义的艺术流派遂将此诗作为标志,将通感作为美学原则和创作方法。在现代派艺术中,通感作为表现手法更是被频频使用,甚至到了良莠难分的程度。开始的时候,人们觉得艺术家在长期的艺术创作实践中,利用艺术通感能够对多种艺术形式触类旁通,甚至融会贯通,对日常生活中的普通事物也能经常有灵性闪现,并了悟于心,进而在艺术创作时能够实现天马行空、灵感不断。历经一段时间的观察与实践,艺术家在艺术创作时大力发挥主观能动性,对艺术通感现象的巧妙运用也使艺术家们的创作如虎添翼,随着人们逐渐将艺术的概念和用途扩展及对审美心理学的研究了解加深后,发现艺术通感与有意注意有着密切的关系,艺术通感的使用不仅仅局限于艺术家的使用与创造工作中,在人们的整个审美赏析与普通人的艺术创造过程中都可以出现。艺术通感的心理学内容,主要有感觉转移、表象联想、表象转化和对艺术辩证法的认识和运用等方面。诚然,优秀的艺术家在艺术创作中取得卓越的成就,善于运用艺术通感是其中一个重要的原因,而艺术通感的功效不仅仅局限于艺术家的艺术创造活动,对艺术通感的研究与应用应当被拓展到整个审美创造与审美欣赏过程中,才能全面地观照复杂、奥妙的通感心理,把握住艺术活动中这一特殊的心灵火花,进而使艺术通感这一审美心理现象惠及更广泛的大众乃至整个人类。

①陈育德:《灵心妙语——通感的生成》,安徽教育出版社,2005,第57页。

第三节
艺术通感在儿童艺术教育作用中的意义

一、儿童艺术通感产生的生理规律

有人曾把自然世界看作一座神殿,神殿中,芳香、色彩、音响相互应和,嗅觉与触觉、听觉和视觉发生奇妙的融合。这个比喻鲜明地传达着这样的信息:"每一种感官都不仅仅是一种独立的感官,而且是相互贯通、应和的,在相互贯通、应和中获得自己,并且将获得的意义升华到更高的层次。"[1]波德莱尔曾经引用霍夫曼的一段话来表达他关于各种感觉之间的应和的思想:"不仅仅在梦中,在睡眠之前的轻微的幻觉中,而且也在醒着的时候,当我听见音乐的时候,我就发现颜色、声音和香味之间有一种类比性和隐秘的融合。我觉得所有这些东西都产生于同一条光线,它们应该汇聚在一种美妙的合奏之中,褐色和红色的金盏花的气味尤其对我有一种神奇的效果。它使我陷入深深的梦幻之中,于是我就仿佛听见了远处有双簧管庄严而深沉的声音。"这种奇妙的通感现象经常会出现在我们的日常生活中。当我们专注于凝望一个画面、景象,或聆听一首乐曲时,通感已悄然靠近,它的出现往往在不经意间,却可以带给我们意外的惊奇与收获。当一幅生动的图景跟随优美的乐曲来到我们的心中,当一曲悦耳的旋律跟随生动的图景在耳边萦绕,当诗情画意中飘来鸟语花香,当看似完全不同属性的美好都如生命的交响曲纷纷奏响的时候,我们感受到这个世界原来是如此的丰富和相通。此时,我们深刻意识到任何一种艺术形式都不是依托某些感官孤独地产生与存在的,它是生命之花在各个维度的绽放,反之,艺术通感也是整个生命之花开放的"催香剂",有艺术通感的艺术会带领我们进入一个艺术欣赏的高深境界,这个境界会使我们的感官得到功能优化

----

[1] 王丽:《艺术通感与儿童艺术教育研究》,南京师范大学博士论文,2007,第21页。

与提升;这种艺术境界使我们的感知经验、情绪情感,生存的记忆都在艺术审美过程中相互碰撞和融汇,当我们在享受这个过程的时候,精神境界也得到升华。这种通感能力真的是上天赋予人类的厚礼,而且这种能力每个正常人都平等地拥有,儿童当然也不例外。教育学家范梅南认为,研究就是一种关注的行为。"教育学本身就要求我们对生活体验(孩子们的现实和生活世界)保持一种现象学的敏感性。教育学要求我们具备一种解释能力,以对生活世界的现象做出解释性理解,其最终目的是理解与孩子共处情境之中的教育意义。"①我们每个人都有一套认知系统,这套系统的生理基础是一套感觉器官及一个大脑。人类对客观世界的认知过程和审美创造赏析活动过程都使用这套认知系统,只不过因为人们感知的客观事物的特点和属性不同,人们的认知过程具有不同的历程和心理特点。因此,从这一角度来说,人类审美创造欣赏心理过程的产生、发展及特征是由多因素决定的,包括审美主体的生理发育情况及过去的生存经验、认知经验、审美经验,审美客体具备的美的特性、类别等。儿童的科学认知发展比较受心理学家们的重视,因此,对它的研究所投入的人员和精力都比较多。在众多的有关认知发展研究中,受到世界普遍公认的当属著名心理学家J.皮亚杰的儿童认知发展阶段论,皮亚杰将儿童的认知发展概括为认知结构的发展过程,即由儿童最初的"动作图式"逐渐发展成符号化的、具有守恒和可逆运算的认知结构,最后再发展成抽象的、逻辑的认知结构。临床的实验验证,用四个阶段来描述儿童认知发展的过程,即感知运动阶段(0~2岁)、前运算阶段(3~7岁)、具体运算阶段(8~12、13岁)和形式运算阶段(14、15岁以后)。有专家认为皮亚杰的儿童认知发展阶段论还有需要进一步探讨的问题,是有待完善的,但这并不妨碍它在儿童认知发展领域的地位。

儿童认知理论领域如此,那么儿童审美感知发展的历程如何?"哈佛大学零研究计划"对此问题进行了长时间的深入探讨和研究,美国当代著名的儿童审美心理发展研究专家H.加德纳主持研究了一项相关课题,此课题得出了"儿童艺术品知觉发展的阶段理论"。这是目前国际上比较有影响的关于描述儿童审美知觉发展的理论。参考此类比较有影响力的儿

---

① 印小青:《现代儿童艺术教育论》,山东人民出版社,2005,第192页。

童审美研究理论,我们尝试将儿童审美发展规律分成几个阶段,这其中几乎涵盖了儿童对所有艺术形式的感知,并归纳出儿童审美感知发展的一般阶段规律特征。

(一)3岁前儿童审美感知的心理发展

这个阶段对美和艺术的反应能力主要是视、听觉的功能。婴儿的审美行为的发展必定与视、听觉的发展同步。从儿童认识发展的生理规律看,一般认为审美心理反应不会在感觉运动阶段的新生儿阶段(出生至1月龄)发生,因为这个阶段,新生儿只能从遗传得来的有限基本反射活动(如吸吮、眼动、抓握等)与外界进行信息交换处理,两只眼球还不能协调聚焦于一个目标,他们的视觉成像是混沌不清晰的。在感觉运动阶段的第二个子阶段(出生1个月之后),他的审美反应更有可能萌发,因为这个阶段的婴儿视觉进一步发育,已经具有初步的眼、嘴、手的协调能力,同时,视觉和听觉的协调能力也在发展,婴儿已经能通过周围的小环境去开启认识世界的序幕,他们不喜欢黑暗、色彩单调、嘈杂无序的环境。从该阶段的智力发育看,处于手段和目的之间分化并协调的时期,婴儿开始可以预料行为的结果,能够有意地运用可以达到的行为能力去实现一定的目的,比如他喜欢一次再次地把手中的玩具扔到地上,观察动作与结果之间的关系。这类早期的探索因果的行为,因为是凭借直觉从外在状态的变化中获得的,因此,在这一过程中,儿童对物体的空间变化和发出的响动特别专注,如当他把手中的色彩球扔到地上后,会一直看它滚动、滚远,然后继续扔,继续认真观看,从这一过程获得心理上的满足感。在这一过程中,婴儿不仅有开发运动感觉的成分,也有审美观赏的成分。我们可以认为这是最初始的、无意识层面上主体对自身力量所创造的感性对象进行的"有意观照"。

儿童在学会走路之后(1.5~2岁),主体对形式的关注转向对客观世界的探索活动,他们整天忙忙碌碌,尝试、发现甚至创造,用力所能及的方式去与世界产生联接。这时的情绪转化很大程度上与"探索世界"的过程及其结果相关联。"这种对新异、奇特的未知环境的探索,很像成人在科学认识中的审美追求和审美发现。许多科学家都是首先发现客体世界的美而后才产生追求真的动力。我们可以在这些科学家或探索家身上观察到,他们都具有童真般对追求未知世界的激情,由发现客体多样统一的美而后求其内部的成因或原理。"①由此,我们不难看出,孩子被未知世界的外在特征所吸引,从而导致产生的探索兴趣中具有审美的成分。此外,该阶段儿童的审美行为通常表现出以下几种情况:

其一是对音乐和语言产生热情,表现为喜欢听人唱歌,还可以跟着演唱的歌曲欢快地拍手,甚至有模仿唱歌的表现,在播放音乐时,他们就会不由自主地扭动身躯应和音乐;对于语言艺术,他们也会表现出这个年龄段的热情,如喜欢和成人接念短小的、对仗工整、合辙押韵的古诗、儿歌,喜欢听成人语调夸张的谈话。他们对于诗歌、儿歌的声音特征的兴趣超过对语义内容的兴趣,因为他们还不可能将语言所指代的事物真正理解,只能对声音产生听觉表象,引起他们注意的还是语言的外部特征。

其二是对视觉形象产生兴趣。这时候的他们在观察时,已经有了偏重于审美的知觉的趋势,外表看有几分欣赏或创作的架势。如孩子普遍喜欢看蚂蚁搬家、小鱼游泳、小狗走路,喜欢听公鸡鸣叫,看小猫爬高爬低,听小猫打呼噜,看鸭子一摇一摆地走路……随后,孩子们会模仿动物的叫声和走路姿态。从自发地在音乐活动中跟着音乐节奏学某些动物的动作和叫声,逐渐与实物分离而向初始的、稚拙的艺术符号过渡。

其三是在艺术创作的实践中出现审美与非审美成分的混沌状态。幼童在 1 岁左右,随着客体永久性概念的逐渐建立,使儿童的语言发展加速,动作逐渐内化,象征性思维出现萌芽,孩子对符号与实物之间表征与被表征的关系有了初步的、朦胧的意识,符号化活动逐渐增加,而四处探奇的行为减少。这些早期的符号化活动,便是审美艺术创造的开端。例如,他们能坐下来绘画、玩泥、做手工、搭积木等,在操作过程中,有明显的对色彩、形状的知觉选择,喜欢鲜艳、新鲜、圆满,并逐渐获得平衡感和次序感的提升。但参与这些活动的过程中,幼童的初衷并非为了"创作和欣赏",主要目的是玩耍。他们的活动是享受过程,对创作结果不感兴趣,他们甚至不像婴儿那样,对材料和自己的创作结果进行"审视",他们对制作过程全身心投入,只为求得操作和感官刺激的释放,获得感觉运动的熟练度。当"玩耍"和"审美"二选一时,一般都要选择前者,因为在儿童看来,好玩的是首选,好玩就是美。这一现象与原始人的"实用的即是美的,美的即是实用的"行为观念雷同,他们在无

①艾伦·温诺:《创造的世界——艺术心理学》,黄河出版社,1988,第119页。

意识地积累着审美经验。综上,我们可以看出,儿童在 2 岁前,由于思维还没有发育,对客观世界获取的美的经验不足,因此艺术通感机制还尚未形成。

儿童 2 岁以后,由于语言词汇的发展,已经能把"好看""喜欢"这类简单表达情绪情感的词语与鲜艳的色彩及有特点的图形联系起来,说明开始对"美"的自发有了意识萌芽。这个阶段的幼儿由于认知经验的积累和语言理解力的发展,对儿童故事发生了兴趣,这时候吸引他们的已经不单纯是音响的流动,他们能够把听到的语言与已经内化的相关表象建立联系,在脑中看到故事里讲的形象。这些故事形象是贴近儿童生活又在生活中不能直接接触感受到的情节及形象,他们可以通过听故事配合内在想象,间接地感受各种生动形象、有趣的情节。可以说,他们被故事吸引的重要原因是由故事表象所引发的审美愉悦所致。这一事情养成的兴趣爱好将伴随着孩子的终生,只是童年早期更倾向于对符合童年经验和兴趣点、与幼童审美心理结构一致、相符的故事形象,幼童大约成长至 5 岁左右,对形象内在意义的理解能力才会逐渐得到发展。

由于脑中储存表象的增加和语言理解力的发展,此时幼童在儿歌活动中也有进一步发展,他们不仅能把儿歌的语言描述转换成头脑中的形象,并且在通过想象加工过程中,可以将之与大脑中经验的相关记忆积累的表象发生联系,产生新的形象。如一个 2 岁男孩在重复"小燕子,穿花衣,年年春天来这里"之后,可以进行接龙改编"叫姐姐,叫妹妹,一块来"。在唱儿歌时,往往也会产生这类的联想,如在唱"世上只有妈妈好,有妈的孩子像个宝"的歌词时,非常容易唱出"世上只有爸爸好,有爸的孩子像个宝,世上只有姥姥好,有姥姥的孩子像个宝……"如此根据自己的理解和想象使歌词内容得以延伸。在文学活动和语言学习中,孩子出现这类形象或词语的替换现象是以一定的生理发育、心理基础为前提的,同时也包含一定的主体语言符号的组合及联想能力。有关研究表明:"具有某种共性的语言成分在人脑中总是处在同一个记忆分类系统中,提起甲,就很容易想到乙、丙、丁,提起老虎,就会想到狮子、豹等猛兽。这类联想,在文学活动中的结果便是新的审美意象的产生。"[①]

---

①楼必生,屠美如:《学前儿童艺术综合教育研究》,北京师范大学出版社,1997,第 67-72 页。

在音乐赏析方面,在给 2~3 岁儿童播放一些世界名曲时,他们往往能凭直觉做出符合音乐性质的下意识的动作,动作的特点比 3 岁以后的儿童更加富有随意创造性;在美术方面,3 岁以前在观看"现代派"的绘画时,也比年龄大的孩子反应更加迅速,在没有固定的参照体系的情况下,可以更快地找出与自己头脑中相似性的表象,根据直觉做出判断。而大的孩子会说:"这是画的什么呀,我怎么看不出来?"求"实"求"像"的动机比小孩子强烈。对此,专家通过实验得出过结论:"三岁左右的孩子有一部分形象思维已具雏形,对艺术的想象与联想意识已有萌芽,艺术通感作为直觉性、本能性的反应也初步呈现。"①

(二)3~6 岁儿童审美心理发展

3~6 岁的儿童,形象思维得到持续发展,他们头脑中存了许多实物的表象,他们也因此对客观世界的多种感性形象产生浓厚兴趣,并具有一定的内化能力。艺术,正是具有符合审美要求的多种感性形式,自然受到幼儿特别的喜爱,无论在音乐、美术活动还是在文学、舞蹈活动中,幼童都表现出强烈的参与欲望。

在有组织的艺术活动中,3~6 岁的幼儿以非常专注的姿态投入其中,如儿童作画时,常常忙得不亦乐乎,画了再画,乐此不疲,即使反复画一个图案、一种形象也不觉得腻烦,他们的作品也曾令名家赞不绝口。毕加索就曾经说过,10 岁以内的儿童绘画可与名家的作品媲美。儿童对音乐审美活动的反应更为强烈,几乎所有参与过音乐审美活动的儿童,都能在乐曲声中快速转化情绪,或激动,或兴奋。有人认为,音乐的节奏与儿童生命的律动可以达到共振,引起情感的欢愉,因此,儿童都很喜欢音乐。正如陈鹤琴先生认为,音乐是儿童生活的灵魂,"大凡健康的儿童生来就喜欢音乐……无论游戏、散步或工作,他们本能地都唱着歌,表现出音乐的律动"②。喜欢听故事,也是幼儿的天性。他们经常会反复念诵一些有韵律的句子,而且往往越读越开心,还会进行自言自语,甚至以情景剧的形式自编自导自演,有时候与玩具对话,有时候一边看图书一边说话。学习儿童剧表演时,他们会突然

---

①赵寄石,楼必生:《学前儿童语言教育》,人民教育出版社,1993,第 27 页。
②陈鹤琴:《儿童心理之研究》,商务印书馆,2021,第 28 页。

冒出富有文学色彩的"妙语",让成人又惊又喜。

俄国儿童作家朱可夫斯基认为,2~5岁的儿童是语言创造力的高速发展阶段。他列举了很多的例证,说明儿童已经掌握了多种式样的语言结构,包括节奏、声音、韵辙、形象等。"随着大脑生理功能的进一步完善、发育,儿童的视听觉、嗅觉、味觉及语言表达能力、理解力等方面都进入一个更高阶段,同时,3~6岁的儿童会有更丰富更广泛的审美体验,因此,儿童对音乐、绘画、文字等艺术通感产生更广泛的通感体验。"①

(三)7~9岁儿童审美心理发展

"初入小学的儿童不久便超越单纯的偏爱而开始欣赏艺术符号的表现特征和风格特征。这样一种欣赏能力的飞跃,可能是一定的社会或一定的环境背景的实情。确实,7至9岁的初入学儿童在我们的社会中表现出一种拘泥于字面意义的高峰期。儿童不仅继续直接通过艺术品看它们表现什么,而且他们的这种僵化的思维方式严格而全面地充满了所有的评价尺度。"②如果给这个时期的儿童呈现一幅表现现实世界的艺术品,那么,儿童将以"这件艺术品在多大程度上反映出感知到的现实世界"为评价标准,或将其评价为"逼真的",或评价为"愚蠢的",或评价为"没有水平的"。

这个时期的儿童的艺术偏爱也显得有几分僵化和缺少灵动,比如,他们认为,所画物体的颜色不可以被随便改变,否则就是不对的;只要是诗句就必须有韵律,否则就不能被称为诗;音乐的旋律必须是顺畅谐和的,否则就属于噪声;一幅画必须具有观赏性,否则肯定不是一幅好画;在儿童眼里,最好的艺术品居然是照片,因为它的形象最接近客观事物本身。这个年龄的儿童无法理解"艺术是来源于生活并高于生活"这一理念。

"写实主义"的审美感知(包括审美评价和审美偏爱)的特征,对于这个年龄段的儿童来说是普遍存在的,有的教师持不同的看法,他们觉得儿童这种"拘泥于字面意义"所表现出的特征主要是人工实验的副产品,而实际上小学生的思想是充满奇思妙想,可以做到脑洞大开的,或者说极富于想象力。心理学家加德纳认为,这个时期,"儿童审美感知的'写实主义'特征和

①王丽:《艺术通感与儿童艺术教育研究》,南京师范大学博士论文,2007,第28页。
②楼必生、屠美如:《学前儿童艺术综合教育研究》,北京师范大学出版社,1997,第88页。

富于想象的潜质是同时存在的,这两方面的描述都接近于儿童审美感知的事实。儿童生活的社会审美文化环境对其审美心理发展也有一定的影响。这个时期影响儿童审美心理发展的一个重要因素是儿童所处的文化环境对艺术所持的态度对儿童的影响"①。可以这样说,初入学的儿童除了他们所具有的这种"写实主义"的审美特征之外,也拥有一些有利于审美心理发展的其他潜能。在入学的初始几年,儿童有时也经常会忽略"写实主义"的审美标准,扩大自己审美创造及赏析活动的内容,有些儿童就会积极主动地投入欣赏音乐、跳舞、看小说故事及看画展等审美活动,并在其中感受到审美愉悦。

(四)9~13岁儿童审美心理

那种在小学低年级期间儿童经历的"写实主义"审美感知特征所表现出的"较真"状态,似乎跟"美"相距遥远,所幸的是,到了小学高年级,这种审美心理特征自然分解了。这个年龄段的儿童已经开始掌握自己的语言规则和文化中的其他符号系统,他们会减少对字面、图片、歌词的意义关注,转而对这些符号的富于含义方面特征投入较多关注,这种审美心理也是儿童在青春期前期所具有的典型特征,是阶段性心理特征。儿童的这种审美理解能力的发展性改变表现在文学、绘画、音乐等艺术领域。这个阶段的儿童对艺术风格要素具有明显的感受性,另外,对于音乐和文学两种艺术类型,他们的敏感性也会显著提升,同时,语言研究表明,他们对非常用语言的感受能力也有平行的增长,儿童可以较准确地阐释口语中的比喻,而且他们还乐于阐释这种比喻。

在对美术作品的艺术特征的敏感性研究中发现,这个时期的儿童有新的审美心理特征出现。如小学六年级的学生在审美欣赏活动中,开始将注意力放于作品的绘画方式、线条、色调等方面:怎样描绘阴影、怎样做到明暗对比、何为透视画法等效果表现的技法问题和如何能够根据技法区分美术作品的类型和优劣,至此,由于审美心理的日趋成熟,他们开始试图去思索作品的美学构成及美学特征。儿童对这些效果生成的缘由充满渴求,且热衷于这些课程的开设。儿童的前青春期是审美心理发展的转变时期,他们从严格的字面意义的束缚中解脱出来,展开怀抱迎接标准化的、美的事物,

①H.加德纳:《艺术与人的发展》,兰金仁,译,光明日报出版社,1988,第93页。

而且实际上,他们对一些艺术培训课程表现出极大的兴趣,这是实施艺术训练的恰当时期;他们开始在衣着上、举止谈话的方式上、喜爱的流行歌曲等方面追求新、奇、特的方式;同时,儿童逐渐有了对特定的艺术家和艺术品的偏爱倾向,而且逐渐不喜欢受所谓传统评价及条条框框的束缚;这种倾向往往会从一种艺术形式延伸到其他艺术形式中,其中包括对抽象作品的稚拙模仿;儿童在这一时期将审美客体进行分类,这也迅速增强了儿童区分及归类能力的发展。对于这个时期的儿童,学校和社会应该给予正确的审美评价和艺术欣赏知识的指导,使儿童形成积极的审美评价标准和对待艺术的态度,并使其尽快挣脱"写实主义"框架,构建积极的审美态度,丰富艺术欣赏知识,扩充审美范围,提高审美赏析水平,这一系列有意义的活动都将有助于儿童审美心理的积极发展,为以后艺术通感现象顺利生成与合理运用奠定良好的根基。

二、儿童艺术通感内在精神特质的参与

人类对于艺术之美是缺少抵御能力的,如听到优美的乐曲时,就会心随所动,情绪得到放松。成年人可能会因为种种缘由将那些兴奋起来的神经压制下去,但孩子们则不同,他们善于将自己的感受用最直接、单纯的方式表达出来,比如表情、肢体动作。这种现象就是艺术通感的本能反应与表达。

艺术通感主要出现在艺术创造审美欣赏活动过程中,在艺术创造和艺术欣赏中,艺术通感是人们进行意象传达的重要心理渠道。对于普通大众而言,主要出现在艺术审美过程中,艺术欣赏是审美主体对审美对象积极的、能动的反映。艺术作品既为欣赏者限定了一定的视域范围、呈现内容和感受方式,又有许多"留白",构成一种想象空间,为欣赏者提供了再创造的发挥空间,因此,从某一角度可以说,艺术作品的审美价值是由艺术家与欣赏者共同创造的。

那么,在艺术通感现象中,有哪些心理内容参与其中呢?艺术通感不是简单的、孤立存在的某一种心理现象,而是与感觉、表象、想象、情感体验、认识理解等联系在一起产生的。它可以突破单一感觉的阈限,综合多种感觉能力,丰富和深化人的审美体验,以独特的魅力呈现出来。

（一）表象是感觉的高级形式，是艺术通感生成的起点

感觉是一种表层现象，是人体神经间的联系和打通形成的，是通感发生的前提条件，它位于心理基础最下层，与表象、想象、情感等更高层次的心理因素共同构成通感的内因。在感觉视域中，我们可以领悟到通感何以如此奇妙、如此充满生命力的缘由。感觉收到刺激信号后，在深层次的心理因素相互交融过程中，才有可能形成表面层次的五官感觉间的沟通。心灵深处的主观因素或客观因素，个人漫长的生存背景，是通感发生的内在源泉，我们可以将感觉视为多米诺骨牌游戏中倒下的第一张牌，是感觉在激荡着打开心灵的重门。如果我们将感官的作用视为通感生成的起点的话，那么，我们有必要接着对艺术通感生成路途中的其他主要心理要素进行必要的分析。

表象是艺术通感的信息元素，是艺术通感产生的依附，是艺术感知和传达中的信息元素，对于艺术来说是不可缺少的。表象是感觉的高级形式，是"在感觉和知觉的基础上形成的具有一定概括性的感觉形象，是先前获得过的客观事物形象在人的大脑中的再现，是对记忆中保存的感觉和知觉的回忆或改造"①。表象在艺术创造审美欣赏过程中是至关重要的。苏珊·朗格说："思想家席勒首先看到，为什么表象之于艺术是举足轻重的。这是因为它从所有使用目的中释放出了感知（并由此释放出了概念的力量），而且它让思考萦绕于事物的纯外观之上。艺术表象的作用并不是'弄假成真'，正如许多哲学家和心理学家所设想的那样，适得其反，它是信以为真的解脱，一种关于感觉性质的超然思考。"②从感觉到知觉再到表象，构成了一个认知过程，知觉与表象的区别在于知觉与感官联系紧密，知觉依附于感官，而表象可以离开感官依靠感知形象存在于记忆中，因此表象是可以再现的。艺术通感就是借助于表象的这种再现属性来实现信息传播的。

表象具备的记忆功能为通感的形成创造了前提。记忆表象是大脑机能的自发功能，是我们在认知过程中，大脑皮层形成的暂时性神经链接，这一

①尚秉和等：《中国大百科全书·哲学》，中国大百科全书出版社，1989，第61页。
②苏珊·朗格：《情思与形式》，刘大基，等译，中国社会科学出版社，1986，第59页。

链接可以在具备条件的情况下得到巩固、迁移,在大脑皮层的神经相互作用后,产生继发的联系和变化,通感随之而产生。一般来讲,表象形成涵盖了认识、保留、回忆三个环节,其中回忆这一环节往往会产生相关的记忆变形,一些产生于生活经验或知识的链接会在表象之间出现,这就是"想象表象"的形成。想象表象也是人脑的机能,是大脑中的两种或多种想象信号协同活动的结果。想象表象表现为新的形象创造,虽然它总是与人的认知经历有关,但常常以世上不存在的事物形象呈现出来,这种具有创造性的想象往往是想象表象活动的结果。通感的形成通常是想象表象在起作用。

想象表象是建立在记忆表象基础上的,是记忆表象的延伸,记忆表象引发想象表象,之后想象表象又会存留到记忆库存中,以此看出,表象都具有"想象"元素。霍布斯认为:"感觉影像的内容来自于外界的对象,认为表象是凋零的感觉,这凋零的感觉,就其是感觉影像自身而言,我们称之为想象;但就其凋残而言,它是过去的、暗淡的感觉,我们称之为记忆。"①因此,我们可以认为,表象并非是对客观事物的真实描述,将事物表象化的过程是一个改造过程,表象是"人们对许多个别事物的知觉中舍去某些差异的方面,抽取某些共同的方面,从而在脑中形成"②。所以表象具有主观性、概括性的特质,它也涵盖着主体的情感和领悟,这在审美表象中体现得很明显,也是审美通感产生的源起。

表象的形成前提是记忆与再现,首先是要保持事物的原型,即事物原本的样子,事物原本的样子决定了感觉的样子,感觉又决定了表象的样子。这种同形,印证了表象与外在事物感知的关联性和相似性,是通感形成的外在理由;但表象以主体为引导,是主体理解和情感的产物,是再造的、想象的表象,符合主体的要求,是通感形成的内在理由。在艺术感知过程中,这种内同型的表象是贯彻始终的,艺术通感的深刻性是想象、再造表象合力的结果。

通过以上对于表象的分析,我们不难看出,艺术通感的形成与表象密不可分,当我们的某一种感官接受外界的刺激信号时,会引起表象,然后表象

①《欧洲哲学史教程》编写组:《欧洲哲学史教程》,福建人民出版社,1983,第254页。
②尚秉和等:《中国大百科全书·哲学》,中国大百科全书出版社,1989,第61页。

又悄然发生了转移和联接。李斯特谈柏辽兹的交响曲《哈罗尔德在意大利》第四乐章中的乐句,形象而生动地再现出"一个消瘦的,疲惫不堪的、勉强能站得住的烂醉如泥的人,他满脸血丝,一口酒气,无力地从石桌边站起,而他的那些粗野的同伴却仍在狂欢"①。这里声音的形象转换为很多的视觉表象,音响信号的刺激不但引发了视觉表象,还引发了嗅觉、动觉等其他感官的联动信号感受表象。因此,我们得出结论,艺术通感得以发生的重要前提是某一感官引发的其他感官的感知表象。

(二)想象是艺术通感生成的桥梁

心理学中的想象是指人脑对已储存的表象进行加工、改造形成新形象的心理过程。想象对人类的认知具有补充功用,它具有超前认知的能力,并以此特点来满足人类的需求。想象具备的超越性和自由度可以这样形容:"观古今于须臾、抚四海于一瞬。"在人类的生产活动中,尤其是在人类艺术创造与赏析活动中,想象的作用是举足轻重的。康德和黑格尔在各自美学体系中,将想象的地位推崇到一定高度。康德认为想象是在"直观中表现一个本身并未出场的事物的能力"②。人类可以借助想象勾画超越于眼界看到之外的事物,也能给予这些事物以一种基础之上的多种额外附加的客观现实性的功能。

想象也使艺术形象具有了超越概念表达的丰富内涵。黑格尔曾说:"艺术作品的源泉是想象的自由活动,而想象就在随意创造形象时也比自然、自由。艺术不仅可以利用自然界丰富多彩的形形色色,而且还可以用创造的想象自己去另外创造无穷无尽的形象。艺术真正的创造就是艺术想象活动。"③在艺术通感生成的过程中,想象的作用很明显。在艺术创造与欣赏活动中,想象可以使人打破感官之间的感知阈限,把各种感觉的信息链接起来,产生相互之间的迁移、沟通等,并形成丰富的通感意象。可以说,想象是实现艺术通感的桥梁。

---

① 李斯特:《李斯特论柏辽兹与舒曼》,张洪岛,等译,人民音乐出版社,1979,第76-86页。

② 许卓娅:《生态式艺术教育:小学音乐》,北方妇女儿童出版社,2005,第117-118页。

③ 黑格尔:《美学 第1卷》,朱光潜,译,商务印书馆,1979,第54页。

例如,下面这首儿童诗:

四季的雨

春天的雨,细细的,绿绿的,

染绿了小草,染绿了树叶,

农民伯伯开始播种了。

夏天的雨,急急的,红红的,

染红了花儿,染红了太阳,

太阳火辣辣的把阳光洒向大地。

秋天的雨,忙忙的,黄黄的,

染黄了树叶,染黄了稻田,

农民伯伯开始收割了。

冬天的雨,冰冰的,白白的,

染白了大地,染白了树梢,

哇,下雪了!

雨,是一位魔术师,

因为有了它,

四季才会变得如此美丽。

由这首诗我们看出,诗人在用想象表达着他内心所获得的审美愉悦。可以说,想象改变人的经验因素,诗中强调和回忆那些春夏秋冬的印象,用颜色指代季节,生动而美好,奇妙而不觉突兀,用日常生活经验产生的艺术通感贯穿整篇诗的创作。不同的人有不同的人生经验,不同的人生经验有不同的心灵触点,对艺术通感的发生也会表现出极大的不同。吸引儿童心灵的触点在很多方面也是不同于成人的,例如,儿童的想象就与成人的想象不同,儿童的想象中包含着很多与生俱来的幻想成分,幻想的特殊之处在于,它是一种建立在个人的愿望基础之上并指向未来的想象。例如儿童喜欢的神话、童话故事中的形象,科学幻想中的形象等都属于幻想。在儿童的眼里,颜色可以是季节,季节也可以是颜色,这样的幻想来自儿童单纯洁净的内心世界,独特的心灵背景创造出儿童独特的文化。

一个经典作品的成功标准不是看它在多大程度上让人的感官互通,而在于它在多大程度上使人的心灵相通。优秀的艺术品一定是出自纯净而深邃的心灵,是出自真诚的创作,这样的作品往往倾注了创作者的生命与热情,也一定能够穿透欣赏者的灵魂,对于儿童作品更是如此。在对优秀艺术展品进行欣赏的过程中,达到多种感官的"共振"是屡见不鲜的,直接到达心灵的感通也是常态。在这之中体会到了诸种感官最好的贯通和相糅,进一步在与心灵的和谐共感中找到生存的美妙。

(三)情感是艺术通感生成的动力

在人类所有的劳动创造领域中,艺术领域、科学领域及道德领域对情感需求程度不同,在科技领域,需要追求真理的热忱,但在探求研究结果的过程中则需要尽量排除情感的成分,以期获得公正客观的数据及结果;在道德活动中,情感的地位相对突出一些,它可以是维系某种人伦关系的纽带,不过道德的原始目的在于建立人类族群内部的秩序,群体性的利益排在个体性的需求之前,这种情况下,情感在一定的范围内受到压制。只有在艺术创造审美活动中,情感不仅是活动展开的动力,而且参与创作与评价客体,并且最终与客体融为一体,构成美的形象本身。所有的艺术创造都离不开情感,但情感所起的作用在不同的艺术及文化领域中又不尽相同。

中外很多的艺术家都极为重视艺术情感。在我国古代,"艺术'主情说'的美学理论中已经形成了独特的审美理论体系"①。两千多年前,孔子就提出:"诗,可以兴,可以观,可以群,可以怨。"这是孔子对艺术作用的总结,也揭示了孔子美学思想对艺术情感特征的重视。在我国第一部专门论述音乐的论著《乐记》中,明确地揭示了艺术是人的内心情感的表现。其中记载:"乐者,音之所由生也,其本在人心之感于物也。是故其哀心感者,其声噍以杀;其乐心感者,其声啴以缓;其喜心感者,其声发以散;其怒心感者,其声粗以厉;其敬心感者,其声直以廉;其爱心感者,其声和以柔。六者,非性也,感于物而后动。"这段话是说,人会依据外界的不同事物产生不同的反应,而音乐的产生,正是人心受感于外物的结果,不同的情感表现为不同的声音。

在西方文明中,人们从心理学的角度去研究情感现象,他们认为情感是人性固有的。亚里士多德在《诗学》中,论述了悲剧的情感效应,说悲剧"引起哀怜和恐惧,从而导致这些情感的净化"②。后来,不少哲学家、美学家、艺

---

①李泽厚,刘纲纪:《中国美学史》第一卷、第二卷,安徽文艺出版社,1999,第58-62页。
②转引自蔡运桂:《艺术情感学》,三环出版社,1989,第14页。

术理论家都从不同的角度论述了情感在艺术中的地位。欧盖尼·弗尔龙在他的论著《美学》中这样写道:"如果要为艺术下一个一般的定义,我们不妨这样说:所谓艺术,就是情感的表现,表现即意味着使情感在外部事物中获得解释,有时通过具有表现力的线条、形式或色彩排列,有时通过具有特殊节拍或节奏的姿势、声音或语音文字。"①俄罗斯文学泰斗托尔斯泰则从艺术家与观众之间情感交流角度阐述情感,他提出艺术是一种活动,在这种艺术活动中,艺术创造者通过某种符号有意识地把自己体验过的情感传达给观赏者,使观赏者能够体验、感染到这种情感;法国艺术家罗丹认为艺术就是情感,他从艺术创作的角度强调了掌握艺术手段是为表现情感服务的;哲学家黑格尔非常重视理性的作用,但他运用了辩证的观点,论述了情感在艺术中的作用,他把"情感"称为"情致",他说:"情致是艺术的真正中心和适当的领域,对于作品和观众来说,情致的表现都是效果的主要来源,情致所打动的是一根在每个人的心里都回响着的弦子。"(《美学》第一卷)谈到西方的艺术"主情说",不得不提到美国美学家苏珊·朗格,她在《艺术问题》与《情感与形式》两部著作中,对艺术与情感的关系问题进行了系统的探讨,她说:"艺术可以使情感明朗化和对象化,从而使人们得以观照和理解它;对艺术的认识和熟悉又会反过来为实际情感提供形式,正如语言可以反过来为感性经验和实际观察提供表达形式一样;艺术可以训练人的感官,使它习惯于通过表现性的形式去观察自然。"朗格说:"艺术品是将情感(指广义的情感亦即人所能感受到的一切)呈现出来供人欣赏的,是由情感转化成的可见的或可听的形式,它是运用符号的方式把情感转变成诉诸人的知觉的东西,而不是一种征兆性的东西或是一种诉诸人的知觉的东西。艺术形式与我们感觉、理性的情感生活所具有的动态形式是同构的形式。"②按照朗格的观点,情感催生了艺术知觉,并成为知觉的依附。朗格还给艺术与情感的关系做了如下确定:艺术即人类情感的符号。

　　从某种角度来说,人的情感与人对现实的态度密切相关,情感在很大程度上影响着我们对事物的态度与看法,甚至对我们的世界观有重要影响。

---

①转引自蔡运桂:《艺术情感学》,三环出版社,1989,第14页。
②苏珊·朗格:《情感与形式》,刘大基、傅志强、周发祥,译,中国社会科学出版社,1986,第三章。

我国古人认为人的"情动于中而形于外",从心理学角度讲,这是指"心理投射",即对外界事物的看法很大程度上是自己的情感色彩所致。《文心雕龙·神思篇》中说"神用象通,情变所孕";《修辞鉴衡序》说"事适则行,情感则通"。这都在强调情感对我们的心灵所起的巨大作用。在艺术创作欣赏活动中,情感的能动作用表现得更为显著。

情感通常被视为艺术通感生成的原生动力,因为情感决定了通感生成的程度。艺术活动中如果缺少了情感这个动力源泉,就难以产生感觉、表象、想象,通感的产生也无从谈起。一切真正的艺术都离不开情感,当我们进行艺术创造欣赏活动时,也离不开情感的参与,如我们进行音乐欣赏活动时,音响被我们的听觉感受到,但我们的听觉本身不具备欣赏功能,欣赏音乐的真正主角是心灵,是心灵赋予了音乐以"音乐"的内涵,如果没有这个内在感受者参与其中,外在的音响无论多么美妙动听,它都不成其为音乐,那只是自然界的声音而已。对于缺乏内心参与的声音,也是我们内心情感没有参与的时刻,那么此时,那些声音只是宇宙脉息自在流动的潮,与音乐及美无关。

人类内心的情感和外界事物的表象是相互作用的,情感凉薄的人,心灵中不容易形成真正的表象,缺乏进行想象的基础,通感就无法形成。艺术家的情感一般丰富而细腻,在心潮起伏中更容易思绪飞扬,可以产生丰富的表象世界,在心物默契、情景交融中,通感油然而生。朱光潜先生《诗论》中说:"就一方面说,心情随风景千变万化,睹鱼跃鸢飞而欣然自得,闻胡笳暮角则黯然伤神;就另一方面说,风景也随心情而变化生长,心情千变万化。"[1]

三、通感对儿童艺术教育的意义

通感现象在艺术创作与艺术欣赏活动中的生成往往是本能的、不被知觉的,成人如此,儿童更是如此。在对儿童实施的艺术教育过程中,应把握好儿童审美综合素质与能力及儿童审美心理活动的特点,使通感在儿童艺术教育中发挥最大作用。在艺术活动中,儿童对艺术的直接感受是建立在艺术形象基础上的,但绝不意味着只是对感觉的消极、被动接受。只有超越

---

[1]朱光潜:《朱光潜全集》(第1卷),安徽教育出版社,1987,第332页。

了艺术作品的外在形象,把握其内在意蕴,方能真正领会到它的神采、韵味。艺术通感对儿童艺术教育的价值分析在主体的审美活动中,起关键作用的审美心理功能主要有审美感知、审美想象、审美情感、审美理解,他们贯穿于审美欣赏和审美创造的始末,共同构成了审美活动的基石。儿童欣赏者在适合的艺术形象的引发和诱导下,主导感觉沟通、连接其他感觉,以想象、联想充实、丰富自己的直接感受,产生综合性、整体性的审美通感效应。

(一)开阔审美视野,引发儿童的审美感知

"审美感知是客体的审美属性直接作用于感觉器官所引起的人脑对客体各个部分的整体性心理反映。"[①]审美感知与一般感知既有联系又有区别,他们的共同之处在于:都是一种积极、主动的活动,具有选择、解释作用。他们的区别是:一般感知与认知和实用目的联系在一起,而审美感知是与客观事物的情感表现性联系在一起的,如当看到天空中一排南飞的大雁时,知道它们是在南迁过冬,一般的感知作用下,会想到它们是候鸟,随季节迁徙躲避北方的寒冬,如果加入了审美感知,就会触景生情,感觉秋风萧瑟,顿生离别伤感之情。审美感知是艺术活动的门户,是一切审美活动的基础,在审美创造欣赏活动中发挥着重要的作用。人们在接触审美客体时,先使用感官对审美客体的外部表象进行感知,产生审美印象。审美想象、审美情感、审美解读等诸因素都是建立在审美感知的基础上的。审美感知对线条、色彩、节奏等这些艺术元素会给审美主体以一定程度的愉快感受,这些愉快的感受即是审美活动的起点,如音乐的音高在由低音向高音上行的过程中给人一种积极、明快的心理体验,而且音高越高,感觉物体越轻,音高越低,感觉物体越重。"审美知觉不是知识的判断,不是科学的分类,而是透过事物的形式达到对他们的情感表现性的把握"[②],就像对颜色的感知,并非视觉感受绿色和红色,而是看到绿色和红色后体会到他们的表征性,如绿色使人感觉寒冷,红色使人感觉温暖;欣赏一首乐曲不是仅仅分析它的调式和调性,而是能感受到它的风格是悲伤的还是欢快的,这才是审美知觉,否则就是一般的感知了。所以,对儿童的审美感知进行培育时,不仅要让他们了解审美客

①楼必生,屠美如:《学前儿童艺术综合教育研究》,北京师范大学出版社,1997,第67–72页。

②滕守尧:《审美心理描述》,中国社会科学出版社,1985,第59页。

体的特征、创作者的生平、艺术创作的技巧,更要启发儿童把握事物的情感表现性。由于儿童的语言能力等方面还未发育成熟,使得儿童把握事物的情感表现性带来了难度,在引导儿童把握客观事物的情感表现性时,合理运用通感可以打破各种感官的局限性,使儿童获得一些视觉或听觉之外的感官体验,正如前面所提到的对颜色的感知,只有经过视—触相通,如当看到红色时才能感觉到温暖,才能进一步对其情感表现性进行把握。因此,在通感的参与下,即使是儿童在听一首乐曲,也能体验到乐声之外的感受,可能是想象到野外的麦田、闻到青草的芳香,或者是产生躺在吊床上舒适的感觉。如我们在引领儿童学习古诗《绝句》的"沾衣欲湿杏花雨,吹面不寒杨柳风",诗句中的"不寒"是与"杨柳风"形成了诗歌艺术创作的通感,由触觉引发了视觉通感,在引导孩子们学习这首古诗时,要使孩子不仅了解作者生平、创作背景等人文知识,还要引导孩子说出或者画出读这首诗时脑子里出现的画面、颜色等视觉艺术形象。又如在教画小鸡时,领着儿童先观察,要引导儿童对感知到的细节特征进行描述,也要问问孩子:小鸡是什么颜色的?小鸡怎样叫?摸上去感觉如何?小鸡的嘴是什么形状?小鸡有没有耳朵?通过艺术通感,不仅使儿童在审美活动中拓展了审美感知,还丰富了儿童的生活感知经验。又比如让儿童观察种在花盆里的植物时,让他们观察颜色各异的花朵,由于通感的作用,这种由视觉获得的信息引起了嗅觉上的反应,儿童便产生了想闻花香的冲动。儿童在观察中,由一种感官引起其他感官的共振,对事物的熟悉和了解程度加深,有了这样的感知经验积累,今后儿童只是看到某一样事物,不用触摸,便已经知道它摸起来是什么感觉了,不仅如此,他们还会滋生出对植物的亲近感,以及对周围事物的好奇心,这样就使儿童的审美经验逐渐丰富,为儿童审美活动中通感现象的发生提供更广泛的前提条件。

(二)调动审美想象,激发儿童的艺术联想

"法国诗人波德莱尔称想象是'人类一切功能中的女皇陛下'。德国著名的文艺理论家莱辛说:'凡是我们在艺术作品里发现为美的东西,并不是直接由眼睛,而是由想象力通过眼睛去发现其为美的。'"①审美想象一般分为再造性想象与创造性想象。再造性想象是通过对审美客体事物的观察,

---

①朱光潜:《谈美·谈文学》,人民文学出版社,1988,第88页。

主体经过自体审美想象的加工而生成的,通常是审美对象由于具备审美特征,使审美主体受到一定程度的情绪感染而展开的,如在观赏呼伦贝尔辽阔的草原时,能从中幻化出生动的生命形象:奔腾壮观的马群、充满智慧的草原狼、活泼的野兔等。对于儿童来说,那些适合他们欣赏的音乐、童话文学、绘画作品等都能引起孩子们丰富的联想。对于脑海中这些联想中的形象,儿童不仅能描述出来,还能用其他的方式如肢体动作等表现出来;创造性想象则以情感为动力,生活经验为基础而产生,一切创造性艺术活动均以创造性想象的产生为前提。在审美活动中,主体的审美创造欣赏活动离不开审美想象力的参与。通感是指某一种感官受到外界事物的刺激,不仅引起一种感官的反应,还能引起其他感官的共鸣,通感中的自由与想象之间存在着内在的联系。通感是听觉、视觉、嗅觉等各种感觉共同参与、协同体验的活动,是一种脱离了感官物质限制的束缚,各种感官相互呼应、流通、融合的一种状态。多种感官协同参与到审美活动当中,这就扩大了审美领域,刺激审美想象的发生,使儿童表现出更大的创造力,促进儿童审美想象能力的发展。如在学习儿童歌曲《我是草原小骑手》时,按照以下步骤进行,促进通感对音乐欣赏中想象能力的提升:①引导儿童倾听音乐,富有动感的音乐响起……②引导儿童用动作表现自己倾听完歌曲后的感受;③说说自己听完歌曲后有什么感受,从歌曲中听到了什么? 看到了什么?④将自己听完歌曲后的感受画出来。在歌曲欣赏活动中,儿童欣赏完后,让儿童通过动作将自己的感受表达出来,接着让儿童借助语言将自己的感受表达出来,在此过程中,儿童获得了对歌曲的音乐、动作、语言的三种想象,最后,对这三种想象进行融合,创作成图画,儿童又获得了对歌曲的视觉想象。在欣赏歌曲的过程中,通过引导,使儿童的听觉、视觉、运动觉等感官协同运作。引导儿童进行艺术欣赏创作活动,通过对通感现象的加深与利用,极大地开阔儿童的视野,引发了儿童对作品的艺术联想,提升儿童的艺术审美想象能力。

(三)唤醒审美心灵,丰富儿童的审美情感

在艺术审美创作活动中,情感是动力与源泉。情感可以激发创作者的创作冲动,使他们将自己的情感倾注在艺术作品中,使艺术作品具有独立的情感生命。我国有古语云:"凡音之起,由人心生也。"说明了情感在艺术中

的地位。"柴可夫斯基曾经说在他的创作中常常带有'真情的诱惑','我甚至完全都融化了,身体都在颤抖着',罗曼·罗兰创作《约翰·克利斯朵夫》,深感到主人公的命运危机震动着他,他经历了主人公所经历的一切危机。福楼拜创作《包法利夫人》时写到爱玛服毒自杀的时候,他自觉得'我的想象的人物感动我,追逐我,倒像我在他们的内心活动着'。"[1]审美情感一般包括两层含义:一是对外界事物的情感表现性知觉,二是由作品内容所凝聚的社会情感引起的共鸣。审美情感是审美活动中的动力性因素,在审美活动中具有特殊的地位,审美心理的各个要素不是相互孤立,而是通过情感作为中介形成相互联系的统一体,它贯穿于审美活动的全过程,使审美活动得以顺利进行。在艺术欣赏中,情感是最活跃的因素,欣赏者与创作者产生情感共鸣,才能够进入创作者的艺术境地。大多数的艺术作品是对人类情感的表达,艺术作品中不可或缺地包含着特定的情感元素。由于情感具有看不到摸不着的特性,儿童对情感缺乏理性的认识,因此在儿童艺术教育活动中,要运用恰适的方式与途径使儿童获得独特的情感体验,使他们拥有丰富的精神世界,形成积极的生活态度,这些是我们的儿童艺术教育应该考虑的问题。使儿童通过直觉感知到的形象完整、和谐、鲜明、丰富、稳定,从表象到内在的创造,最终使儿童在情感上接纳真、善、美的事物,排斥假、恶、丑的事物。在艺术教育活动中,艺术通感现象的参与更容易发掘艺术作品的情感因素,通过调动儿童的听觉、视觉、嗅觉等多感官与心灵的呼应,唤醒儿童的内在情感,引导儿童理解艺术作品的深刻内涵,使他们的情感体验更加丰富。研究表明,人的年龄越小,越需要多种感受器的协同活动,因此,对于儿童来说,通感能使儿童对活动的兴趣由外部向作品中投射,从中体验作品的内部情绪与审美快乐。教育者可通过组织艺术活动,利用产生的艺术通感,使儿童在艺术创造欣赏的过程中,通过视觉、听觉与运动觉等感觉的贯通,使儿童更容易与作品达到情感沟通,从中体验到作品的内部情感。

---

[1]滕守尧:《艺术与创生——生态式艺术教育概论》,陕西师范大学出版社,2002,第63页。

（四）深化审美感受，提高儿童审美理解力

滕守尧先生曾经提出审美理解的三层含义：第一层含义是对"虚幻"状态的理解，就是生活中的事件、情感的"真实性"与艺术中的事件、情感的"虚幻性"，即能够把戏剧中的角色与现实中的角色区别开来，能够清楚地知道艺术世界与现实世界不是一回事。第二层含义是指对审美对象的象征意义、题材、典故、技法等项目的理解。如欣赏民间传说故事里面的马兰花中人物性格与命运的象征意义。第三层含义是对形式中渗透着的韵味的直观性把握。如，在品读唐诗刘长卿的《逢雪宿芙蓉山主人》中的诗句"柴门闻犬吠，风雪夜归人"时，诗句中并没有向人们倾诉长途跋涉行路人的孤独与艰辛，但是这种孤苦之情已经不着痕迹地融合在诗句中，在短短的四句诗中，不仅描写出风雪交加日进暮色的辽远景色，也传递给读者诗人对孤独的悲情与贫苦农家的清贫生活的审美情感，揭示了审美是感性认识与理性认识的统一这一规律。"审美活动是不能离开审美理解的，在审美活动中，感知、想象、情感、理解四要素之间的相互渗透，审美的心理过程才是健全的，才能获得真正的美感享受。"①儿童内心没有复杂的功利性，大脑的右脑功能占据优势，以无意注意为主，他们对于美的事物比成年人更敏感，也更容易被幻想中的人物和事物吸引。所以，儿童艺术教育应注重运用正确的引导方法，帮助儿童更恰当地理解艺术作品，通感在这方面可以发挥重要的作用，例如欣赏一首充满童真的乐曲时，可以与一幅色彩明快的画联系起来，一种稚拙的动作与类似表现性的音乐片段联系起来，如在欣赏钢琴曲《游击队之歌》时，钢琴曲以明暗交替的音色、快慢组合的节奏、大小不同的音量，生动形象，使故事感、画面感跃然而出，可以配合音乐，给儿童讲述相关的故事情节、故事背景等。以这种方式使他们形象地感受到歌曲所表达的感情，深化审美感受，提高儿童审美理解力。语言作为一种符号系统，是表征实在意义的代码，可以表达主题的观点和见解，儿童还不能把他们的理解全部转化为语言进行表达，而且有时候语言并不能准确地把主体的情感表达出来，我们通常所说的"只可意会不可言传"就是说的这样一种情况，此时，就有必要寻找其他的方式帮助儿童将他们对作品的理解表达出来。例如，大班6岁儿童

---

①滕守尧：《审美心理描述》，中国社会科学出版社，1985，第61页。

欣赏达·芬奇的《蒙娜丽莎》，韩震说："她的眼睛最美，像会说话。一看就知道，她是一位非常善良的人"；王晓萌说："我感觉她的笑容最美，无论从哪里看她，她总是在朝着我笑，心里感觉甜甜的"；卞天一说："她的手最美，像真的一样，很软，真想去摸摸"；何楚莹说："她的头发最美，又黑又亮。我也想摸一摸。"①以上案例中，韩震通过视—听通感，感觉像会说话；王晓萌通过视—味通感，感觉甜甜的；卞天一通过视—触通感，感觉很软；他们都运用通感将自己欣赏《蒙娜丽莎》后的感受表达了出来。

以上表述的审美心理的四个要素之间是相互交叉、融合的。审美中的感知能力是通往审美经验的出发点，理解为它指明了方向，情感是它的动力，想象为它添加了翅膀（或扩大范围）。当这四种要素综合发挥作用，以一种自由和谐的状态呈现时，愉悦的审美经验就产生了。艺术通感在丰富审美感知、激发艺术联想、激发审美情感、深化审美感受的基础上，促进了各个要素之间的融合。艺术教育应充分考虑到儿童审美心理特点，综合审美心理的主要元素，将之作为儿童艺术教育实施过程中的抓手，将通感巧妙运用于儿童艺术教育过程中，使通感这一心理现象更好地服务于儿童艺术教育。

通感体验在儿童的艺术活动中表现得相对明显和集中，后面的章节中我们将通过对儿童艺术活动分类论述与案例实施，使儿童的艺术通感世界逐步清晰。儿童的艺术通感更多表现在他们能将自己的内心感觉和体验准确而迅速地表达出来，往往是本能所使而不是反思所得的，在所有的感觉器官中，也许眼睛和耳朵是最为重要的，眼睛和耳朵所获得的信息占我们所获得的信息总和中的绝大部分。当我们播放音乐的时候，孩子们会情不自禁地随着音乐晃动身体，在一定程度上表现出自我丧失和自我回归的精神状态。问他们听到音乐时会有什么感觉时，他们会说"我像听到……""我好像看到……""我感到……"等类似的回答。听觉活动本身维持的时间是短暂的，但其唤醒的多种感官形象却能较长时间地停留，而对生活意义净化的内容却更长时间地留在记忆里，对日常生活产生了直接或间接的影响。当儿童欣赏一幅画的时候，画中的形象和色彩对孩子来说都是活的，抽象的形也会以某种具象的事物重新转换，并且自己就在这些事物中，和它们一起活

---

①以上案例参见王荣德：《教师人格论——高素质教师研究的新视角》，科学出版社，2001，第38—50页。

动。这些活动影响着现实的生活,优秀艺术作品优化着儿童的生活。

我国关于儿童的视听通感的实证研究依然较少,且对不同发展阶段产生艺术通感的基本特征缺乏清晰的阐述。成人的思维受到较强的理性控制,其艺术通感的发生机制位于心理表层,而儿童时期的艺术通感表象生成比成人时期更为清晰、直接。因此,本书使用一些儿童艺术教育为课例,通过观察、记录、研究儿童在艺术创作审美活动中对多感官通感的表现,探讨儿童期不同年龄阶段通感的共性与差异特征。由于儿童具有先天的直觉优势,在对比中着重探讨儿童独特的艺术通感面貌,并在此基础上提出适宜的教育建议。

第三章

通感视域下的儿童音乐教育

第一节
音乐的起源、特点与功能

一、音乐的起源与发展

音乐不仅是一种重要的艺术形式,而且是一种与人类相伴而生的社会现象,或者更确切地说,音乐是人类进化发展到一定阶段的产物。对于音乐的起源,古今中外的哲学家、美学家、艺术理论家们几乎都进行过大量的求证与探索,也先后产生了多种不同说法与阐述。归纳起来,影响较大的有巫术起源说、模拟自然说、劳动起源说、情感表达说、游戏说几种。以上这些学说都是着重于某一侧面、某一角度就音乐的产生展开研究,均具有一定的合理性,也有助于揭示音乐起源的奥秘,并且对音乐教育也产生了一定程度的启示与借鉴意义。但是,这些学说将音乐的起源简单归结为巫术仪式、情感表达、狭义的劳动等单一因素,往往有些片面。

这些学说从理论上大都正确,却忽略了音乐产生的最根本原因,即人类社会的实践活动。音乐的起源与发展离不开实践活动,人类在自身的社会实践中进化了自己,也推动了人类的文化发展。人类的社会实践本身就是一个不断分化、不断融合、不断发展的过程,人类在社会实践中创造了文化,音乐是文化发展进程中的必然产物,是人类文化的重要组成部分,这也决定了音乐的起源必然是多元起因,而且该过程以社会劳动为前提,经历了一个由实用到审美且不断分化与融合的漫长历史发展过程。原始时期的音乐是从人类社会生活中产生的,在非审美领域中萌发并逐步分化,再综合起来,是一种集歌、舞、乐三位一体的"乐舞"综合音乐形式。及至古代,音乐在原始"乐舞"中逐步分化出了声乐、器乐,音乐与舞蹈分离,最初的戏剧和诗歌也初步形成。近代音乐在上述音乐形式不断分化、发展的基础上,开创了一些如歌剧、芭蕾舞剧、音乐剧等更多分类更加细致的综合音乐形式,同时出现了古典乐派、浪漫乐派、民族乐派等各具特色的音乐流派。现代音乐的发展既遵循着分化与融合交替行进的规律,同时又不断滋生新的生命动力,展现出更具活力的发展趋势,出现了如印象派音乐、新古典主义音乐、表现派音乐等更复杂、多样的音乐流派,以及后来出现的爵士乐、摇滚乐、电子音乐等综合性的音乐艺术,均推动了音乐艺术文化的进一步发展与繁荣。

(一)西方音乐起源与发展

1. 西方音乐的起源

西方音乐的起源可追溯到古希腊、罗马时期。诗人荷马写下的《伊利亚特》《奥德赛》是古代希腊最早被记录下来的大型史诗。音乐最初是对神的崇拜、同神话以及各种奇幻传说糅合而生、并蒂发展的。例如,器乐出现了里拉琴与阿夫洛斯管。宗教神话是希腊戏剧诞生的基础,但民间的"酒神颂"是希腊悲剧起源;希腊的音乐理论方式发展很早,毕达哥拉是第一个以音乐理论方式解释音乐现象的人;值得关注的是古希腊调式体系是以几个重要氏族部落命名的,有利第亚、混合利第亚、多利亚、弗利几亚等。

2. 欧洲中世纪

在欧洲中世纪,教会拥有无上的权利,教育也被教会所控制,哲学、科学都受神学统治,音乐也以满足教会需求为主。这时期音乐有一些发展变化也是因教会所起,其中格里高利圣咏为其典型代表,基本功能是服务宗教的礼拜活动,歌词主要来自圣经和诗篇。欧洲中世纪音乐服从于唱词,但得到了扩展,有了附加段、继叙咏和宗教剧。记谱法起初只是简单的符号谱,称之为"纽姆谱",在此基础上,发展出了四线谱和六声音阶,随之而来的是复调音乐奥尔加农的兴起。线谱开始只是记录音的相对高度,节奏尚不明确,在11、12世纪左右才发展出来一套节奏模式。歌曲方面出现了孔杜克图斯、经文歌、拉丁歌曲和法国游吟诗人的方言歌曲。14世纪法国新艺术的出现促使记谱方式与节奏演化成型,同时马肖创作的经文歌、弥撒曲及大量的世俗歌曲成为这一时代的音乐家典范,而14世纪意大利音乐则主要是牧歌、猎歌、巴拉塔,其中较有影响力的音乐家当属兰迪尼。

3. 文艺复兴时期

文艺复兴时期(约1430—1600年)最具有影响力的思想是"人文主义",它反对一切以神为本的旧观念,提倡一切以人为中心的精神。文艺复兴时期的英国音乐就是与民间音乐保持着自然的联系,倾向大调性、主调风格,其中有代表性的是《奥尔德霍尔藏稿》,作曲家有利奥纳尔·鲍尔、约翰·邓斯泰布尔,音乐风格影响了勃艮第地区的作曲家。声乐方面在 16 世纪出现了意大利的牧歌、维拉内拉、小坎佐纳和芭蕾歌,同时也有法国的尚松、德国的名歌手、西班牙的维良西科和英国的弥撒曲、圣母颂歌和琉特琴歌曲。16 世纪的乐器主要有竖笛、小号、维奥尔琴、管风琴与羽管键琴,与此同时德国也出版了木刻文字乐器的书籍《音乐精义》和《音乐记编》。这一时期欧洲出现了宗教改革与反宗教改革的音乐。

4. 巴洛克时期

巴洛克时期(1600—1750 年)音乐的主要特点是音乐中出现了两种作曲常规,即通奏低音的织体以及和声、对位、节奏记谱法的完善。器乐方面小提琴与钢琴也已出现,奏鸣曲、赋格曲、幻想曲、协奏曲得到空前繁荣,高超的技巧和令人惊叹的炫技造就了像科雷利、大库普兰、维瓦尔第这样的演奏大师。此时歌剧方面出现了德国的《达夫尼》,这是第一部歌剧,可惜没有保存下来,意大利蒙特威尔第的《奥菲欧》、法国昌利的《赛克斯》、英国普塞尔的《迪多与伊尼》,还有第一部完整保存下来的由佩里和卡契尼作曲,利努契尼作脚本的《尤丽迪茜》,同时也有大型声乐体裁的清唱剧、康塔塔、受难乐和运用协奏风格的一些宗教作品。巴洛克晚期也活跃着几位非常重要的作曲家,如拉莫、多米尼科、斯卡拉蒂、亨德尔、巴赫。理论方面有《和声学》和《音乐理论的新体系》。

5. 古典主义时期

古典主义时期(1750—1790 年)由于对阉人歌手的崇拜,导致正歌剧开始向喜歌剧方面转变,兴起的有意大利喜歌剧、法国喜歌剧、德奥歌唱剧与英国民谣剧。同时,器乐曲也从以教堂与宫廷为中心,慢慢走向公众的音乐厅,古钢琴与羽管键琴也逐渐让位于更现代的钢琴,奏鸣曲、室内乐、协奏曲、交响曲等逐渐成熟。作曲家有海顿、莫扎特、贝多芬等,民族民间音乐有小步舞曲、波尔卡、圆舞曲、进行曲等都很流行。

6. 浪漫主义时期

浪漫主义时期(1790—1910 年),主要音乐家有韦伯、舒伯特、门德尔松、舒曼、肖邦,法国歌剧以巴黎为中心,主要有格雷特里的《狮心王理查》、比才的《卡门》;意大利歌剧主要以罗西尼为代表,著名歌剧《塞维利亚的理发师》、威尔第的《茶花女》、普契尼的《蝴蝶夫人》和《图兰朵》。交响音乐的代表作曲家有柏辽兹与李斯特,德奥音乐的代表作曲家有瓦格纳、勃拉姆斯和大约翰·施特劳斯、小约翰·施特劳斯,民族音乐方面有俄罗斯音乐,代表人物有格林卡、"强力集团"与柴可夫斯基,捷克音乐有斯美塔那、德沃夏克德,挪威的格里格,等等。19 世纪与 20 世纪之交也出现了一批优秀的作曲家,有法国的德彪西、拉威尔,奥地利的马勒,俄罗斯的斯克里亚宾、拉赫曼尼诺夫等。

7.20 世纪音乐

20 世纪的音乐出现了众多流派,印象主义音乐的代表人物有德彪西与拉威尔;表现主义的代表人物有勋伯格、贝尔格与韦伯恩;新古典主义的代表人物有斯特拉文斯基、兴德米特与"六人团";民族主义代表人物有巴托克、亚那切克等。20 世纪出现的音乐类型有微分音音乐、噪音音乐、序列音乐、偶然音乐、电子音乐、新音色音乐等,还有简约派与新浪漫主义。

(二)中国音乐的起源与发展

从来源来分类,中国传统音乐是在以黄河流域为中心的中原音乐和四域音乐以及外国音乐的交流融合之中形成发展起来的。因此,中原音乐、四域音乐、外国音乐是中国传统音乐的三大来源。

中原音乐指的是以黄河流域为中心而发展起来的音乐,这是一种以汉族为主体的音乐文化。其中,殷商和西周时期的音乐文化具有代表意义。四域音乐指的是除中原华夏族为主所创造的黄河流域音乐文化以外的中华大地各民族的音乐文化。其中,长江流域、珠江流域等地区,与黄河流域同为中华民族的音乐文化发祥地。中国音乐与外国音乐的交流由来已久。在汉代,伴随着佛教的传入,印度教音乐和天竺乐开始传入中国;隋唐时期,大量外国音乐的输入,不仅带来外国乐曲,而且也引进了乐器、乐律和音阶。

中国音乐按照发展的脉络分类,可分为以下五个时期。

1. 中国传统音乐的形成期(约公元前 21 世纪至公元 3 世纪)

这时期包括从夏、商、西周到春秋、战国、秦、汉。在音乐体裁方面,经历了由原始乐舞到宫廷乐舞的进化。在旋律音调、音阶形式方面,经历了由原始民乐重视小三度音程的音调,到春秋战国强调宫、商、角、徵、羽的上下方大三度的"(甫页)、曾"体系,以"三分损益法"相生五音、七声、十二律,初步确立了中国传统音乐旋法的五声性特点。在音乐美学思想方面，先秦诸子百家的论争，奠定了此后各自学说的理论端点。这一时期中，最具代表性意义的音乐艺术形式是钟鼓乐队。

2. 中国传统音乐的新生期（约公元 4 世纪至 10 世纪）

这一时期包括从魏、晋、南北朝到隋、唐。魏、晋、南北朝时期的政治动荡和北方人民南迁、少数民族的内移，构成了对中国传统音乐的冲击：一是玄学对儒学的冲击，引起音乐思想的变化；二是少数民族音乐和外国音乐的传入，引进乐器、乐律、乐曲和音乐理论方面的新因素。其冲击的结果是，使中国的传统音乐为之一变，开创了音乐国际化的一代新乐风。一方面是世界音乐的中国化，包括外来乐曲的中国化，外来乐器的运用，外来乐调的传入，外来乐队的民族化，以及外来乐人为发展中国音乐所做出的贡献。另一方面是中国音乐的世界化，即中国音乐以其辉煌的成就给世界许多国家（尤其是周边各国，如朝鲜、日本等）以重要的影响。

3. 中国传统音乐整理期（约公元 10 世纪至 19 世纪）

这一时期包括辽、宋、金、明、清。其政治上的特点是：从纷乱和分裂到相对的统一，从南北对立到多民族国家统一政权的建立，及其在相当长时期内保持相对的稳定，在音乐文化方面则具有世俗性和社会性的特点。所谓世俗性，就是与普通的平民阶层保持着密切的关联。此时期的传统音乐，在演出人员和观众、听众对象方面，都已具有更为广泛的社会基础。在音乐理论方面，表现出对前一时期的继承和清理的倾向。音乐形态特点已逐渐趋于凝固定型化。其代表性音乐艺术形式是戏曲艺术音乐。这一艺术形式，上承前代，下接后世，并广泛吸收当代音乐新成果，成为集古今音乐大成的音乐宝库。

4. 近代音乐

这一时期是民族音乐发展艰难阶段，在中国近代的发展时期，受社会背景与经济背景的影响，民族音乐的发展进入一个步履蹒跚的阶段。这一时期的两个标志性人物就是阿炳和刘天华。在这个阶段，中国民族音乐进入学堂化的发展时期，这使中国民族音乐发生了质的变化。

5. 新中国成立后的音乐

这一时期民族音乐得到了快速的成长。新中国成立以后，中国社会出现了欣欣向荣的新气象。中国建设战天斗地的气氛使社会各阶层群情激昂,中国民族音乐的发展也由此达到了空前的高度。随着革命事业的发展以及农业生产的广泛开展,出现了大批具有时代特色的民族乐曲,如很多人熟悉的《赛马》《喜看麦田千层浪》等作品就是这一时期具有代表性的作品。在这一时期,民族音乐的一些旧观念得到了剔除,很多西洋乐曲中的一些新的元素被借鉴。自1998年中央民族乐团代表中国民乐第一次登上维也纳金色大厅的舞台,连续几年在"金色大厅"举办的"中国春节民族音乐会"已经成为中国民族音乐的著名品牌。从雅典奥运会闭幕式上的一曲《茉莉花》和二胡表演,以及现代民乐组合如《女子十二乐坊》在东南亚的好评如潮,到改革开放40多年来中国各地民族乐团在国际国内演出市场的日益活跃,在经济持续高速增长的中国,经济力量的积累正逐渐地转化为民族文化自信,也带来民族音乐的回归——中国民乐正在交流与创新中走向复兴。

二、音乐的特征

(一)音乐的本质特征

马克思主义的艺术理论认为,艺术是人类社会生活在人脑中主观反映的结果。因此,音乐也是人类音乐对现实存在的一种特殊形式的主观反映。无论怎样特殊形式的音乐现象,都能在现实存在中找到其根源,但音乐并非是对现实生活的直接模仿,更非照搬照录。经过音乐家的加工改造与艺术概括,即使是幼童对现实生活的游戏性的模仿,也充满了他们对该模仿事物独特的认识与情感。音乐作为人类特有的文化现象与艺术形式,是人类在社会实践中自身不断发展的产物。音乐反映社会生活,但不是对社会生活的直接描绘,而是音乐家把其个人对社会生活的理想、态度、体验等高度概括后,再运用有组织、有意识的音乐形式表现出来的结果。因此,从本质上讲,音乐是一种社会生活审美性的主观反映,与文学、绘画、雕塑等其他艺术形式相比,音乐是由其运动与静止形态共同构建成的艺术。作为一门独立的艺术,音乐具有以下几方面的特征。

1.音乐是听觉的艺术

音乐是通过有机组合的声音材料塑造艺术形象,反映现实生活,表达人们思想感情的艺术。高低、长短、强弱、音色不同的音构成音乐的节奏、旋律、力度、音色、和声、调式、曲式等不同的音乐表现手段(也称音乐语言)。音乐不是杂乱无章地将各种声音进行堆砌,而是根据一定的审美情感、审美理想、审美需要等创造性地选择、组合各种声音,以最终达到恰当地、富有美感地表现特定内容的艺术。因为音乐艺术具有不确定性的特点,所以对听觉有一定的要求。敏锐的音乐听觉的获得既需要先天的条件,又需要后天的训练,而音乐教育是培养音乐听觉最便捷的途径。

音乐是以音响为物质手段的艺术,而音响的感知只能诉诸听觉。因此,音乐是以听觉感知为主要感知手段的听觉艺术。感受音乐是通过听辨出声音的高低、长短、强弱、音色的不同所构成的音乐表现手段,借助于这些表现手段,体会音乐所表达的思想与情感。欣赏者对音乐的感知、体验与造型艺术、语言艺术等艺术形式各有不同。音乐只能通过声音形象引起欣赏者的主观联想和想象,但是倾听音乐的听觉刺激却能唤起欣赏者多方面的兴奋,如肌肉的运动,思维、想象、联想的产生,以及各种相应的情绪、情感的体验等。

2. 音乐是时间的艺术

音乐形象是以流动的音响展现在一定的时间之中的。音乐作为听觉的艺术,具有需要在时间的流动过程中展开和完成其艺术形象塑造、完善其组织结构的特征,故而音乐不像视觉艺术那样,可以较长时间地保存在那里供人欣赏,一旦演奏、演唱结束,音乐就不复存在了。由于音乐的这一特征,要求人们在欣赏音乐时必须具备优秀的注意力、良好的听觉记忆等。所以,音乐较强的时间性,既是其特点又是其局限。从作曲来看,作曲家为了加深人们对音乐旋律的记忆,在乐句、乐段中常常使用重复、反复、变奏等手段。这些都是因为音乐有较强的时间性的特点,这样能够使欣赏者的某种情感体验在时间流动中不断得到积累和强化,使其能够长久地沉浸在审美享受的状态。

3. 音乐是情感的艺术

造型艺术是以直接再现外部现实生活为基本特征,但音乐艺术相反。音乐所擅长的是内心的表现,表现人的感情与意志。声音与人的感情直接相关,如《乐记》中所描述的:"人心之动,物使之然。感于物而动,故形于声",所以声音最具有传达人的情感的功能。音乐这种流动的音响,最擅长的是通过情感的直接抒发和体验来达到审美活动的目的,具有以情动人、以情感人的艺术魅力,故而被人们公认为是情感的艺术。正如俄国作曲家斯特拉文斯基所说的:"音乐就是情感,没有情感就没有音乐。"如倾听《义勇军进行曲》,就能激发起悲壮、激动之情。倾听歌曲《歌唱祖国》,庄严和自豪之情也会油然而生。由于情感本身具有微妙性、模糊性与不可描述性,所以音乐能让欣赏者获得比其他艺术更多、更加自由的个人体验的机会。

4. 音乐是表演的艺术

文学、绘画等艺术只要一经作者创作完成,就可供欣赏者直接欣赏。音乐虽然是人类社会生活的反映,但这种反映不是再现性的,而是表现性的。由于音乐所用的材料和结构具有非语义性,只有通过表演这一环节,才能把作品的意象、意境表达出来,所以无论是哪位音乐家、剧作家写下的曲谱、剧本,都只有通过表演这个途径才能展现其艺术美,才能为听众与观众所欣赏与感受。

(二) 音乐的审美特征

1. 审美的大众性

音乐审美功能的实现要求曲作者、演奏者和赏听者都要有音乐的洞察力和对音乐的反应力,两者结合起来才是音乐的体验。这也是艺术领域中"理解"和"感知"的独特模式,但除了少数有音乐天分的人以外,大多数人在音乐体验方面的基本条件,如领悟音响的表现力并对此做出反应的能力是一样的或是近似的。音乐了不起的地方,也是它得以为各种人所接受的地方就在于:不论一个人从事这种艺术创作与表现的能力如何,他都能领略音乐的美妙,尽管不同的人感受音乐美的层次、内涵有所差异。不管一个人的音乐条件高低,他欣赏音乐的能力总是高于他从事音乐创作和表演的能力,即使是一个所谓"五音不全"的"音盲",他也一样会领略到音乐的美。对于很多没有听过歌剧,不知道舒伯特、小约翰·施特劳斯是谁,圆舞曲、夜曲、波罗乃兹舞曲的特征是什么的普通大众,当他们打开电视收听维也纳新年音乐会,几乎每个人都会情不自禁地融入维也纳的金色大厅,与《蓝色多瑙河》产生共鸣,甚至可以暂时摆脱现实中的种种功利烦恼,进入理想、超越的境界。同样,对音乐的审美能力几乎是发于天然,不分年龄阶段的,音乐的审美受益者可以从婴幼儿甚至在母亲腹中开始,因此我们说,音乐的审美功能体现在大众性、本能性上面,并非只局限于少数有音乐才能的人或者成年人,其实音乐的体验、音乐的审美首先是属于大众且不分年龄的。

2. 审美的综合性

音乐总是倾向于同其他各类艺术密切结合在一起,这种情况在其他艺术中,没有能达到像音乐艺术所达到的那样高的程度。由于音响结构本身缺乏内容的复合性,这就决定了许多音乐体裁中有的同绘画结合,有的同语言结合,有的同舞蹈结合,有的则同戏剧结合。可以在音乐教学领域借助绘画的视像性、具体性让学生眼观耳闻,产生联想、拓展思维,如身临其境般在愉快的气氛中更好地理解音乐情感。音乐由于与其他艺术形式相结合,使音乐本体的短板缺陷在反映现实上缺乏客观性、具体性等,但从歌词创作方面,或从舞台表演因素方面得到了弥补。但是,音乐在这样的综合体中不是第二位的,它依然处于主体地位,音乐本体不仅对歌词或舞台表演起引导作用,而且是主要元素,而唱词等元素只是对音乐本体表现进行解释,或使之具体化。

三、音乐的社会功能

音乐除了具有本质上大家认同的审美功能,还具有多种社会功能。其中最主要的社会功能就是教育功能和娱乐功能。随着我们物质、文化生活水平的不断提高,人们对音乐文化生活的要求也日益提高。因此,我们理应充分重视和发挥音乐艺术的社会作用及功能,不断提高人们的音乐欣赏、审美能力,从而使音乐艺术在社会的精神文明建设中添彩助力。

(一)娱乐功能

早在两千多年前,我国有关文艺与音乐理论的著作《乐记》中就提出了"乐者乐也"的见解;法国文学家莫里哀认为在艺术的所有法则中,最大的法则是"叫人喜欢";音乐作为艺术的一种,它可以满足人们在社会生活中的娱乐需求,因为音乐可以通过旋律、节奏、和声、声调等特有的表现方式表达人们对人生的千般体验,而这种方式的贴切性是其他任何一种艺术门类所代替不了的。例如,人们通过欣赏或参与跳舞、唱歌、乐器演奏等活动可以解除一天的疲劳,精神得到愉悦,在情绪低落时听音乐也可以得到情绪转换的效果。

随着人们物质生活水平的日益提高,对文化生活也有了相应的需求。现代生活中的人们不光是欣赏,而且也有了自己参与吹打弹拉唱跳等活动的机会,例如同学聚会、婚礼仪式等,若有了音乐就会显得格外的热闹,更有氛围感;广为流行的大众娱乐健身活动"广场舞"的开展也离不开音乐的参与;越来越多的退休老人报名老年大学,学习声乐与器乐演奏技能,将其作为培养高雅情趣、修养身心的娱乐技能。

音乐的娱乐功能也满足了社会上很多人对音乐的精神释放需求。人们在一天或一周里完成紧张的工作和学习,晚上或周末需要休息和休整,这时候,人们就格外需要文化娱乐,需要精神生活,需要从艺术活动中获得美的享受和精神放松。正是这个缘故,人们把观看文艺演出叫作欣赏。所谓"欣"者,愉快也。人们会用"悦耳动听""如听仙乐耳暂明"等溢美之词来形容听觉满足后的审美感受。

(二)教育功能

音乐教育可以分为学校教育和社会教育两部分。学校音乐教育指在集中办学、统一施教的特定场所完成的音乐教育,在我国,这种在校(在园)的音乐教育占主导地位。

1.学校音乐教育

从幼儿园到大学阶段,音乐教育在不同人群中有着不同的体现。如果将人分为幼儿阶段、少年阶段、大学阶段、成人阶段,那么音乐对生活各个阶段的影响是不同的。幼儿阶段是音乐启蒙教育阶段。儿童早期阶段是儿童对周围美好事物的认知阶段、事物感知阶段。到了青少年时期,他们对真、善、美具有意识形态的立场,他们的个性逐渐浮出水面,高中生逐渐学会以审美态度对待音乐作品,发展出对风格和表现力等审美特征的个人敏感性,并学会表达他们对歌曲和音乐的看法。在大学阶段,从认知角度看,大学生思想的独立性和创造性得到了明显增强,已迈入成年人行列的他们,在心理和生理上趋于成熟,他们具有更强的思考能力,更坚定的意志,更深厚的情感,他们对音乐作品的理解也越来越成熟。音乐的教育功能一般是通过乐曲所表现的情感和情绪感染听者而实现的,如果思想道德教育没有情感做基础,那就只能成为空洞的说教。当音乐实现思想教育的作用时,它不需要依赖强制性的方法,音乐以独特的节奏,优美的旋律,丰富、和谐而优美的音色来表达内涵。音乐作品可以打动人们的内心,丰富不同人群的情感世界,并能更全面地提高人的综合素质。

2. 社会音乐教育

社会音乐教育一般受众是普通大众,优美的音乐可以促进人们身心的健康发展,也可以协助治疗疾病。研究指出,音乐刺激可以改善大脑皮层的功能,音乐也可以直接作用于人脑的情感中心,从而调节人的情感。很多国家都通过乐团,以自己特有的方式进行着大众普及,使音乐更加深入人心。例如,欧美的古典音乐观众数量不断减少,平均年龄过高,而年轻音乐家又缺乏上台表演的机会。为此慕尼黑爱乐乐团找到了推广教育的音乐途径,他们十分重视艺术教育,并且为此专门成立了一个旨在推广古典音乐的部门,宗旨是让所有人都能接触到古典音乐。他们还把古典音乐的元素融入所有的活动中,包括音乐会、巡演、录音、数字材料等。他们邀请了德国很多著名作家参与研讨,并邀请一些音乐爱好者参与艺术教育的实践,他们的音乐节成了推广古典音乐的重要途径。音乐节的演出都是免门票的,从上午开始一直到晚上结束,所有人都可以去观看。他们希望通过这种方式,让每一个慕尼黑人至少都看过一场古典音乐会,并在原有的基础上扩大剧场的规模,给音乐家更大的平台,也借此吸引更多未来的观众。在委内瑞拉,国家青少年管弦乐团教育体系是一个奇迹,自创立以来已经造福了100多万名青少年,他们希望到2025年实现让200万学生参与其中的目标。他们的训练方法是让孩子们参与音乐的集体实践,在管弦乐和合唱中与他人社交、协作。每周都要参与课堂排练,还有研讨会和集体工坊,与弹奏同样乐器的同伴进行切磋交流,互相激励,提升演奏技术。在这之后参与大排练,与管弦乐团或合唱团协作,呈现一场完整的音乐会。这些训练在三个领域对孩子们产生影响:社会圈、家庭圈、社区圈。在个人社交方面,音乐可以丰富孩子们的精神世界,展露他们的个性,增强学术和情感上的获得感,让他们拥有领导力、感化力,勇于承担责任,慷慨给予他人,获得集体荣誉感,还能培养很好的责任感、准时性、纪律性,这在他们今后的人生发展中具有很大的影响力。在家庭领域,家长无条件支持孩子,孩子也渴望成为父母的骄傲,这会促进亲子情感关系的提升。在社区领域,乐团是创意文化的空间,是一种具有新意义的交换空间,人们不再把音乐看作一种奢侈品,而是每个人都可以享受到的。很多人认为音乐只适合鉴赏家和知识分子参与,而他们在努力告诉大家,音乐是大多数人可以享受或参与其中的。他们在音乐教育中将创新和培养新观众结合在一起,在不断更新体系的同时保持高品质,使音乐得到更好的普及。

3. 音乐教育功能的其他表现

音乐的教育功能还体现在德育等诸多方面。比如,在爱国主义教育方面,以我国国歌《义勇军进行曲》为例,中华人民共和国国歌《义勇军进行曲》诞生于抗击日本帝国主义侵略的战争年代,当时中国人民饱受屈辱,正处于生死存亡的关头。这首歌的出现就好比战斗的号角,鼓舞着中华儿女向着胜利奋勇前进,歌曲充满了激情且富于感召力,点燃了中华民族不屈不挠的战斗精神,激发人民群众的抗日斗志、唤起民族觉醒、鼓舞人民英勇抗战。不仅是我国,世界上许多国家的国歌都发挥着很强的教育功能。例如法国的国歌《马赛曲》,在法国大革命期间发挥了鼓舞斗志、激励人民的重要作用,是最受群众喜爱、流行最广的自由赞歌。

第二节
儿童音乐教育的体系、意义与特征

一、影响力最强的世界三大儿童音乐教育体系

音乐教育对人们的素质培养有着深远的影响。在培养人的问题上,音乐既是手段,也是目的。音乐的教育功能在人们生产生活、学习等各个方面发挥着至关重要的作用。我们要寻找更加便捷可行的方法,使音乐的教育功能得到更广泛的应用,充分发挥音乐教育功能的积极作用,依照儿童的天性,对儿童实施音乐教育。不能单纯地关注教育结果,而要更加注重培养孩子的过程。所以,在对孩子实施音乐教育的过程中,音乐教育的方法很重要。

实施音乐教育过程中,很多问题会困扰我们,如社会文化环境、家庭因素对音乐能力的训练会产生怎样的影响,这些因素又是如何对儿童音乐能力发展产生影响的,音乐训练对儿童音乐能力的发展会产生多大作用,如何把握儿童音乐教育的原则和方法,等等。面对这些问题,我们应该了解世界上已经发展成熟的儿童音乐教育体系,汲取其中可借鉴的元素,将其他国家先进的儿童音乐教育方法与自己的音乐教学法融合,以下介绍三种具有世界影响力的音乐教育方法供大家了解。

(一)达尔克劳兹音乐教学法

1. 人物简介及方法的形成

艾米尔·贾奎斯(Emile Jacquees Dalcroze,1865—1950),瑞士人,著名音乐教育家,曾在日内瓦音乐学院任作曲、视唱练耳教授。1902年开始,达尔克劳兹编创"律动体操"(又称为"韵律体操"或"律动舞蹈体操"),并将之作为音乐能力训练及音乐审美教育的方法。达尔克劳兹音乐教学法的目的是使学生的音乐感觉、听觉、音乐情感以及律动的本能得以充分调动。在音乐

教育的实践中,他强调体态律动的作用,并进一步明确:方法只是实现目标的一种手段,儿童先前的经验促进了他们成人后的发展,学校教育渗透给学生的美学观点将在他们未来的行动中实现迁移。依此可见,达尔克劳兹音乐教学法的最终目的是培养儿童感受美、表达美的能力和审美情感,即儿童审美心理的培养。

2. 教育思想及方法要点

达尔克劳兹在起初的音乐教育实践中,常为如何有效训练节奏感较差的学生而感到苦恼,后来他观察发现,孩子们在日常生活中走路带有节奏性,有的儿童还习惯性、有节奏性地晃动身体,或用手、脚或者头自然地"打拍子",还能自然地随着音乐变化做出肢体动作。因此,他总结出:人的节奏本能是先天性的,但是需要对之加以培养、开发,进而提升乐感。音乐的节奏可以唤醒儿童的节奏本能,培养儿童的节奏感,使其健康活泼、身心和谐、富于想象,并使感情更加敏感细腻。他还认为,对儿童进行节奏训练,必须首先引导儿童进入乐曲的情绪氛围中,其次再训练听觉和肢体动作,然后将音乐的感情渗入具体的节奏、动作、声音中,即在音乐、身体、听觉、情感和大脑之间寻找合适的点达到相互配合与协调。达尔克劳兹的音乐教育思想包含三个方面:①利用韵律体操使儿童的身体运动感觉(主要是音乐节奏感)与智力经验相结合;②通过视听练耳训练,使儿童的音乐听觉与音乐歌唱的发展相协调;③运用即兴创作方式让儿童的音乐创作与音乐学习相融合。达尔克劳兹认为这三个方面是具有互相依存关系的。因此,他主张音乐学习应使用综合式教学方法。比如他给4岁幼儿上韵律体操课,最开始的活动安排是让儿童跟随着钢琴伴奏,踮着脚在房间里走动,音乐一停,儿童动作也停。如此持续训练下去,随着儿童的进步,他们可以跟着音乐的节拍走路,而且儿童走路的步幅大小轻重可随音乐音量、节拍变化做调整。当音乐的节拍变化时,儿童适时地调整步伐的快慢。达尔克劳兹就是用这种游戏的形式来引导儿童完成教学任务的。他的儿童音乐教学有十个方面的要点训练:

(1)儿童身体和动作的基础训练。

(2)儿童身体各部分协调一致的训练。

(3)儿童大脑与身体之间配合的训练。

（4）儿童呼吸放松和纠正的训练。

（5）儿童熟悉乐谱的训练,通过很形象的队形变化教儿童认识音符。

（6）儿童节奏的训练。

（7）儿童对音乐乐谱小节及小节中重音的练习。

（8）儿童指挥和表达的训练,通过指挥教给儿童表达音乐感受和体验的方法。

（9）儿童音准的训练可通过动作来进行,可让儿童运用手臂向上或向下动作表示音乐进行的高低走向。

（10）对教师自身要求较高,要求教师要有一定水平的多声部合唱训练素养,以五声音阶为主,采用"首调唱名法"和"柯尔文手势法"进行乐谱教学,强调美好、轻柔、协调及富有音乐感的歌唱。

（二）柯达依音乐教育思想及教学方法

1. 柯达依音乐教育思想

柯达依的音乐教育思想可以归纳为以下几点：

（1）音乐是人人都需要的,所有的儿童都应该接受音乐教育,都应该有具备感受音乐美的能力。

（2）儿童接受音乐教育应该从儿童早期开始,幼儿和学前儿童是音乐训练的关键期。

（3）教师应擅长设计适合儿童特点的音乐教育方法。唱歌、欣赏音乐及跟随音乐做律动等训练项目要设计进儿童每天的课程与活动中。

（4）音乐教育要重视对促进儿童音乐创造性反应能力的发展。

（5）小学阶段儿童开始学习掌握1~2门乐器演奏技能,学习不宜太早,如学习弹奏钢琴等应推迟到儿童对音乐技能和理解能力发展到一定阶段的时候。

（6）教师的指导要适合全体儿童。

达尔克劳兹的儿童音乐教育从音乐的节奏感和身体的韵律动作着手进行,而柯达依的教学方法则有所不同。他是从教幼儿学唱民歌开始,如教3~4岁的幼儿学唱幼儿歌曲,和着歌曲踏步、拍手、玩简单的打击乐器;也会引导儿童感受高音与低音之间的不同,分辨相似的旋律,向他们介绍音的高低概念、节奏快慢的概念。儿童到4岁时,经过训练的儿童会知晓

20 首左右的歌曲,并能通过节拍韵律分辨已知的歌曲。柯达依安排的音乐课程,从非常简单的到较复杂的民间歌曲和概念,螺旋上升。随着儿童的成长和进步,再逐渐向他们介绍拍手和手势,以及有节奏地读数字、读歌词等。

2. 柯达依的音乐教学方法的要点

(1) 严格选择教材

柯达依的教学方式主要是采用多声部的合唱训练方式。他大量地选用了以民族民间歌曲及儿歌作为主要内容的歌唱教材。幼儿教材以短歌、演唱游戏、童谣和儿童歌曲开始,随着儿童年龄增长,学习的进步,逐渐加进更纯正的民间音乐,然后选用知名的艺术家创作的艺术歌曲。

(2) 以"首调唱名法"和五声音阶为切入点

"首调唱名法"的调性感很强,能直接确定旋律的调性概念,所以很适合唱朴素短小的儿歌和民间歌曲。"首调唱名法"容易掌握,如 sol-mi 是小三度音程,音高距离不变。因此在任意一个调上演唱都能感到自如。"五声音阶里不包括半音,匈牙利的民间音调都是以五声音阶为基本音阶,因此也对柯达依教材的实施创造了必要的条件。"[1]

(3) 节奏谱及节奏读法

柯达依教学方式使用的节奏谱,就是除二分音符和全音符以外,省略符头,用符干和符尾来记谱,用"Z"来表示休止一拍。就是用某个象声词给节奏配上音响,在去掉音高关系时,便于读出节奏中的每个音的时值,如四分音符用 ta,八分音符用 ti。

(4) 节奏训练与旋律相结合

在柯达依教学中,节奏训练经常不是孤立的,它往往与旋律结合在一起进行。例如,边拍手边打出固定的节奏来给自己伴奏,或者一部分儿童唱歌,其余的小伙伴们伴奏。

(5) 利用音乐"手势语"

英国人柯尔文创造了"音乐手势语",因此,也称"柯尔文手势语"。运用手势语的目的是帮助学生建立调式音阶中音程的空间感。音阶中 7 个音的

---

[1]谢丽娟,谷晓红,高创平:《幼儿音乐教育》,科学普及出版社,1994,第 119-129 页。

唱名用七种不同的手势表示,柯达依喜欢运用这种手势语,帮助儿童在识谱方面形成认知,此法也的确对提高儿童看谱视唱的能力帮助很大。

3.柯达依音乐教学法的教学效果及意义

柯达依教学体系的教学实践证明:"柯达依音乐教学体系的实施使匈牙利的音乐教育水平和人民的音乐素质得到迅速提高,尤其在培养儿童的音乐智力和审美观点方面取得了迅速而良好的效果。柯达依教学体系被匈牙利政府规定为普遍使用的教学方法和指定教材。这种方法在匈牙利学校使用40年后,今天绝大多数30岁以上的匈牙利人可以像使用自己的语言一样,轻松地看懂或创作音乐。那些受过柯达依音乐教育的儿童在其他学业领域也取得了很大的成就,特别是在阅读和算术方面。"[1]柯达依的教学方法在西方许多国家都备受推崇,成为世界上较先进的音乐教学体系之一。

(三)奥尔夫音乐教学法

1.人物简介及方法的理论基础

卡尔·奥尔夫(Carl Orff,1895—1982)是德国19世纪末20世纪初的音乐教育家、作曲家,他于1914年毕业于慕尼黑音乐学院,曾担任慕尼黑高等音乐学院作曲系教授和主任。1961年被聘为萨尔茨堡莫扎特学院的奥尔夫研究所主任,1963年成立奥尔夫音乐学院,为世界各国培训了许多奥尔夫教学法的教师。奥尔夫编著了学校音乐教材,将书起名为《为孩子的音乐》,共5卷本,后来被译成20多种文字。世界各国广为流传奥尔夫音乐教学法的理论基础是:"原始的音乐是接近土壤的、自然的、机体的,能为每个人学会和体验的,适合于儿童的。"[2]他的教育目标是:"我想到的不是有特殊才能的儿童的教学,而是更广泛基础上的教学,哪怕是中等的和才能较差的儿童也能参加。我的经验告诉我:完全没有音乐感的儿童是罕见的,几乎每一个儿童从某一点上都是可以打动的,可以去促进的。"[3]奥尔夫的这种音乐教育思想表达了他的平等教育观念,也强调了音乐对人类生活的美好贡献,同时反映出人类对音乐的本能需求。

---

①K.斯费尔特,N.鲍伯:《现代美国幼儿教育学》,姚伟等编译,北方出版社,2003,第86页。

②③谢丽娟,谷晓红,高创平:《幼儿音乐教育》,科学普及出版社,1994,第138、140页。

2. 奥尔夫教学内容要点

奥尔夫认为儿童是人一生中最重要的时期,因此他深切关注儿童音乐教育。他提出儿童时期是艺术审美价值观形成的关键时期,艺术教育要尽早地从儿童开始进行。如果在早期能够发展儿童对艺术的鉴别力,以后他们就会对坏的事物有抵御能力。正因如此,他很强调要培养他们的审美趣味与艺术鉴赏能力。他指出,音乐是人类情感宣泄的手段及渠道,尤其对儿童来讲,他们对音乐的反应具有本能性。可以说,音乐就是儿童的生活,音乐教育最重要的作用是唤醒、引发儿童原本具有的潜能,这不是教出来的。奥尔夫的音乐教学思想同柯达依的有很多相似之处。他的教学内容大致有以下四个要点。

第一,奥尔夫音乐教学体系倡导综合性教育,其核心的思想是原本性。奥尔夫指出:"对于处在个体发展原始阶段的儿童来说,获得全面完整的综合性审美体验是十分重要的。从艺术的本原来看,音乐、舞蹈、语言本来就是人类原始艺术活动的一种再现,儿童音乐教学活动不能只局限于音乐范围内。"[1]在这种艺术思想的指导下,奥尔夫不仅教儿童歌唱与识谱,还教儿童演奏乐器。在教儿童演唱、演奏的同时,还将诵读、即兴律动、歌唱和奏乐等元素融合进来,进行艺术综合实践活动。他认为这种欣赏、创作、表演三位一体的综合教学实践训练能够给儿童提供全面、丰富的审美体验。

第二,奥尔夫儿童音乐教育体系另一大特色是即兴性。奥尔夫提出,即兴性是最自然、最古老的音乐表现形式,也是情感抒发的最直接形式。通过调动儿童参与的积极性和唱奏实践,奥尔夫音乐教学活动以即兴活动的形式组织儿童参与音乐体验,并尝试创造音乐的能力。即兴活动重视儿童在"参与"的过程中对学习主动性、想象力和创造力的调动。因此,问题的关键是参与,做得效果如何是其次。他明确指出,过程重于结果。原本性的音乐可以使儿童很早就开始以即兴活动的形式,对节奏、旋律、音响等音乐基本素材进行创造性地探索,并对之进行各种变化与组合。这些教学手段的运用,使儿童具备基本音乐素养与技能,以及掌握先文学性的语言形式。奥尔夫的这一观点表明,即兴原则的精髓在于不仅仅把即兴演奏作为一种教学

---

①修海林,尹爱青,李妲娜:《奥尔夫音乐教育思想与实践》,上海世纪出版集团教育出版社,2011,第109页。

形式,而且将之作为整个音乐教育的起点与基础。通过即兴活动培养儿童的听力、节奏感、对于音乐形式与结构的感知及对音乐形象、表现的理解,同时可以训练儿童集中注意力的能力、合作习惯等。即兴训练是对儿童音乐能力的全面发展,更重要的是在奥尔夫音乐实践活动中可以唤醒想象力。没有想象力,就不会有即兴演奏。

第三,奥尔夫儿童音乐教育体系强调以儿童为本。奥尔夫音乐活动以儿童需要为中心,选择最符合儿童天性的童谣、民歌、谚语等作为课程内容,将其融入儿童的音乐教学中。其音乐课程体系的内容主要围绕嗓音造型、动作造型、声音造型三个部分展开。其中嗓音造型包含歌唱活动、诵奏活动;动作造型包含律动、戏剧表演、舞蹈、声势活动和指挥;声音造型一般包含乐器演奏活动,其活动内容是为德国儿童熟悉并喜爱的民歌、童谣、谚语等儿童游戏进行多种打击乐伴奏。

第四,在音乐教育方法上,奥尔夫鼓励儿童主动学习音乐,并注重培养儿童的灵动性及创造性。例如,在引导儿童进行音乐欣赏创造性参与活动时,他会设计一些辅助性的符号,随着音乐活动的进行,孩子们分声部演奏乐器,而不是让孩子单纯被动地听。奥尔夫认为,运用这种教学方法,儿童不仅能够体验到音乐的美妙,而且通过参与创造音乐,对乐曲的节奏、结构和风格也能够加深了解。

奥尔夫倡导的原始性音乐教育的基本点也是鼓励创造。在活动准备期,教师只需向儿童提供一些原始性材料及基本活动内容,如一些打击乐器、简单的音调及节奏,儿童则通过教师的启发、引导及示范进行音乐学习活动。奥尔夫认为每个民族、地区、国家的教师都可以开发出有个性、有创意的音乐教育活动,这样会培养出有创意、有个性的儿童。

奥尔夫还注重合奏、合唱在儿童集体活动中的教育价值。他认为,在合奏与合唱活动中,音乐要和谐统一,需要队员的密切配合,有助于队员间形成具有高度纪律性和艺术性的审美习惯,同时体会到音乐进行时的整体结构的严密性和整体表现的综合性。不仅如此,音乐内在的节奏和节拍、合奏或合唱中各个声部的安排、集体协作中目标一致感等,使儿童在愉快的艺术活动形式中养成规则意识,培养了自我激励及自律习惯,学会了理解、接纳、欣赏合作伙伴,促进了儿童良好的社会品格的发展。

从奥尔夫的儿童音乐教育体系中,我们不难看出,艺术教育重视的是儿童主动参与的创造过程以及审美经验带给儿童的体验及感受,而不是一味追求活动的物质结果。在艺术的创造活动中,没有对与错的标准,不会造成儿童的心理压力与负担,而且整个艺术创造过程能够使儿童感受到探索、发现的乐趣及成功的喜悦,彰显了儿童的个体独创个性,丰富了儿童的审美创美经验。

在我国的幼儿、学前儿童和小学音乐教学实践中,音乐教师自觉或不自觉地采用了上述方法体系中的一些具体实践做法,并在一些具体的音乐知识教学和儿童音乐技能训练方面,创造性地采用了有效的教学形式和方法,为发展形成我国的儿童音乐教育思想和体系铺设了基石。我们应该本着"洋为中用、中西结合"的思想原则,汲取西方先进音乐教育思想和方法,结合我国民族音乐的特点,发展我国的儿童音乐教育思想和方法体系。

二、儿童音乐教育的意义

(一)音乐对于儿童的意义

每个儿童心中都有一颗音乐的种子,音乐和游戏一样,对儿童充满着诱惑力,成为儿童生活中不可缺少的组成部分。对于儿童的生活与成长而言,音乐是他们感受幸福的精神力量,是他们表达思想、交流情感与友好交往的工具,是浇灌他们生命与智慧活力的甘泉。因此,音乐对儿童的情感、认知以及个性、社会性等全面成长都有着极其重要的意义。

首先,音乐能促进儿童认知能力的发展,激发儿童的智慧活力,促进感知能力、注意力与记忆力、想象能力、思维与创造能力的发展。

其次,音乐能促进儿童的大脑发育,开发大脑潜能,研究表明,早期良好的音乐活动可以同时促进儿童大脑左、右半球机能的发展,进而优化大脑整体工作的能力,另外,丰富且全面的早期音乐实践能促使儿童大脑各中枢经常处于积极活跃的状态,从而促进儿童大脑潜能的全面开发。

再次,音乐能丰富儿童的心灵,促进情感与人格的健康成长;不仅限于以上几点,音乐还能有效促进儿童学习习惯、个性与社会性的健康发展。

最后,音乐活动对于儿童的身体发育、动作发展也有着积极的促进作用。音乐活动为儿童提供了大量身心锻炼的机会,能有效地促进儿童的身体及大脑发育,滋润心灵,有效地推动儿童身心的健康成长。[①]

(二)儿童音乐教育的意义

音乐是人类社会生活的重要组成部分,音乐更是儿童生活、学习和成长中不可缺少的领域。音乐教育不仅能培养和提高儿童的音乐能力,增强儿童对音乐美的敏感性,而且是儿童得以全面发展、健康成长的一种重要手段。儿童只有了解音乐,才能驾驭音乐,才会寻找音乐的美,才能走入音乐的天地,并借助音乐获得更美好的人生体验。因此,儿童音乐教育的基本原则是在以审美为核心的基础上,促进儿童的全面发展。"审美"在此是指音乐活动过程中具备的特定精神状态,这种状态是一种情感高度投入的积极状态,一种自我陶醉的状态,一种个体的身与心,个体与音乐、个体与他人、个体与环境之间的整体和谐状态,这也是一种舒适而愉快的状态。"美"泛指各种能够被儿童所理解、接受并喜爱的外在形式,形象及内在情感与思想,这些都有助于儿童身心健康成长。这与传统机械教育、枯燥式说教、灌输式教学以及一切类似的易于造成不和谐发展的教育行为形成对比,使儿童能够在音乐教育活动中,以轻松的状态感受美、体验美,逐步获得身心全面发展的和谐美。

(三)传统音乐文化融入儿童音乐教育的意义

儿童民族音乐教育是我国儿童音乐教育的重要组成部分,这部分教学的目的是对于儿童的民族民间音乐欣赏能力、理解能力、想象能力的提升及民族器乐演奏技能的培养。近现代以来,由于历史与社会原因,我国的音乐教育一直研习国外的音乐教育体制与课程建构模式,尤其在儿童音乐教育方面,缺失本土音乐文化知识技能的融入。因此,随着近年来中国社会经济的增长,国家对中华民族民间音乐文化的传承与发展日渐重视,在儿童音乐教育中加入民族民间音乐内容尤为重要且恰逢其时。在儿童音乐欣赏与演奏技能学习中,适当地加入我国传统音乐元素,让孩子们在提升音乐素养的同时,感受我国传统文化的魅力,不仅仅能开阔儿童的音乐视野,更能使儿童通过对传统音乐的欣赏与近距离接触,加深儿童对于传统音乐的喜爱,培养孩子们的爱国情感。

---

①楼必生,屠美如:《学前儿童艺术综合教育研究》,北京师范大学出版社,1997,第178页。

三、儿童音乐教育的特点

（一）儿童音乐教育是审美情感教育

每个儿童心中都有一些诸如感激、同情、关爱、友谊、亲情、爱恋等情感，这些情感与生俱来并以潜藏的方式封存心底。这些人性中闪着光芒的品质需要爱与教育将其激发，音乐本身是充满情感的艺术，因此音乐教育具备这种将之唤醒与开发的能力。

儿童音乐教育的过程首先是审美的过程，在教育过程中挖掘音乐中的审美元素，使儿童感受美的力量，引导儿童进行音乐审美式的体验、探究、创造，并在审美基础上，提升儿童对音乐的审美认知，将对儿童音乐审美情感与能力的培养作为音乐教育的核心。

喜爱音乐是儿童的天性，多样而丰富的音乐活动对儿童有着天然的吸引力，是儿童自由地表达情感、满足情感的最直接方式。因此，儿童音乐教育要用美好的音乐去感染儿童，使儿童善于体会人类蕴含于音乐中丰富多彩的情感。同时，儿童音乐教育要运用多种音乐形式感染与激发儿童的情感，满足儿童情感沟通、交流的需要，陶冶、丰富儿童的情感世界，满足儿童审美的情感需求，帮助儿童建立追求高级审美趣味与快乐的志趣。

教师在把握音乐教育这一特点时，尤为关键的是要"正确处理音乐教育中审美能力的培养与知识技能教育之间的关系。教师既要在音乐教育中克服那种过分强调技能技巧和标准化要求的偏向、摒弃单一的灌输式的教学方式，同时也不要片面排斥音乐知识技能的学习。教师应善于激发儿童感受美、表现美的情趣，丰富他们的审美经验，使他们体验自由的、创造的快乐，在儿童大胆表现的过程中，逐步增强他们音乐活动的能力。在此基础上，根据儿童的发展状况和需要，教师再对其音乐表现方式和技能技巧给予适时、适当的指导"①。

---

①程英：《学前儿童艺术教育与活动指导（第二版）》，华东师范大学出版社，2022，第45页。

（二）儿童音乐教育是以提升审美品位为主的快乐教育

心理学研究表明，人有一种先天性的行为：趋避倾向，即本性喜欢趋向欢快的情绪体验而回避悲伤的情绪体验。儿童尤其如此，对于那些能带给他们快乐并使之获得成功体验的活动，儿童总是念念不忘并乐此不疲，在积极参与的状态中发挥出超越平常的创造性。因此，音乐活动应尽量让儿童处于轻松、快乐的情绪状态中。基调欢快的音乐活动是培养儿童音乐兴趣的基础，是音乐的审美功能以及认知、教育功能发挥作用的前提。

对于儿童尤其是早期儿童来说，游戏是重要的生活方式，是他们认知世界的基本手段。苏霍姆林斯基说过："孩子只有生活在游戏、童话、音乐、幻想、创作世界中时，他的精神生活才有充分价值。没有了这些，他就是一朵枯萎的花朵。"[1]游戏既是儿童音乐教育的重要内容，也是开展音乐教育的重要形式与手段。儿童音乐教育应将游戏渗入教学活动中，使音乐教育成为令人愉快的教育，主要从两个维度实施：一是将儿童音乐教学活动与游戏的方式紧密相连，让儿童在有教师组织的教学游戏中愉快进行；二是在儿童音乐教育活动中渗透自由、愉悦、非功利、无负担的游戏精神，使儿童在进行音乐艺术活动时，精神状态是无拘无束、自主自在的，是愉悦并且充满审美的想象与创造的，这种本真的状态其实就是游戏精神的彰显。

因此，对于儿童来说，音乐教学活动是轻松愉快的，是欣然参与的。儿童在快乐的游戏与轻松愉快的活动中不知不觉地感受了音乐的美，享受大胆参与和自由表现的乐趣，并且学到一些简单的音乐知识和技能技巧。正如日本著名音乐教育家铃木先生在《爱的才能启发》一书中说的："儿童的音乐教育应该从游戏般的快乐心情开始，再以游戏般的快乐心情引导到正确的方向。"[2]的确，儿童尤其是学前儿童，受年龄所限，他们还不能把音乐活动看作一种有目的、有意识的审美创造活动，他们往往只是为了满足活动需要或者因为自己想参与才去进行音乐活动。游戏是儿童一种特殊形式的审美活动，他们会沉浸于追求游戏过程中的快乐，音乐的渗透是被动的熏染与接受。所以，只有将游戏作为手段，这种音乐教育才可以真正满足他们的心灵需要。

---

①B. A. 苏霍姆林斯基：《给教师的建议》，周蕖，王义高，等译，长江文艺出版社，2014，第218页。

②铃木镇一：《爱的才能启发》，邵义强，译，文化教育出版社，1990，第54页。

（三）儿童音乐教育是以儿童为主体的创造教育

儿童的天性应在主动与自由中获得充分舒展，儿童音乐教育强调儿童在音乐活动中的能动性，反对那种偏重音乐知识技能学习与训练的"功利性"教育，要求在教育过程中充分尊重主体个性、发扬与完善儿童的主体品格、提升儿童在音乐活动过程中的创造性。音乐家舒曼曾将音乐称为"一种最崇高的心灵语言"，儿童音乐教育应该努力营造一个发展儿童"心灵语言"的音乐情境，这种情境使儿童有表演的欲望，有参与的冲动。儿童在音乐活动中做到自由表现、相互交流，懂得用音乐表达自己，用音乐互相交流与沟通。在这一过程中，教师成为儿童音乐活动的引导者、支持者与合作者，尊重儿童的主观经验与音乐偏好，尊重儿童对音乐的独特理解，鼓励儿童创造性表现，努力创设各种条件引导儿童自主探索，学习用自己喜爱的方式表达情感和理解，肯定和接纳儿童个性化的审美感受及表现方式，分享儿童创造的快乐。

（四）儿童音乐教育是丰富儿童生活的生活化教育

音乐起源于生活，生活是音乐的源泉。儿童音乐艺术源于儿童生活，它所表现的是儿童日常的生活，所要表达的是儿童生活中真实的思想与情感，而并不是单纯的机械化的技能技巧训练。让音乐成为儿童的一种生活方式，是儿童音乐教育者应努力实现的理想与目标。因此，教师在选择音乐教育内容时，应尽量与儿童的生活密切相连，并将音乐渗透到儿童的生活，如此，既可以使儿童毫不费力地理解音乐，又可以使音乐丰富儿童的生活、滋养儿童的心灵。

第三节
在艺术通感视域下实施儿童音乐教育

一、艺术通感视域下的音乐审美

有专家认为,艺术形象的魅力在很大程度上取决于通感的魅力。艺术通感作为一种感觉能力,具有综合性质,它能够把五官感觉及更多感官相互沟通起来,进行感觉再生创作,由一生多,从而获得一种综合性多维审美体验。

几乎任何艺术欣赏都脱离不开听觉与视觉的直接参与,在各类艺术的审美过程中,最常产生通感的感官便是听、视。音乐与美术就是以听觉、视觉感官为基本感官完成的听赏性艺术,其中音乐在艺术通感的研究中占重要地位。

由于艺术本身并不是对现实的简单复写,它属于独特的审美创造,艺术通感的审美效应主要是在欣赏中借助媒介的感知方式间接体现出来的。同样,音乐艺术作品的欣赏留有广阔的想象空间,期待人们使之充实、丰富、发展。如果我们的欣赏只是单纯停留在音乐的直接感觉阶段,其结果是浅尝辄止,不得其味。就如明代袁宗道在《白苏斋类集·刻文章辨体序》中所言:"抱形似而失真境,泥皮相而遗神情。"因此,"人们在充分发挥与艺术作品相应感觉的主导作用时,还要连接、沟通其他感觉能力,在适应中求超越,在限制中求自由,对作品形成一种整体的把握,以进一步领会其审美意味"[1]。在音乐欣赏中,听觉很容易唤起视觉及其他感官的感受。

音乐艺术,既不能像绘画那样再现客观事物的具体形象,像建筑、雕塑那样创造三维空间,又不能像诗歌那样用语言阐述明确的观点与意义。如海涅所说:"语言结束的地方,便是音乐的开始。"音乐并非用直观的造型与

---

[1]王丽:《艺术通感与儿童艺术教育研究》,南京师范大学博士论文,2007,第35页。

明确的语义诠释艺术性,这种特质造成了音乐艺术的表达局限,但也成为其优势。音乐通过音响的交织、音高的高低变幻、音量的大小不同、节奏的多样组合,不受空间造型或语言概念的局限。音乐利用其音响直接作用于人的心灵世界,展现出巨大的表现力、概括力、渗透力与亲和力,而且能够同几乎其他所有艺术建立起亲密的关系,并与之相互沟通、渗透与融合。在很多人心目中,音乐处于艺术王国的中心地位,居于左右的其他艺术无不从中汲取养分,与音乐艺术形成互通互惠的关系。正如英国十九世纪艺术理论家佩特所说:"所有艺术通常渴望达于音乐的状态。"①在艺术通感形成的过程中,围绕音乐而得的通感最易形成。

《礼记·乐记》中有文:"故歌者,上如抗,下如坠,止如槁木,倨中矩,句中钩,累累乎端如贯珠。"东汉郑玄曾经这样注释此句:"言歌声之著,动人心之审,如有此事。"唐代孔颖达《礼记正义》对这节文章的主要内容所作的疏解更为详细:"'上如抗'者中言歌声上响,感动人意,使之如似抗举也。'下如坠'者,言声音下响,感动人意,如似坠落之意也。'曲如折'者,言音声回曲,感动人心,如似方折也。'止如槁木'者,言声音止静,感动人心,如似枯槁之木止而不动也。'倨中矩'者,言其声音雅曲,感动人心,如中当于矩也。'勾中钩'者,谓大屈也,言声音屈曲,感动人心,如中当于钩也。'累累乎端如贯珠'者,言声之状累累乎感动人心,端正其状,如贯于珠,言声音感动于人,令人心想其形状如此。"②上述注疏让我们对《礼记·乐记》中这段话中的音乐通感描述有了透彻的了解:当人心随感动之后,人体的其他各种感觉就会彼此召唤,相互作用。逐渐拔高的歌声,会使人产生往上托举物体的感觉,歌声猝然下降,又使人产生坠入悬崖的感觉,此时的听觉、视觉、运动觉同时被调动且融为一体。之后,作者还用"方折""槁木""矩""钩"等有形之物来描绘音乐,使人们对歌声的流转、休止、回旋等有了更为具体而形象的感受。最后一句"累累乎端如贯珠"展示的是歌词的悦耳清秀,宛如一颗颗连缀的珠子,晶莹而清脆。短短几句将听觉与视觉极其和谐地交融在一起,使人在听觉中,同时产生了如在眼前的视觉画面感受,展示了音乐通感具有的巨大魅力与能量。

---

①佩特:《文艺复兴:艺术与诗的特性》,广西师范大学出版社,2002,第24页。
②《十三经注疏·礼记正义》,中华书局,1980,第37页。

高山流水的故事是大家所熟知的。《吕氏春秋·本味》记载:"伯牙鼓琴,而志在太山。钟子期曰:'善哉乎鼓琴,巍巍乎若太山'。少选之间,而志在流水。钟子期又曰:'善哉乎鼓琴,汤汤乎若流水'。"①伯牙擅长鼓琴,钟子期擅长听琴,他们对音乐的感受,已达到"听声类形,状似流水,又像飞鸿"②的境界,这是进入了思维与情感的相融状态。

音乐的产生发乎于人心,音乐通感的产生是心的主宰和贯通。"诗言其志也,歌咏其声也,舞动其容也。三者皆本于心。作为诗、乐、舞三位一体的乐是'本于心'的。"③所以,对于人类的艺术活动而言,"心官"成为不能缺少的重要根基。汤显祖说:"心灵则能飞动,能飞动则下上天地,来去古今,……是故善画者观猛士舞剑,善书者观担夫争道,善琴者听淋雨崩山。"④

现实生活是一切艺术产生之本源。音乐无论怎样空灵抽象、无形抽象,也不会如有人所言,属于无内容、纯形式的艺术,音乐是以声音的形式对现实生活做出的审美反映。分析艺术通感的外显特征之前,我们先剖析其内在的发生。在音乐的通感现象里,"色听"现象是普遍的,也就是说听觉可以直接引起视觉形象并使之有鲜明的色彩感。有学者研究后提出,一切通感都与声音有关,也就是说,声音形象可以引起一切感官产生通感。声音之所以让我们产生"尖锐""亮""甜""嫩"等感觉,是我们在无意中实现了它与视觉、味觉、触觉的贯通。与视觉艺术的欣赏需要"审美的眼光"相似,听觉艺术通感的获得一样需要"音乐的耳朵"。这里提到的"眼光"和"耳朵",也是在说这背后的感知枢纽是心灵担当的,心在统辖五官在内的其他感官。当音乐响起,最先感受到的是我们的听觉,但听觉本身没有欣赏能力,无论是演奏者还是欣赏者,他的听觉都只是接受器官,不具备鉴别能力,音乐是被更高级的、内在的"心官"所领悟,是心灵赋予了音乐的内涵与意义。所以说听觉引发视觉、味觉等感官的通感反应,终究还是在心灵深处汇总融通的结果。

---

① 陈奇猷:《吕氏春秋校释》,学林出版社,1984,第740页。
② 陈望道:《陈望道文集》(第1卷),上海教育出版社,1980,第9页。
③ 陈育德:《灵心妙语——艺术通感论》,安徽教育出版社,2005,第52页。
④ 汤显祖:《序丘毛伯稿》(《汤显祖集》),上海人民出版社,1973,第1080页。

二、儿童音乐教育引发艺术通感

(一)音乐感受力:艺术通感产生的根源

"艺术通感不是简单的、孤立存在的心理现象,而是与想象联想、情感体验、认识理解联系在一起的。它可以突破单一感觉经验的局限,整合、协调各种感觉能力,丰富和深化人们的审美体验,或明或暗、或隐或显地展现出自己的光彩、活力。"[1]人类的认识活动都是从感觉开始,感觉系统在接收到外界刺激后,将信息传递到大脑,大脑神经分析器对不同信息做出不同反应,产生视觉、听觉、味觉等感受。感觉虽然是人对客观事物个别属性的直接反应,是初步的、感性的认识,却为高级的认识和复杂的心理活动提供了基础。人类的任何一种感觉器官在受到外界刺激后,除了立即产生系统的直接反应以外,还经常会引起其他感觉系统的"共振",并随之做出反应。前者是直接的、原发的感觉,后者则是间接的、继发的感觉,二者相辅相成,虚实结合,通感由此生发。如果没有主导感觉的根基作用,就不可能衍生出其他感觉来。没有衍生感觉的补充,主导感觉就可能停留于事物的局部和表面,难以整体地、深入地感受客体对象,使主体产生丰富多彩的审美感受。

人体感受器官都以各自的渠道接收信息,并要遵循本门艺术的规律,凭借自己特殊的艺术敏感性,使直接的感觉信息在头脑中形成接受处理中心,并与其他感觉信息联系、协调,从中探寻、提炼共通的审美要素,再经过复杂、微妙的心理转化,运用合适的物质媒介和手段,理解赏析或者创造出具有特定的形象形式和感觉方式的艺术作品来。"音乐便是以声音作用人们的听觉,是原初的、主导的感觉,在结合对生活的认知、理解后,产生联想与想象,引发嗅觉、视觉等其他感觉的发生,派生出创造性的其他艺术感受。"[2]

音乐艺术创造者或者音乐审美主体不论对于音乐审美创造还是音乐赏析,对音乐感受是产生通感的重要前提。但音乐艺术却不能像其他艺术形式那样,可以以具体形象的方式表达出来,而是要以音乐符号抽象的创造、

---

①陈育德:《灵心妙语——艺术通感论》,安徽教育出版社,2005,第56页。
②陈育德:《灵心妙语——艺术通感论》,安徽教育出版社,2005,第83页。

审美形式表达出来。贝多芬在谈到自己音乐感受与音乐创作的关系时说："各种声音它浮现，它成长；从每个角度我都能看到我面前的形象。它仿佛是铁铸成的(像雕刻一样)。……它们是不请自来，或是自动地或是不自动地。是我在寂静的夜晚或清新的早晨在森林中散步时，用手在空中捕捉来的。诗人受到这种情绪的启发，就把它变成文字，而我则把乐思变成音，它们发出回响，它们轰鸣、咆哮，直到它们以音符的形式站在我面前为止。"①

贝多芬热爱并熟悉乡村生活，对田园风光的审美角度独特、情感真挚，并怀着这份真情创作了被认为是最富于描绘性的、著名的《田园交响曲》。这个交响曲的每一章都有描写性的标题，如第一章为"下乡时快乐的印象"，第二章为"溪畔小景"，第三章为"乡人快乐的宴会"，第四章为"牧歌——雷雨之后的快慰与感激"等。可是，他在乐曲中对田园风光、农民生活的情景并不能够直接以音响的形式全部描绘出来，而是将属于视觉、嗅觉、触觉的感性材料，按照音乐艺术的特殊规律，通通转化为由声调、节奏、旋律构成的听觉形式，表现出自己对清新、闲适的田园生活的情感体验。它是对情感波动的记录和表现，而不是对客观事物的具体描绘。所以，他说："田园交响乐，不是绘画，而是表达乡间的乐趣在人心里引起的感受，因而是描写农村生活的一些感受。……它是感受多于音画。"②

由此可见，音乐家在认识和反映现实生活的创作过程中，如果没有原初的、丰富的感觉材料，就不可能产生音乐创作灵感，进行构思，进而形成主题，当然也不会引发多种感觉的相互迁移、贯通。

如果说，在音乐创作中，多种感觉经验相互沟通、联接，最终要以一定的媒介、手段物化成一种形象形式，那么在音乐欣赏中，则是从一种声音感知方式中，引发出多种感觉经验，并产生声音形象来。人们欣赏音乐，首先听到的是声音，但获得的感受并不仅限于听觉感受；欣赏绘画，首先看到的是色彩、形状，但也并不仅限于视觉感受。这种单一主体导向感受还可以唤醒与贯通其他感受，引发主体的想象与联想，除了视觉与听觉互通之外，还能将视觉、听觉同味觉、嗅觉、触觉沟通起来，以丰富、发展和深化自己的审美体验。如罗曼·罗兰在他的长篇名著《约翰·克利斯朵夫》中，是这样描写主人公听贝多芬交响曲的心理感受的："这些音乐有时像一个红炉，烈焰飞

①②罗曼·罗兰:《名人传》，傅雷，译，译林出版社，2018，第117、118页。

腾,浓烟缭绕;有时像一个着火的森林,罩着浓厚的乌云,四面八方射出惊心动魄的霹雳;有时满天闪着毫光,在九天的凉夜亮起一颗明星,缓缓地隐灭了,令人看着心中颤动。"①幼年的克利斯朵夫听到的是乐曲的音响,却有听觉感受贯通到视觉感受,从声音里"看"到了"烈焰飞腾的红炉""乌云笼罩的森林""凉夜空中明灭的星光"。

在音乐教育中,教育实施者应将艺术通感产生的心理机制与艺术通感特点熟知并合理运用,在教育教学中善于提升儿童的音乐感知能力,训练由听觉引发其他艺术通感的能力,培养出儿童拥有"善于倾听的耳朵"。不要将听觉仅仅作为孤立的音乐审美,而是将其视为通感审美的初始起点,无论在音乐赏析还是音乐创造中,发挥出艺术通感在音乐审美创造与赏析活动中的功能,为儿童获得更全面的审美体验打好根基。

(二)想象力:艺术通感的双翼

心理学中,想象的概念是指人脑对已储存的表象进行加工、改造形成新形象的心理过程。欲了解想象,需从表象入手。苏珊·朗格说:"思想家席勒首先看到,为什么想象之于艺术是举足轻重的。这是因为它从所有使用目的中释放出了感知(并由此释放出了概念的力量),而且它让思考萦绕于事物的纯外观之上。艺术想象的作用并不是'弄假成真',一如许多哲学家和心理学家所设想的那样,适得其反,它是信以为真的解脱,一种关于感觉性质的超然思考。"②认知的过程是从感觉到知觉,再到表象,是过程的升华。知觉到表象的过程就是知觉离开感官后,感知形象继续留存在记忆中,似乎是可以再现的。正是借助于表象的这种信息传递和转移的能力,艺术通感产生了。表象具有的记忆与储存功能为通感的链接创造了基础。我们在认知过程中,记忆表象是大脑机能的自发反应,是大脑皮层形成的暂时性神经联系,它在一定条件下可以进行转移、巩固,通感就是大脑皮层的神经联系作用后产生的变化。表象中涵盖人类的情感和理解,具有一定的主观性、概括性,这在审美表象中得到充分体现,也是审美通感产生的基本条件。

---

①罗曼·罗兰:《约翰·克利斯朵夫》,傅雷,译,中国青年出版社,2017,第85页。
②苏珊·朗格:《情感与形式》,刘大基,等译,中国社会科学出版社,1986,第59页。

　　想象是在表象的基础上进行的大脑活动,是大脑对感知从表象到想象的处理过程。想象可以帮助人类实现超前认识,并对人类的认识具有补充作用,它可以满足人类对未来提前预知的需要。想象在人类活动,尤其是在人类艺术活动中的作用是举足轻重的。在西方,康德和黑格尔的美学体系中,想象具有极高的地位。康德将想象力描述为在"在直观中再现一个本身并未出场的事物的能力"①,他认为,在人类的艺术创造活动中,想象发挥着重要的功能。人类可以借由想象向往一些超越于经验界限之上的东西。

　　康德说:"想象力是一个创造性的认识功能;它有本领,能从真正的自然界所呈供的素材里创造出另一个相像的自然界。……诗人又超越经验的限制,运用想象力使它们具有圆满完善的、自然界里无可比拟的形象。"②艺术"真正的创造就是艺术想象活动"③。在艺术创作与欣赏中,人们之所以能够突破个别感官的限制,沟通各种感觉并将他们联结起来,形成多维度、丰满、立体的通感意象,想象的积极参与发挥着非常重要的作用。可以说,没有想象,通感就无从产生,想象是艺术通感的中介和桥梁,艺术通感是想象的一种特殊的表现形式。

　　艺术形象具有了超越概念表达的丰富内容。黑格尔也说:"艺术作品的源泉是想象的自由活动,而想象就在随意创造形象时也比自然较自由。艺术不仅可以利用自然界丰富多彩的形形色色,而且还可以用创造的想象自己去另外创造无穷无尽的形象。"④音乐艺术作为抽象的听觉艺术类型,想象力的活动在整个审美赏析与审美创造中非常活跃。在艺术通感生成的过程中,音乐想象的作用同样显著。在音乐教育活动中,想象可以使人打破个别感官的感知限制,把各种感觉的信息沟通起来,相互之间产生转借、挪移等,以形成丰富的通感意象。可以说,音乐想象是实现艺术通感的桥梁,为艺术通感的产生插上了飞翔的翅膀。

　　在儿童音乐活动的很多案例中,我们都可以看到想象在通感生成中的

---

①转引自滕守尧:《审美心理描述》,四川人民出版社,1997,第144页。原文见《李斯特论柏辽兹与舒曼》,人民音乐出版社,1979,第76-86页。

②中国社会科学院外国文学研究所,外国文学研究资料丛刊编辑委员会:《外国理论家、作家论形象思维》,钱钟书,译,中国社会科学出版社,1979,第33页。

③黑格尔:《美学　第1卷》,商务印书馆,1958,第47页。

④苏珊·朗格:《情感与形式》,刘大基,等译,中国社会科学出版社,1986,第59页。

桥梁作用。如艺术歌曲《乘着歌声的翅膀》原为德国诗人海涅所作的一首诗,因门德尔松为其谱了曲而成为经典艺术歌曲广为流传。下面,我们欣赏一下这首歌曲的歌词:

> 乘着这歌声的翅膀
>
> 亲爱的随我前往
>
> 去到那恒河的岸旁
>
> 最美丽的地方
>
> 那花园里开满了红花
>
> 月亮在放射光辉
>
> 玉莲花在那儿等待
>
> 等她的小妹妹
>
> 玉莲花在那儿等待
>
> 等她的小妹妹
>
> 紫罗兰微笑的耳语
>
> 仰望着明亮星星
>
> 玫瑰花悄悄地讲着
>
> 她芬芳的心情
>
> 那温柔而可爱的羚羊
>
> 跳过来细心倾听
>
> 远处那圣河的波涛
>
> 发出了喧啸声
>
> 远处那圣河的波涛
>
> 发出了喧啸声
>
> 让我们在棕树底下
>
> 静静地休息
>
> 沐浴着友爱与恬静
>
> 憧憬着幸福的梦
>
> 憧憬着幸福的梦

这首艺术歌曲创作于1836年。当时门德尔松在杜塞尔多夫担任指挥,完成了他作品第34号的六首歌曲,其中第二首《乘着歌声的翅膀》是他独唱歌曲中流传最广的一首。这首歌的歌词原是一首抒情诗,这首抒情诗充分发挥了诗人的想象力与艺术创造力,优美而舒缓,刻画了静谧的画面,温暖而舒适,恬静亦和谐,歌词的每一句都是一幅幽静完美的画面;在音乐本体的创作方面,全曲以清畅的旋律和由分解和弦构成的柔美伴奏,描绘了一幅温馨而富有浪漫主义色彩的图景,曲中不时出现的下行大跳音程,生动地渲染了这美丽动人的情景。歌词与音乐的完美结合,令听赏者很自然产生听视通感,在这个审美过程中,音乐的想象力发挥重大作用,曲名为《乘着歌声的翅膀》,其实是想象为翼,带我们来到了恒河岸旁,纵览美景。

对于优秀的艺术品而言,它的成功之处不是在多大程度上让人的感官相互沟通,而是在于它在多大程度上与人的心灵贯通。优秀的艺术品一定是出自纯净而深邃的心灵,是真诚之作和忘我之作。这样的艺术品在儿童近于"无我"的心灵中最能得到透视,这样的作品贯注了一个人的生活和生命,也一定能够贯通欣赏者的心灵,尤其是儿童的心灵。在音乐教育中,应把握好想象力对通感产生的重要作用,使其最大限度发挥功效,使儿童在音乐审美与音乐创造中任由想象驰骋感官领域,打通感官各窍,最终直接到达心灵。接受音乐这一奇妙事物的启迪与陶冶,凭借想象的翅膀,在审美中体会到诸种感官自然而然的联接和贯通,在与心灵的和谐共感中进一步感悟到生存的美好。

(三)情感:艺术通感生成的动力

西方文化有艺术"主情说",提及此,必须说到美国当代美学家苏珊·朗格。她在《艺术问题》与《情感与形式》两部著作中对艺术与情感的关系问题进行了系统的探讨。在论述艺术在人类文化中的重要地位时,揭示艺术与情感的关系,她说:"(1)艺术可以使情感明朗化和对象化,从而使人们得以关照和理解它。(2)对艺术的认识和熟悉又会反过来为实际情感提供形式,正如语言反过来为感性经验和实际观察提供表达形式一样。(3)艺术可以训练人的感官,使它惯于通过表现性的形式去观察自然。"①按照朗格的观点,艺术知觉产生于情感,表现于情感,培养创造于情感。朗格说:"艺术品

---

①苏珊·朗格:《情感与形式》,刘大基,傅志强,周发祥,译,中国社会科学出版社,1986,第88-90页。

是将情感呈现出来供人欣赏的,是由情感转化成的可见的或可听的形式,它是运用符号的方式把情感转变成诉诸人的知觉的东西,而不是一种征兆性的东西或是一种描述人的知觉的东西。"①因此,朗格甚至为艺术下了定义:艺术即人类情感的符号。

人的情感是人对现实的一种反映,我们对事物的看法在很大程度上受之左右,甚至还对我们的人生观、世界观、价值观造成影响。人的"情动于中而形于外",自己的情感色彩会对外界事物的色彩很大程度上造成投射。《文心雕龙·神思篇》中说"神用象通,情变所孕",《修甜鉴衡序》说"事适则行,情感则通",都说明了情感对我们的心灵产生的巨大作用。在艺术活动中,情感的作用表现得更为明显。

没有情感,人的灵魂世界就会是苍白而沉寂的。艺术活动中如果缺少了情感,就难以产生感觉、表象、想象,通感也无从生起。我们之所以将情感视为音乐活动中艺术通感生成的动力,是因为情感在很大程度上决定了通感的深度、广度、方向等。当音乐响起的时候,被我们的听觉捕捉到,但我们的听觉没有欣赏能力,欣赏音乐的是听觉背后的主人——心灵,是它赋予了音乐以"音乐"的内涵。如果没有心灵这个内在感受者提供认知经验和审美判断的话,无论多么强烈的外在"声音",它都不是"音乐",它们只是自然界的声音。当我们的心灵中缺失"情感关注"的时候,或者当我们处在情感空白中的时候,这些声音可能连"声音"也算不上,只是宇宙脉息自在流动的尘埃,与音乐与审美均无关联。人的内在情感与客观的外界事物原本是相互作用的关系,没有情感的灵魂是空洞的灵魂,在这样的心灵中是无法形成真正的表象的,那么想象也就缺乏形成的基础与动力,通感就无法产生。艺术家在心情激荡中思绪飞扬,可以产生丰富的表象世界。在心物契合、情景交融中很容易产生想象和通感。朱光潜先生在《诗论》中说:"就一方面说,心情随风景千变万化,睹鱼跃鸢飞而欣然自得,闻胡笳暮角则黯然伤神。就另一方面说,风景也随心情而变化生长。"②

所有艺术作品都有其表达情感的独特之处,这是因为每种艺术形式都

①苏珊·朗格:《情感与形式》,刘大基、傅志强、周发祥,译,中国社会科学出版社,1986,第88-90页。

②朱光潜:《朱光潜全集》(第1卷),安徽教育出版社,1987,第235页。

有属于自己表达的符号和技巧,而音乐艺术与其他艺术相比较,更擅长情感表现。黑格尔认为,音乐无论在内容上、感性材料上还是表现方式上,都和造型艺术相对立,紧紧地把握着内心生活的形象性。"人类的每种情感,如欢乐、喜悦、诙谐、焦虑、烦恼、忧伤、悲哀、痛苦、抗争以及崇高、雄壮、热情、爱恋等,都属于音乐表现的特有领域,有着广阔的活动空间。音乐家的情感活动自始至终都伴随着特定的形象,形象性是音乐家情感活动的主要特点,而情感表达又是音乐本身最强有力的功能。声音是音乐的感生材料,但是并不是任何自然的声音都可以成为表现音乐的手段。比起其他艺术来,音乐必须对它的感性材料进行更高度的艺术调配,才能符合艺术情感的方式,把精神内容表现出来。因为情感本身就有一种内容,而单纯的声音却情因境生,境因情起,情景交融中,主体的创造力得到丰富,情思益浓,催发了想象和联想,艺术通感就发生了。"①在情景交融、物我共感中,实现了意象的互通,把自然人化、生活化,不仅人的感官实现了沟通,人与无生命的事物之间也产生了基于情感的沟通。"因情成蕴,因情而通,这是艺术通感的基本规律。情感是不同感官间相互联系的纽带,是表象兴起的动力源泉,是通感意象之所以让人感动的情感基础。"②

另外,除了作为艺术通感生成的动力之外,情感还可以直接成为不同感官相互联通的纽带。"人们在观照审美对象的时候,不同的感受对象作为不同的刺激物作用于欣赏者,可能给欣赏者留下相同或相似的情感体验,这种相同或相似的情感体验把这些不同感觉领域中的审美对象联系起来,建立起稳固的暂时神经联系,有了这种联系,人们就能由一种表象联想到另一种表象,由一种感觉联想到另一种感觉,这就是以相同或相似情绪感受为中介的艺术通感。"③

应该注意的是,我们这里所说的引起审美主体相同或相似情感体验的不同事物是属于不同感觉领域的。各种艺术所用的材料不同,表现方法不一样,功能各有长短。音乐是时间的艺术,也是听觉艺术、声音艺术,它的表达方式使用的是声音,不可能像造型艺术那样塑造和描绘出形态逼真的物象与人像,不能像语言艺术那样表达明确的思想、述说具体的情节,音乐是

①陈育德:《灵心妙语——艺术通感论》,安徽教育出版社,2005,第51页。
②③王丽:《艺术通感与儿童艺术教育研究》,南京师范大学博士论文,2007,第38页。

通过旋律的起伏、节奏的张弛、和声的织体和音色、音调的变化等,在音乐进行中表现情感的变化和发展,所以说音乐运动直接表达了创作者对现实对象的情感态度,通过这一表达描写了引起这种情感反应的现实对象,这就是通过情感创作的原则,也是音乐反映现实情感的主要方式。表现情感时的运动形式为增强与减弱、流动与休止、冲突与和解以及加速和减缓、抑制和兴奋、平缓和激发等。音乐是听觉的艺术,也是流动的艺术,恰恰符合了情感流动、变化的特点,情感通过音乐的流动得以表现出来。有节奏的声音和情感之间存在着一种共同的运动神经结构,有节奏的声音唤起相应的情感,成为声音的内容。音乐的旋律与人类情感运动的内在一致性,使之能传达出丰富的情感内容。把音乐称为"心情的艺术"的黑格尔指出,音乐能把情感纳入一定的声音关系中,使内容也成为有节律感的艺术形式,这在于运动变化着的声音与人类内在生命的律动和动荡变化的情感是一致的。正是音乐的这种特殊属性使得音乐成为人类情感传递与表达的最合适的艺术形式,这在纯音乐与有歌词的音乐中均有体现,下面以一首我国作曲家王备、陈涛所作的儿童歌曲《天之大》为例:

天之大

演唱:周安信　词:陈涛　曲:王备

妈妈,月光之下,静静地,我想你了

静静淌在血里的牵挂,妈妈,你的怀抱

我一生爱的襁褓,有你晒过的衣服味道

妈妈,月亮之下,有了你,我才有家

离别虽半步尽是天涯,思念何必泪眼

爱长长,长过天边,幸福生于会痛的心田

天之大,唯有你的爱是完美无瑕

天之涯,记得你用心传话

天之大,唯有你的爱我交给了他

让他的笑像极了妈妈

天之大,唯有你的爱是完美无瑕

天之涯,记得你用心传话

天之大,唯有你的爱我交给了他

让他的笑像极了妈妈

这是一首怀念母亲、歌颂母爱的歌曲,曲风温婉细腻、流畅大气、情感饱满,歌词优美含蓄、真挚感人。很多儿童在学唱这首歌曲时都情不自禁流下眼泪,有的小朋友听完这首歌就变得非常安静,会说:"想妈妈了",有的小朋友说:"想回家抱抱妈妈"。这就是音乐作为情感表达媒介所表现出的魅力,音乐怎么有这么大的能量?这首音乐让儿童感到歌曲中蕴涵着某种关心和爱的情意,这是心灵潜藏的关怀。儿童敏锐地感受到了这种关怀,引起了爱与关怀的情感体验,生成了相关的联通感受:妈妈温暖的怀抱,浓浓的爱意使他们感到舒适与眷恋,或者说他们在日常生活中时刻都在向往着爱……孩子们沉浸在音乐所创设的母爱氛围中,一边用心灵感受着,身体一边随着音乐的节奏晃动着,他们的身体动作是轻柔的,神情是安详而满足的。音乐有让人瞬间宣泄情感的魔力,音乐可以直接与心灵对话。这一切都是音乐带来的,借由情感的动力,靠通感来完成,靠心灵接纳。一首乐曲不仅有沟通心灵的能力,还有沟通世界的能力,而人在这种丰富的情感体验中让自己回归,让精神获得成长,内在逐渐丰盈而充实。

从上面的儿童艺术活动案例中可以看出,在儿童的欣赏活动中,情感的动力作用极其明显。加登纳认为:"只要他的情感生活变化了,那么他便以欣赏者的身份参与到艺术过程中去了。"[1]也就是说,主体通过情感的变化,获得了参与到艺术活动之中的内在规定性。"情感的运动变化是艺术活动之所以成为艺术活动的重要标志,也是艺术活动的内在动力。对于儿童艺术通感的生成过程而言,情感自然也是重要的推动力。"[2]

音乐引发的艺术通感的生成是自然而然的现象,是人类对世间物象接触后产生的正常心理反应,音乐及其通感承载着生活、复写着生活、再生着生活,它实际上是对人生的书写。音乐引发艺术通感往往需要主体的音乐审美感知力、想象力、情感推动、创造力的参与。反之,音乐通感也促进了儿童审美感知力、想象力、创造力等素质的形成,教育工作者应充分利用音乐教育对艺术通感形成的推动性特点,在通感视域下完成音乐教育,为实现儿童全面发展发挥出最大功效。

---

①加登纳:《艺术与人的发展》,兰金仁,译,光明日报出版社,1988,第421页。

②孔起英:《儿童审美心理研究——学前儿童对视觉艺术文本的解读》,南京师范大学博士论文,2001,第11页。

三、艺术通感视域下的儿童音乐教育

作为艺术花园中的一朵奇葩，音乐以声音作为物质材料，在时间中组织、展现，是用以表达人们思想感情、反映社会现实生活的一门艺术。人类是为了自身的生活与发展，不断创造、发展音乐的；个体也是为了能更健康、幸福地生活、学习，创造与享用音乐。无论社会如何发展，音乐始终是人类幸福生活的精神家园，是人们表达感情与交流思想的重要工具。对于儿童而言，音乐是激发他们生命与智慧活力的甘泉，是他们全面健康与和谐发展不可或缺的精神食粮。音乐作为艺术通感领域中可以引起诸多通感的首要引发者，在儿童艺术教育中发挥的作用也非比寻常。审美教学与创造教学属于儿童音乐教学活动中的核心条件与要素，也是当前一项新的教学研究课题。下面我们主要以案例分析的方式，对通感视域下儿童对音乐的欣赏和儿童对音乐的审美创造加以研究。

（一）通感视域下的儿童音乐欣赏教育

1. 表象联想的激发是儿童音乐审美中通感产生的基础

由于艺术作品受到与媒介相应的感知方式的限制，因此艺术通感的审美效应主要是在欣赏中间接体现出来的。具体而言，在儿童音乐教育过程中，通感在艺术欣赏中的作用首先表现在欣赏音乐的儿童通过感觉的转移和表象联想，既适应而又突破了音乐作品的物质媒介、感受方式的局限，拓展和扩大了音乐感受的范围和内容，又丰富和深化了儿童对音乐美的体验，最终获得了一种完整的审美效果。

【案例】 歌曲《小白船》欣赏片段

儿童一：我觉得这首歌很美。

儿童二：我眼前看到了一艘小小的、白色的船在蓝天上飘啊飘……

儿童三：我想跟着音乐慢慢旋转，感觉自己在空中飘舞。

老师：这首歌是一首在我国流传已久的朝鲜童谣。歌词描述了孩子们对神秘宇宙的想象和探求的愿望，反映了孩子们对美好世界的追求。这首歌曲调优美，节奏宽广舒展，三拍子韵律鲜明，描绘了月亮在夜空中荡漾的生动形象和美好的神奇意境。歌曲旋律平稳、宁静，歌曲结尾部分把旋律推向高潮,随后又渐渐回到宁静安谧的气氛。

儿童一:音乐可以把我们的想法带到遥远的宇宙。

儿童二:音乐让我们看到美丽的太空。

儿童三:这首歌让我想到了棉花糖,软软的、甜甜的……

这首儿童歌曲是四三拍子,配以起伏轻缓的旋律进行,使欣赏者产生旋转、飘忽的感受,平稳优美的旋律让心灵宁静,欣赏完这首古老的童谣,让孩子们随音乐舞蹈、跟唱,孩子们完全可以踩着节拍,舒展手臂,有的孩子闭着双眼,独自沉醉在幻想中,然后,老师要求孩子们将脑海中的画面用油画棒画出来,有的孩子画了白色的船在平静的海面上航行,有的孩子画了湛蓝的夜空挂着金盘样的月亮,有的孩子画了蓝天白云间一艘小白船在穿行。这些都是靠通感完成的,在通感背景下,引导儿童完成对一首儿童歌曲的欣赏与学唱,儿童通过感觉的转移和表象联想,听到了,看到了,读到了,嗅到了……他们拓展和扩大了音乐感受的范围与内容,获得了心灵的多重审美体验。

2. 象征性是通感视域下儿童音乐欣赏的重要审美特征

音乐声音的象征性主要取决于声音的特有属性,如力度、音色、音高等,音乐具有模拟的能力。用音响可以表现各种鸟鸣声、泉水叮咚声、疾驰飞过的马蹄声,听者可以通过这种模拟性音响在脑中构成较为清晰的鸣禽、山泉、奔马的形象。象征的手法化为带感情色彩的音调,能唤起听众的联想和想象。如小提琴协奏曲《梁山伯与祝英台》"楼台会"一段,以小提琴独奏象征女性祝英台,以大提琴象征男性梁山伯,同时二者相和的提琴音乐也象征人物丰富的情感。下面我们以音乐课本中《电闪雷鸣波尔卡》作为案例,分析一下音乐赏析过程中,象征性在音乐通感产生中所起的作用。

【案例】 交响乐《电闪雷鸣波尔卡》欣赏片段

(1)以播放视频《波尔卡》导入,调动学生的视觉、听觉,激发学生对波尔卡的了解热情,为引出今天的新课做准备。

老师:小约翰·施特劳斯(1825—1899)是浪漫主义时期奥地利著名的作曲家、指挥家、小提琴家,有"圆舞曲之王"的美誉。他出生于一个音乐世家,自幼酷爱音乐,6岁时创作了第一首圆舞曲,后又学习小提琴和作曲,1844年组建了自己的管弦乐队,1863年开始担任皇室宫廷音乐舞会指挥,历时长达 7 年,在此期间他创作了形式多样的舞曲和进行曲。1871 年起从事轻歌剧的创作,他把维也纳的圆舞曲推向了整个世界。他的音乐曲调新颖、节奏活泼、配器华丽、风格雅致,将抒发感情和标题形象紧密地结合在一起。他的代表作品有《蓝色多瑙河》《维也纳森林的故事》《艺术家的生活》《拨弦波尔卡》《电闪雷鸣波尔卡》《闲聊波尔卡》等,在他创作的 120 余首趣意盎然的波尔卡舞曲中,《电闪雷鸣波尔卡》是一首深受世人喜爱、堪称雅俗共赏的经典之作,下面我们带着问题进行全曲欣赏。这首交响乐曲使用了什么乐器?表现了什么画面?乐曲用什么结构表现了暴风雨到来的整个过程?

(2)讲解何谓波尔卡,使学生对波尔卡音乐及舞蹈有初步印象。波尔卡是产生于 19 世纪波希米亚,后来在整个欧洲特别流行的一种舞蹈。通常为二拍子。

师生共同打出波尔卡的典型节奏。

(3)进入新课学习(总—分—总形式,欣赏全曲)聆听全曲,"画"音乐图谱。分辨节拍及音乐结构。

聆听全曲,"画"音乐图谱。聆听乐曲片段 A 段,让学生说出音乐片段所表示的是图谱中哪一部分?

引导学生说出:引子+A 段+B 段+A 段(再现)+尾声。

(4)用音乐图谱形式直观展示出《电闪雷鸣波尔卡》的曲式结构,帮助学生分析曲式结构。

(5)分段欣赏

聆听 A(a)主题。选择有打击乐器(高音木琴、大镲、三角铁、大鼓)进行听赏,初步认识几种简单常见的西洋打击乐器。

再次听 A(a)主题。感受力度变化,从而说出渐强表达方式及其在乐曲中描绘出雷声越来越近的作用。

(6)拍手创编,使孩子们体会乐曲在力度上的变化。

听 A(b)主题。

(7)比较与上一主题在速度上发生了什么变化?从而感受乐曲所描绘的场景。A 段音乐听赏结束,让学生在图表中指出,A 段由哪几部分构成。并完善曲式结构图。引子+ A 段+B 段+A 段(再现)+尾声。

(8)引导学生以多种形式参与音乐,感受音乐。作曲家选择了合适的乐器、乐曲的速度以及力度上的变化,带给我们不一样的听觉体验,这就是美妙的经典音乐,它虽然没有确切的歌词,却能带给你无限的想象。

老师:《电闪雷鸣波尔卡》这首管弦乐曲以丰富的舞台演出效果和生动的形象成为脍炙人口的佳作。波尔卡舞曲起源于19世纪波希米亚(今捷克斯洛伐克西部)地区并迅速风靡欧洲,速度较快,二四拍子,波尔卡舞曲一般比较短小,在很多作品中都加入了模拟的声音,如雷鸣、打铁、号角声等。波尔卡舞曲首次运用在歌剧和交响音乐的创作中是由"捷克音乐之父"斯美塔那在其名作《被出卖的新嫁娘》中完成的。

《电闪雷鸣波尔卡》的结构采用了复三部曲式,分为 A—B—A1 三个部分。音乐一开始,就在一拍子的波尔卡节奏的不断反复中融入了生动逼真的造型性音响,采用定音鼓的震音奏法和钹的别具一格的音色特点,生动描绘了这样的一幅情景:闪电在天际迅速划过,传来了震耳欲聋的雷鸣;欢快的人们伴着雷电、伴着暴雨,纵情欢歌、舞蹈;弦乐的怒吼和定音鼓的阵阵轰鸣交织在一起,犹如狂风的呼啸,增添了生机盎然的情趣,场面热闹非凡。在接下来的音乐节奏中,作曲家始终用音乐的强弱快慢、乐曲的变换使用,塑造了暴风的到来及远去的场面,利用乐器的不同特点,分别象征风、雷声、闪电……在演奏中交相辉映,轮番上场,让我们通过听觉感受唤醒了视觉及触觉感受,即用音量、音色的强烈对比,打通其他感官,造成艺术通感,使大家感受到了触觉柔弱与坚硬,视觉的明亮与暗淡,使心灵受到了的多重感受的冲击,完成了对这首乐曲的全方位审美体验。

3. 听觉、视觉的直接感受是艺术欣赏中通感产生的必要条件

音乐响起,不期然进入我们的耳朵,但在分析艺术通感的外显特征的基础上,我们将开始探讨其内在发生。如在音乐的通感现象里,"色听"现象是极其普遍的,也就是说,听觉有鲜明的色彩感,听觉能直接引起视觉形象。有研究认为,一切通感都与声音有关,也可以说,声音形象可以引起一切感官产生通感。声音之所以"尖锐",声音之所以"亮""甜""嫩"等,是我们在无意中把它与视觉、味觉、触觉沟通了。

【案例】 二胡曲《二泉映月》欣赏

我们在观察儿童听完这首著名的民乐曲目后的表现时发现,孩子们是很安静的。

儿童一:好像很哀伤,我感到有一条小狗生病了。

儿童二：我好像看到有个老人，他的腰都直不起来，走路的力气都没有了。

儿童三：我听到有人在哭，肩膀在抽动。

孩子们用简单的语言描述了自己在听完音乐后脑子里的画面，听觉与视觉形成了自然的通感，让他们把脑子里的画面画出来，孩子们分别画出了变化幅度很小的曲线，表示哀伤的情绪，使用的颜色也都是灰、黑等暗色，表示情绪的低落，说明在音乐审美体验中，视听通感是最自然且本能形成的。

4. 儿童音乐欣赏过程中，通感的产生离不开主体的生活经历与对世界的感受

感官互用仅仅是艺术通感的显著特征，要更加深入、全面地理解艺术通感，还需要进一步做心灵解析。当我们播放音乐的时候，孩子们会情不自禁地随着音乐晃动身体，在一定程度上表现出自我丧失和自我回归的精神状态。问他们听到音乐时会有什么感觉时，他们会说"我好像听到……""我好像看到……""我感到……"等类似的回答。听觉活动本身维持的时间是短暂的，但其唤醒的多种感官形象却能较长时间地停留，而对生活意义净化的感受却更长时间留在记忆里，对日常生活产生了直接或间接的影响。当儿童欣赏一幅画的时候，画中的形象和色彩对孩子来说都是活的，抽象的形也会以某种具象的事物重新转生，并且自己就在这些事物中，和它们一起活动。这些活动还影响着现实的生活，优秀的艺术作品优化儿童的生活。通过以上我们对于表象的分析，我们认为，艺术通感的显示和表象密切相关。当我们的某一种感官接受外界的信息时，实际上引起了表象，潜在地发生了表象的转移和联接，欲理解这一点，我们可以一起来看下面的案例。

【案例】　教师组织幼儿用绘画的方式来表现小提琴中发出的"又安静、又美好"的音乐

听完小提琴演奏的曲目后，孩子们发表感悟如下。

儿童一：小提琴里飘出许多彩色的冰糖葫芦。

儿童二：小提琴里飘出许多黄色的线条和红色的树叶。

儿童三：小提琴里飘出许多五线谱和音符。

儿童四：小提琴里一节一节彩色的火车车厢，连成柔和回环的曲线轨迹。

儿童五：小提琴里飞出许多美丽的、大大小小的花朵。

小提琴的声音形象在儿童的听觉世界里成了"冰糖葫芦"视觉的表象，

成了"黄色的线条和红色的树叶"的视觉表象,成了"一节一节彩色的火车车厢连成柔和回环的日线轨迹"的视觉表象,成了"美丽的大大小小的花朵"的视觉表象,等等。这些都是儿童生活世界里的事物,是现实的事物和想象加工共同完成的。

(二)通感视域下的儿童音乐审美创造教育

"审美创造是指在审美过程中,通过感官识别美,心灵感受美后主体进行美的传达与展现,从而实现美的创造"①。要利用艺术通感的作用,建立通感视域下的音乐教育理念,在教学中使儿童创造性地学习音乐知识,充分提升学生的音乐学科综合素养,使他们在音乐学习活动中提升自我的综合审美能力与创造能力。

1.通感视域下儿童歌唱的审美创造

儿童阶段是对其进行艺术教育的阶段,是语言、行为、思维、记忆形成的关键时期,而歌唱是人类最早的创造美的艺术形式之一,由于其中含有歌词即文学成分,因此对艺术通感的形成更具深刻意义。在案例中,我们可以发现儿童在歌唱状态下,往往最容易做到听觉、视觉、触觉、味觉、动觉等通感功能被多重感官同时打通。

【案例】 学唱并表演歌曲《虫儿飞》

教师分步骤(听赏、领唱乐谱、领诵歌词、歌唱表演)带领儿童学习歌曲。

儿童一:唱这首歌时感觉冷。

儿童二:是的,因为第一句就是"黑黑的天空低垂,地上的玫瑰枯萎,感觉又冷又黑暗"。

老师:我们用身体怎么表示"冷"和"黑暗"?

儿童三:(做双臂互抱动作)

到了乐曲高潮阶段,随着音乐旋律走高,老师要求孩子们打开喉咙、气息下沉。

儿童一:到了曲子的高潮吗? 我觉得有点激动,想飞起来。

儿童二:(做双臂展开的手势)

儿童三:(做两臂打开高飞的动作)

---

① 王丽:《艺术通感与儿童艺术教育研究》,南京师范大学博士论文,2007,第25-28页。

儿童在学唱表演这首曲目过程中,做到了听觉、视觉、触觉、动觉的通感互通,在歌唱表演中完成了艺术通感视域下的审美创造的完整过程。

2.通感视域下儿童身体律动的审美创造

儿童音乐律动是指儿童跟随音乐节奏、旋律的变化,通过点头、耸肩、扭腰、跺脚、拍手等肢体的活动变化体验与传递音乐所表现的情感。通过动觉的调动,使儿童身体感知能力、身体协调性以及身体与音乐的融合能力得以开发。

【案例】　交响童话《龟兔赛跑》

作者抓住了兔子和乌龟的各自特征,以单簧管灵活快速的演奏,夹杂琶音的跳跃旋律,刻画了兔子灵巧机敏的动作,以音色浑厚的大管及其节奏沉稳的旋律表现乌龟,显得十分形象、生动、贴切。音色使人产生联想,小号使人想到战斗的气氛和节日的盛典或进军凯旋,长号的声音使人联想起虔诚、严肃的感情,双簧管和大管的声音,使人想起牛羊成群的田园风光,音乐家常用不同属性的乐器描绘相关的景物。音乐是带有创造性的想象活动,受欣赏者主观条件的制约。通过想象和联想,欣赏者不仅在自己的头脑中再现原作的艺术形象,而且还会以自己特殊的生活体验和艺术感受去丰富和补充原作的艺术形象。儿童欣赏这首音乐作品,却不会有完全相同的感受,在引导儿童根据音乐刻画的动物形象做表演进行角色创造时,几乎每个孩子做了不同的律动,而这正是审美体验中的再创造性。

【案例】　欣赏管弦乐《动物狂欢节》中"狮子"所表现的音乐片段

首先出示《狮子》这一标题,当儿童一见"狮子"二字,脑海里立刻会出现在动物园里或电影、电视荧幕上见过的那种威武的神态。然后引导他们去听音乐中的节拍、节奏、乐器演奏的音区、音色,想象狮子在干什么?抓住"狂欢"这一词语想象狮子当时的动态和心情。这样,旋律一响,学生就仿佛看到狮子按着拍子跳起舞来了,吼叫声也被想象成是狮子唱歌的声音了。对大象的描写,大家都知道大象体形庞大,行动笨拙,作者正是抓住了这一特点,选用了音乐浑厚、发音低沉的低音提琴来演奏,使人联想和想象到那步履沉重的大象,迈着沉重的步伐艰难地踏着舞步的形象。

运动觉反映我们四肢的位置、运动以及肌肉收缩的程度;平衡觉反映头部的位置和身体平衡状态的感觉;机体觉反映机体内部状态和各种器官的状态。通过这两个案例，我们可以观察到儿童对音乐塑造的音乐形象会产生视觉、动觉的通感。儿童在欣赏音乐的过程中，听觉与儿童的内部感觉也是相通的，儿童由音乐引发了较多的身体动作，但从儿童的语言、外显行为、艺术作品中，研究者无法看出儿童由听觉引发的平衡觉、机体觉方面的艺术通感。因此，研究者主要对听觉通动觉进行描述及分析。研究者有必要先对这两种通感形式进行界定：听觉通视觉是指儿童由音乐联想到的视觉形象，包括具体形象、场景、情节等。听觉通动觉是指儿童由音乐引发的较明显的身体动作。在案例欣赏管弦乐《动物狂欢节》中"狮子"所表现的音乐片段里，音乐进行时，老师引导孩子把听到的音乐转换成肢体语言，将听觉传达给其他感官的感受形成的动物形象表现出来，可以对儿童由旋律引发的艺术通感中的听觉通视觉自由发挥，以身体律动形式完成对音乐的审美创造。

第四章
通感视域下的儿童美术教育

第一节
美术的起源、审美特征与审美价值

一、美术的起源与发展

关于美术的起源，一直存在众多说法。总结起来，大致有模仿说、劳动说、游戏说、巫术说、符号说、表现说、图腾说、潜意识说、宗教说、性本能说等。其中被广泛认可的主要是模仿说、劳动说、游戏说、巫术说这四种。

模仿说最早由古希腊的德谟克利特提出，这应该是关于美术起源说中产生最古老的一个了。在他的《著作残著》一书中，德谟克利特指出大多数的原始美术创作是由模仿开始的，是原始美术创作使用的基本方法。一些残留至今的原始社会的壁画可以使我们发现这些最早出现的美术创作来自人类对自然界的模仿。但是仔细思索一下，原始社会的自然环境是异常恶劣、残酷的，人们处于温饱难以为继的状况下，甚至生命会时时受到威胁，又怎么会产生模仿创造的冲动呢？这个说法似乎违背人性与实际状况。所以我们对模仿说是内心存疑的，它可能并不是美术真正的起源。

劳动说认为美术源自于劳动。劳动是猿进化为人的一个不可或缺的因素，诚然，劳动促使人类完成了由猿猴到人的转变，人类通过劳动，也使大脑完成了快速的发育与进化，最初的美术活动也产生于劳动的过程当中。我们也不难发现，原始社会的美术作品当中，绝大部分的创作素材都是与劳动有关联的，有些是模仿劳动对象的，也有一些则是描绘劳动场景的，在法国的拉斯科洞穴和西班牙的阿尔塔米拉洞穴中的现存壁画中，都是关于对人们狩猎的生动场景的大量描绘，其中画有人物、有野兽。

游戏说又被称作"席勒-斯宾塞理论"，因为最初由德国的美学家席勒提出这一理论，其后斯宾塞又做了进一步的完善而形成的。游戏说认为所有艺术活动均起源于人类的游戏，认为人类有了多余精力后，将多余精力用于艺术活动，也就是说艺术是人类发泄多余精力的产物。人类在解决基本温饱及生命安全问题后,开始追寻精神上的享受与充盈,于是便有了游戏,因为原始社会的条件恶劣,休闲活动极度匮乏,所以简单方便又低成本的涂涂抹抹就成了人们休闲娱乐的主要方式,把平时所见到的事物在墙上画出来,于是便有了美术,唱唱跳跳宣泄情绪,于是便有了歌舞。

巫术说是由英国的泰勒第一个提出来的。原始社会的早期人类惧怕自然界,因为惧怕,对自然界产生的力量充满膜拜与向往,人类的生存与繁盛几乎全部依赖于自然,而自然的各种灾害、变幻莫测对人类来说似乎更印证了神的存在,他们幻想与自然和神建立联系并得到庇佑,因此创造了巫术活动,利用巫术活动祈祷丰收、祈求狩猎成功,因此原始人将祭祀行为、人们的祈求的愿望刻画于洞穴的深处或者黑暗地带,这就是洞穴壁画的产生根源,他们将野兽画为受伤的野兽,表达了狩猎成功的祈愿,因为凭借原始人类的力量去杀死一头野兽是很困难的事情,因此将愿望画在了墙壁上,希望狩猎时可以借助神的力量获得成功。

关于美术的起源说众说纷纭,每一种说法都有一定的道理,但是也都有不能自圆其说之处,因此,我们更应该客观地将美术的起源看作是多种因素综合作用的结果,将之看作是一个逐渐发展的过程,一个复杂而又多元的过程。

美术艺术从起源到发展至今,已随人类文明史延续一万多年,下面我们将其分为西方美术与中华民族美术,对人类美术史的发展加以阐述。

(一)西方美术发展史

1. 萌芽阶段

在西方,人类最早的美术作品产生于旧石器时代晚期。在法国南部和西班牙北部地区的一些洞窟中,发现了杰出的原始绘画作品,其中最著名的是法国的拉斯科洞窟壁画和西班牙的阿尔塔米拉洞窟壁画。这些壁画中绘制的形象都是动物,以写实手法临摹而成,逼真生动。原始美术创作也有一些雕刻作品,至今为止,被发现的原始雕刻作品多数都是对小型动物的雕刻,也有少量人像雕刻作品,主要是女性的雕像,而且为裸体女性,这些雕像对女性的生理特点进行了夸张性创作,对女性的乳房、臀部、腹部、大腿等部位进行了突出表现,使我们感受到原始人类对于母性及生殖的崇拜,其中最著名的作品就是在维也纳附近的威伦道夫出土的女性雕像,它被称为"威伦道夫的维纳斯"。

2. 古代美术发展时期

西方文化称新石器末期至中世纪的阶段为古代,具体就是指公元前4000年以文字的出现为标志到公元476年以西罗马帝国灭亡为标志的这段时期。这段时期的美术史主要包括美索不达米亚、埃及、希腊和罗马的美术。美索不达米亚一般指幼发拉底河和底格里斯河之间的地区,我们称之为两河流域,主要艺术成果为雕塑的体现,如巴比伦王国的"汉谟拉比法典"浮雕,以写实的手法表现了古王国一些表现战争和狩猎的、令人感到紧张的场面,这些浮雕成功营造了激烈的动态氛围;享誉世界的古埃及庞大的金字塔建筑群,狮身人面像的雕刻按照律程式雕刻手法精制而成,展现了神秘威严的神态与造型;古希腊的建筑、雕刻和绘画作品在自由民主的思想根基上产生,因此带有与生俱来的民主与自由气息,在造型上极具美感,其中不少留存于世的雕刻形象兼具健美而优雅,如《掷铁饼者》《米洛斯的维纳斯》等,成为经典杰作;古罗马美术风格承袭了古希腊的传统,但罗马人的美术作品的特色更倾向于实用性。如科洛西姆竞技场规模巨大,古罗马建筑的代表之作万神庙,而曾被维苏威火山灰掩埋达1700多年的庞贝壁画,则为我们展示了古罗马美术创作的独特面貌。

3. 中世纪时期

以公元476年西罗马帝国崩溃作为标志,欧洲的中世纪时期开始,至15世纪的意大利文艺复兴发端结束,这段时期,西方进入了基督教时代。中世纪美术发展被基督教严重制约,因过分强调对精神世界的刻画而忽略对客观世界的写实描写。中世纪美术最突出的成就是建筑的高度发展。各种风格的教堂建筑展现了建筑的艺术美,如拜占庭教堂、罗马式教堂及哥特式教堂,将雕刻、壁画、镶嵌画与宗教建筑巧妙糅合,为世界建筑史留下了宝贵的艺术财富。

4. 文艺复兴时期

欧洲文艺复兴运动处于14—16世纪,其间,美术艺术创作又提倡遵循现实主义方法为创作原则,追溯古希腊、古罗马艺术精神,围绕体现人文主义思想进行艺术活动,这个时期创造了各类崭新的艺术作品,这些作品也是最符合真实的人性的。意大利的达·芬奇、米开朗琪罗和拉斐尔是文艺复兴时期美术艺术界的三位杰出代表人物。达·芬奇的杰作《最后的晚餐》《蒙娜丽莎》等皆为世界名画优品之首,其本人既是画家,又是科学家;米开朗琪罗则为世人留下了最能代表文艺复兴鼎盛期艺术水平的典范之作,他雕塑的人物形态伟岸健硕,气魄宏伟,他的作品除了雕像,还有绘画;拉斐尔善于塑造圣母形象,他创作的圣母形象端庄、秀美、典雅,寓崇高于平和,寓圣洁于朴素,被视作善与美的化身,使人文主义理想得以充分展现。

5. 巴洛克时期

欧洲的巴洛克美术出现在17世纪,它在意大利发源,之后风靡整个欧洲。巴洛克美术思想体现为追求激情,创作提倡表现运动感,提倡作品具有华丽而绚丽的装饰性。在这一时期的绘画、雕塑和建筑等多个美术门类作品中,以上风格均被体现。巴洛克绘画的代表人物为弗兰德的鲁本斯,他的绘画作品就呈现了热情奔放、绚丽多彩的风格特点,这种风格影响了西方绘画很久。同时期的现实主义大师,如西班牙的委拉斯开兹和荷兰的伦勃朗等,他们的作品也在一定程度上具有巴洛克特色。

6. 古典主义—浪漫主义—新古典主义时期

18世纪出现了洛可可风格美术艺术,它于18世纪末至19世纪上半叶兴起于法国,随后蔓延至欧洲其他国家。洛可可美术的特点是对华丽与精致的追求,法国的华托、布歇和弗拉戈纳尔是代表画家;1789年法国资产阶级大革命开始,古希腊、古罗马的英雄主义精神被进步的美术家们重振,一场新古典主义艺术运动开展起来,其代表画家是法国的大卫和安格尔;接着,浪漫主义随着新古典主义的衰落而兴起。《梅杜萨之筏》这一作品由法国的热里科创作完成,被视为浪漫主义绘画的开山之作,德拉克洛瓦将这一运动推向巅峰,被视为运动主将,他的绘画作品色彩浓重,用笔狂放,情感饱满,《希阿岛的屠杀》《自由领导着人们》等是其代表作。这时期法国吕德的《马赛曲》和卡尔波的《舞蹈》都是优秀的浪漫主义雕塑作品。

7. 现实主义美术时期

这时期的法国画家库尔贝倡导现实主义,他的代表作品《奥南的葬礼》,被称为绘画作品中的"人间喜剧",而《石工》则深刻揭示了当时尖锐的社会矛盾,体现了艺术家对劳动人民的深深同情;米勒是农民画家,勤劳而朴实,他以真挚朴实的感情,以作品歌颂勤恳劳作的农民;杜米埃是讽刺画家,尤喜对政治进行讽刺批判,他创作了很多石版画和油画,作品形象夸张却蕴含深刻的思想;德国女版画家柯勒惠支,以鲜明的个人风格进行创作,作品以系列铜版画和石版画为主,内容主题反映了工人运动和农民革命社会民主主义思想。俄罗斯的批判现实主义画家以列宾、苏里科夫等杰出画家为代表;罗丹是法国雕塑大师,他的作品也具有一定的现实主义特点。

8.印象派时期

19世纪后期在法国产生了印象派。印象派绘画以创新的理念为主要创作原则,它对当时已显陈腐的古典学院派的艺术观念和规则持反对态度,在现代光学及色彩学的启示下,强调在绘画中利用光的变化产生不同的效果。莫奈、雷诺阿、马奈、德加、毕沙罗及西斯莱等都是印象派的代表画家。

继印象派之后,出现了新印象派绘画,其代表画家是修拉和西涅克;之后出现了后印象派绘画,其代表画家是塞尚、凡·高和高更。事实上,这些印象派的艺术主张与原则具有一定的相悖性,有的原则甚至完全不同。比如凡·高的绘画创作力求于表现自己强烈的内心情感,他喜欢使用明亮的色彩、奔放的线条作为表达;而高更的画更多借助装饰性的线条、色彩去表达象征性的寓意;塞尚的绘画喜欢运用几何性的形体结构,人们也因此尊称他"现代艺术之父"。

9.20世纪流派迭起的现代美术

野兽派绘画诞生于1905年,代表画家是马蒂斯,这一派追求形的单纯及平面化以及装饰性的画面。1908年,立体派绘画崛起,以布拉克、毕加索为代表,这一派对塞尚的造形法则进行了承袭,将自然物象实行几何块状分解,从根本上脱离了传统绘画的视觉规则和空间限制;随着德国1905年桥社和1909年蓝骑士社的先后成立,作为一种重要流派,表现主义登上画坛,表现主义绘画注重凸显画家的主观精神以及内在情感;在意大利,1909年涌现出了未来主义美术运动,此派画家热衷于通过立体主义达到分解物体的目的,以此表现物体的活动状态和运动着的感觉;抽象主义的美术流派大约产生于1910年前后,俄罗斯画家康定斯基、荷兰画家皮特·蒙德里安为其代表,而两人又分别代表着抒情抽象和几何抽象两个方向。

第一次世界大战期间,达达主义思潮逐渐产生,这一派的艺术家拿出否定一切的姿态与世界抗衡,他们不仅反战争、反权威、反传统,而且对艺术本身进行否定。达达主义运动消退后,在此基础上又出现了超现实主义艺术思潮。此派画家将柏格森的直觉主义、弗洛伊德的精神分析学和梦幻心理学作为理论依据,竭力将无意识与潜意识展现给人们,以绘画的方式将具体的细节描绘与虚构的幻境结合起来,表现非现实的景象。代表画家有恩斯特、勒内·马格利特、夏卡尔、达利、胡安·米罗等。

第二次世界大战结束后,抽象表现主义绘画在美国产生,以波洛克、德·库宁为其代表,这派将抽象主义、表现主义的艺术特征综合在一块,提倡画家行动应具有自由性、自动性。

美国的波普艺术其实最初萌发于英国,在 20 世纪 50 年代中期鼎盛于美国,它继承了达达主义创作宗旨,使用废弃物、商品宣传页、电影海报和各种报纸刊物组合利用,制成艺术品,又有新达达主义的称号。代表人物有美国画家约翰斯、劳生柏、安迪·沃荷等。

兴起于 20 世纪 70 年代的超级写实主义运动,又被称为照相写实主义,它提倡在摄影成果的基础上,进行真实复制和写实的描绘。代表画家有克洛斯、佩尔斯坦,雕塑家有安德烈、汉森等。

(二)中国美术发展史

中国美术史源远流长,名作丰富,在世界文化艺术史上占有重要地位。

1. 中国美术史以制陶艺技为萌芽初始阶段

自人类诞生之日起,中国美术文化艺术就在不停地发展与演变之中。原始美术以彩陶艺术为代表,中国原始社会的制陶工艺已经具备一定水平,器型简单朴实,大气厚重,陶器表面的装饰性纹路种类繁多并具有色彩,纹饰主要有绳纹、锯齿纹、三角纹、人面纹、舞蹈纹等,颜色有棕、灰、黄等。

2. 先秦及秦汉美术以青铜器艺术为代表

中国古青铜工艺的铸造被世界人民视为奇迹,在当时的时代其工艺水平无人可比。青铜器物表面雕刻内容涉及社会生活的多个层面,其纹饰丰富多彩,具有极高的艺术性。秦汉美术艺术作品以雕塑为主,在中国乃至世界美术史上占有重要地位。如西安出土的秦始皇陵的兵马俑,即为我国古秦人掌握高超的雕刻技巧的最好佐证。

3. 隋唐五代的美术

隋唐五代时期,美术艺术在佛教为主题的艺术方向上发展,承前启后,有"细密精致而臻丽"的特点。之后,山水画开始独立出来发展,因为作为描绘人物活动环境的山水画,在创作布局上重视了比例,可以较好地表现出"远近山川,咫尺千里"的空间效果。进入唐代,美术发展达到了中国美术史的巅峰,创作出的美术作品不论是雕塑、建筑、装饰、绘画,还是书法艺术,不论在数量还是质量方面,都蔚为壮观。尤其人物画的描绘可圈可点,是中国美术史至今为人称道的高峰。其中涌现的画家有吴道子、阎立本,唐代画家阎立本的作品《步辇图》《历代帝王图》是国画经典之作。王维是唐代水墨山水的创始人,他的画追求诗情画意。五代时期,战乱不断,南唐和西蜀这两个国家都设立了画院。这个时期的人物画、山水画、花鸟画等相对独立的画种都得到了持续发展,达到了一定的艺术水平。荆浩和巨然分别是北方、南方画派山水画的代表人物。人物画派中以周文矩、顾闳中两位杰出画家为代表,其中《重屏会棋图》为周文矩的代表作,《韩熙载夜宴图》为顾闳中的代表作。

4. 宋代是绘画技法的高峰阶段

中国美术史上另一个闪烁着艺术光芒的朝代便是宋朝。宋代皇家在宫廷设立了翰林院,翰林院规模庞大,特别是在宋徽宗时期,画院活动达到了中国历史上的高峰。不仅是艺术活动的举办频率达到高峰,这个时期的绘画技艺更是达到了高峰。在宫廷的带动下,民间的绘画技艺也得到了快速发展,以表现民间风情,展现市井生活为主题的民俗画出现盛行趋势,产生了张择端的《清明上河图》,这样无比伟大的作品产生于宋代,充分说明了宋代整体人文水平与美术技艺水平的精深博大。

5. 元代美术

元代前期的代表画家是赵孟頫。赵孟頫认为作画应该体现古意,如果作品不含古意,作品创作出来也没有什么意义。元代的绘画,总体的面貌风格是趋向简朴无华的,着力隐去宋人的刻意与繁复。元代蒙古族统治者实行民族歧视政策,对汉族和文人有打压倾向,导致着一部分文人墨客归隐山林,他们逃避世事,寄情于山水与书画,代表画家是"元四家"。

6. 明清

明清两朝代水墨文人画呈继续盛行趋势,但是缺乏艺术创新。明代前期重要的山水画家是王履、戴进、吴伟、沈周、文徵明、唐寅、仇英等人,后期为龚贤、董其昌等。明代随着封建社会的急剧变革,绘画艺术的发展也进入重要时期。而此时,中外文化有了交流,相互借鉴,这就促进了绘画新面貌的产生。前期出现唐寅、后期出现董其昌,皆为代表画家。及至清朝,日益深化的民族矛盾与阶级矛盾对绘画的发展产生一定影响。这一时期的绘画艺术可谓派别林立,每一派都对绘画的总体发展起着重要的推动作用。其中清初影响最大的画派就是"四王画派","四王"具体指四位山水画家:王时敏、王鉴、王翚、王元祁,他们提倡仿照古人,绘画题材稍显狭窄,强调笔墨韵味对绘画形式美感的作用;四僧画派是指明亡后遁入空门的画家石涛、弘仁、朱耷、髡残,又被称为"遗民画派"。他们拒绝与清朝统治者合作,借书画抒发胸中愤懑,因而画作个性突出,造型怪异,笔墨苍峻,同时具有深刻的思想内涵。

乾隆年间,扬州的一个画派人称"扬州画派",他们主要的活动范围在扬州一带,因他们的画敢于突破陈规,富有探索、创新精神,被主流的正统画派视为"偏""怪",又称为"扬州八怪"。花鸟画是他们的创作主题,他们的作品特征是真实地抒发个人感受,笔墨技艺富于变化。这"八怪"指的是金农、郑燮、汪士慎、李方膺、黄慎、罗聘、高翔。

7. 近代

中国近代,受到政治环境的影响,美术界发生变化。蔡元培提出"美育救国""以美育代宗教说"的口号。此时出现了中国最早的一批留学画家:徐悲鸿、李铁夫、李叔同、李毅一等人。其中徐悲鸿是最具代表性的画家,"他饱览文艺复兴时期的雕塑名画,致力研究欧洲传统美术和中国民族绘画,作画提倡'尽精微,致广大',擅长油画、国画,尤精素描,强调重视人物画,人物造型,注重写实和传神。所画花鸟、风景、走兽,简练明快,富有生气,尤以画马驰誉中外,在表现技法上融合中西技法而自成一家。他精于绘画、书法,还擅文藻,长于著述,同时又是一位高明而渊博的艺术鉴赏评论家"[1]。徐悲鸿治学态度严谨,创造了辉煌的艺术成就,其人其画都对现代中国画坛产生了巨大而深远的影响。

中国美术的发展史,就似一条弯弯曲曲的大河,这条大河,随朝代的更迭而曲折蜿蜒,同时随社会兴衰、民族意识的强弱而涨落起伏。

---

[1]陈育德:《灵心妙语——艺术通感论》,安徽教育出版社,2005,第121页。

二、美术的审美特征

美术艺术的研究范围包括建筑艺术、雕塑、绘画、工艺美术、书法、篆刻等种类，将这些种类概括起来，其审美特征总结如下。

（一）视觉性

以视觉为媒介进行创造、感受和赏析的艺术。美术艺术作品，不论是对于绘画类的二维空间艺术，还是指雕塑、建筑及工艺品类的立体三维空间艺术类型，都具有实在的物质性，是需要通过观赏来实现其审美赏析及审美创造的艺术，即属于"造型艺术"。"造型艺术是一种再现空间艺术，也是一种静态视觉艺术，造型艺术的物质媒介决定了其作品的静态的永久性，总是以无声示有声、以静示动、寓静于动，造型艺术都是直接诉诸欣赏者的眼睛，凭借视觉感官来感受美术之美的。"[①]

（二）静态性

相对于音乐、戏剧等艺术形式来讲，美术艺术属于静态艺术。美术艺术包含的任何一种形式，都是对客观世界的具体化反映，这种反映需要通过静态的形象与造型完成，即使是连环画、绘本、组画、雕像群，也是以静态方式表现事件、动作中某一瞬间状态，而不能像小说、戏剧、舞蹈、电影那样，在时间的流动中展示整个事件及连续不断的动态发展过程。因此，在审美与创美过程中，要善于选择和捕捉最有启发性的瞬间形象，予以概括、提炼和升华，创造出富有生命力和表现力并富于联想的形象，将过去和未来凝聚在某一时刻的画面上，使之超越相对静止的时空范围，而达到深广的艺术境界。

（三）再现性

美术艺术是对现实世界的再现，具有概括性、个性化、超越性等艺术表现特征。一切艺术都来源于现实，又高于现实。美术艺术创作者不是纯客观地完全写实。艺术并非照亮现实的镜子，而是融注了创作者的艺术表现技法、审美感受、审美情感和审美理想的创作。艺术家通过美术这个媒介，在反映客观现实时，不是单纯地摄取和反映，而是通过自己的意志和技巧加

---

①鲁道夫·奥恩海姆：《艺术与视知觉》，滕守尧，译，四川人民出版社，2022，第387页。

以主观的表现,使主观与客观达成统一。画家将对客观世界的观察、感受、理解和评价,再融入个人的修养、气质、性格、情思、才能等主观因素,按照美的规则进行艺术创造。即使是现代超现实主义,仍具有对现实世界概括性、写实性、超越性的审美表现特征,观赏者在美术作品的审美过程中,也会依据各自的生活阅历、个性气质、品行修为等内在素质,从看到的美术作品中领略到不同的气象,产生不同的审美体验。

三、美术的审美价值

美术艺术作为与人类相伴相生的古老艺术门类,早已渗入人们的生存空间,在人类的物质世界与精神世界发展、繁荣,成为人类文明世界不可分割的部分。美术艺术是我们传承与交流文化艺术的重要内容,提升我们的形象思维能力与审美感知能力,使我们具有创新精神与改造意识,鼓励个体的个性彰显与全面成长。美术艺术是凭借物质材料作为媒介,创造可视的、静态的,以平面或立体多维展示某种形象、造型的艺术,作品中凝聚了作者的思想感情或社会意识形态。从美术作品的用途分类,美术艺术可分为审美型与实用型;用于审美的美术作品一般指绘画、雕塑、雕刻、书法等给人们带来充分的审美体验的作品,应用型是指手工制作、建筑等能够满足人们生活需求方面的作品。但是,我们不难看出,即使是实用型的美术作品,同样是以美作为衡量标准的,比如我们谈到"巴洛克建筑风格",会首先提到它的建筑美的特点。因此,对于美术的审美价值,我们依然将美术审美价值分为审美赏析型艺术和审美创造型艺术。

(一)美术的审美欣赏价值

美术欣赏不仅使人精神愉悦、心情舒畅,还可以娱情怡神,激发想象力,引发思考,培养创造性。美术作品的创作组成要素包括点、线、面、颜色、空间等,这些画面上的构成信息会通过人的视觉输送给大脑,引发大脑的联想。因而,当我们在鉴赏美术作品时,不管是看到那些一见如故、心领神会的写实作品,还是一些概念模糊、不好理解的现代派抽象画作,在对美术作品鉴赏的过程中,但凡优秀的作品皆可促进我们身心健康的发展,净化心灵,陶冶情操,在慢慢地浸润中,使我们的审美品位得以提升。

（二）美术的审美创造价值

美术的审美创造价值是指审美主体在赏析美术艺术作品后或对生活中遇到的人或事产生感悟后，内心有表达与创作的欲望，从而借助美术材料、美术技能表达内心想法的创造性行为，这种创造行为是审美主体有表达欲望后，依照主体生活经历、对世界认知积累后产生的借由美术为媒介而发起的动手创作行为。此行为由美术艺术作品而来，可以在主体参观完艺术品展览，也可以是观看完相关美术观赏资料，或者偶然看到生活中相关的美术作品而生出的艺术表达欲，要通过绘画、手工、剪纸等美术艺术表现形式为媒介进行表达。审美创造行为包含主体的想象力、创造力与生活经验，具有独创性特点。

第二节
儿童美术教育的意义与审美活动特征

一、审美教育、艺术教育与儿童美术教育

儿童通过各种各样的艺术形式进行沟通和重现对事物的认知、情绪及对自我的创建。所谓"形式",包含口语、书面表达、绘画、涂鸦、雕刻、音乐、表演、舞蹈、图形拼接等多种形式。这些形式很大程度上是在具有儿童独特的观感和触感的"视觉语言"基础上产生的,经由美术教育行为中以美术欣赏及美术创作活动为路径而实施。

(一)审美教育与艺术教育

1. 概念阐释

审美教育又被称作美育,通常指经过天然美、社会环境美、艺术美所展现的某种教育行为,它最终的目标是"培养受教育者对美的形态、结构等的感受、鉴赏、创造能力,培养其正确的审美观念、高尚的审美情操,使其得到精神上的满足与愉悦,最终达到人格的完善"[1]。美育是培育全方位成长人才不可或缺的重要构成部分,以情感教育为基础,它的目的是经过各种审美行为的陶冶和浸染,提升个人的审美层次,构建完整审美心理结构,最终获得完美的人格。美育在个人整体成长教育中是必不可少的,且融入在德育、智育、体育、劳动各项教育当中。

艺术教育是通过文学、美术、音乐等科目的艺术素养教育及技能技巧的传授使受教育者具备一定艺术素养的教育。艺术教育的结构大概包括:①艺术知识——包含艺术理论、艺术评判和艺术发展史;②艺术赏析——包含对艺术作品的体会和欣赏水平;③艺术创作——包含对作品的创作才能

---

[1]许卓娅,孔启英:《学前儿童音乐与美术教育》,苏州大学出版社,2017,第137页。

和表现才能。艺术教育一般划分为两种：专业艺术教育和一般艺术教育。专业的艺术教育包含高等级专业艺术教育，中等级专业艺术教育，专业又分类为音乐、美术、舞蹈、戏剧、电影、书法等专业的艺术教育；一般艺术教育包含幼儿园、小学、中学、大学中的非艺术专业的艺术教学。一般艺术教育的宗旨是普及学生们的艺术素养。著名学者余秋雨曾对什么是艺术修养有过精辟的论述。他认为："艺术修养是一种在审美范畴内感悟生命的能力。历代艺术家汇聚着自己时代的人们的生命信息，通过一代又一代有艺术修养的接受，构成了生命的强力传递。"①

2.审美教育与艺术教育的关系

（1）彼此包含

从审美教育的内涵来看，审美教育不仅包含艺术教育，又包含社会美学和自然美学。鉴于艺术是一切美的状态里最美妙、最灿烂、最让人百感交集的方式，因此我们推断出：艺术教育是美育的最根本方法。从艺术教育角度来看，不管是专业艺术教育还是一般艺术教育，积蓄艺术涵养、提升人格魅力都是其最重要的目标。换句话说，艺术教育就是通过艺术美来进行的审美教育，艺术教育的核心内容即审美教育。当然，艺术教育还必须使受教育者获得一定的艺术实践能力，并使其中一部分人成为能够实际地从事艺术劳动的职业艺术家，但只强调对艺术技能技巧学习的所谓艺术教育是可悲的，其结果必然是使受教育者学得的知识技能越多，创作与欣赏实践中所必须具有的真正"艺术"性却越少。这样的教育所培养的只是一批徒有熟练技巧的艺术工匠，而不是有艺术修养的艺术家与赏美者。

（2）相互促进

审美教育与艺术教育相互促进的关系体现在两个层面，其一，每个人在艺术教育里所取得的艺术鉴赏力会迁移到社会美学及自然美学里，能帮助个体提升对社会美和自然美的状态、构造、特性的审美感知能力，增强他们的审美判断力。比如，面对同一景色，在艺术家脑海中和在从没有接受过艺术教育的人的脑海里，所呈现出的美的价值是不在一个层面的，受过艺术教育的画家比从未拿过画笔的人通常更加能够体会出颜色、轮廓的美学情趣；

---

① 余秋雨：《文明的碎片》，春风文艺出版社，1994，第300-302页。

其二，个人在审美教育中收获的审美经验、审美观念、审美品位，能有助于他在艺术教育里取得艺术创作的思路，发展有意义的思想，让他们创作出的艺术作品愈发活灵活现、多姿多彩，使作品美得独具特色。

总而言之，审美教育和艺术教育在人们提升精神品质层面是相得益彰、互相促进的，它们都是人类的全方位成长教育所不可替代的基本要素。

（二）美术教育与儿童美术教育

美术教育是艺术教育的重要组成部分，儿童美术教育阶段是人的一生中所接受的美术教育中最重要的阶段。

儿童美术教育是施教者恪守儿童教育的总体方针，依照儿童身体心理成长的法则，有目标、有规划地通过美术赏析和美术制作等行径，不断地影响儿童，进而培育他们的美术审美鉴赏力和美术制作才能，最终达到推动其人格健全成长的审美教育。儿童在参与美术教育的过程中，获得的除了知识、技能以外，另外还有非常重要的品质形成，那就是智慧、自信、关爱、激情、创造力、自我价值体现等，这些不单单是儿童未来事业和现实生活的必备元素，亦是其精神世界和情感世界的需求，是提升生活品质的重要保障。教育的根本目的并不只是让儿童今后在这世上能够获得存活的资本，更要让他们生活得充实又富于理想。儿童美术教育使儿童自幼接受和熟悉美术艺术，使之获得与艺术紧密相伴的成长，有利于他们今后的生活过得丰富而有品质。

二、儿童美术教育的意义

现代教育将其目标指向落实在了"人的发展"这一点上，作为现代教育的有机组成部分，儿童美术教育也应体现这一目标。每一个儿童都具有美术方面的发展潜能，如果儿童美术艺术潜能得到正确而及时的发掘，那便不仅能培养出一批真正的美术艺术家，而且还能促进那些将来不一定从事艺术活动的儿童的审美能力的发展。学习美术艺术，不仅能帮助人们艺术地感受，也可以帮人们科学地思考。也就是说，即使儿童将来最终的就业是在其他领域而不是在艺术领域，他们早年在美术艺术方面所受的教育培养也会使他们在思维和想象力方面有不一般的发展，并且他们的生活将因为有美术艺术相伴而有更多色彩。

观赏名画也与倾听名曲一样,当体会到它们的艺术美感,其间又悟出创作者的情感理念时,那种喜悦之情是无法言说的。斯宾塞有一句名言:"没有油画、雕塑、音乐、诗歌及各种自然美所引起的情感,人生乐趣会失掉一半。"①斯宾塞在《教育论》中,把美育定义为"用人类创造的美——一切精神产品与物质产品的美,反过来对人进行教育,使人得到全面的和谐发展"②。

美术学科拥有人文特性,是幼儿园及学校实施审美教育的必要教育手段,是从幼儿园到义务教育的所有学生全程必学的艺术学科,在进行素质教育历程中拥有无法取代的位置。在《幼儿园课程指导纲要》和《义务教育阶段新教学大纲》中,美术教育的地位在人文科目里,是教育机构对儿童进行素质教育、审美教育的重要途径。其在培育儿童健全人格,提升文化艺术修养,培养儿童的创造性思维和践行能力,推动儿童德育、智育、体育、美育全方位成长等方面,均发挥着极其重要的作用。

(一)儿童美术教育对儿童的意义

不管儿童是看似毫无意义的随意涂画,还是让大人们当作"艺术品"的杰作,孩子们都对美术创作饶有兴趣,这种行为自身充满着儿童的纯真与灵动的情趣,是儿童活跃的生命力的展示。不容置疑,美感的培养对于儿童成长有着重要作用,对儿童的发展具有重大影响,它与玩耍一样,是他们成长和自娱的重要实践活动。将儿童对美术的审美及创作兴趣这种宝贵天性加以引导,是儿童美术教育的神圣使命,从美术教育育人功能的宏观角度来讲,儿童美术教育对儿童的审美品位、人格修养等"全人培养"具有重要意义。

1.培养儿童的美感和审美情趣

艺术教育行为的终极目标是指引人去认识美、鉴赏美,并且给我们所处的环境缔造出美妙的景致。从艺术学科的视角观察儿童教育对儿童美术能力培养的作用,可以发掘出儿童对美的敏感度,引领儿童审美观念的持续养成。

儿童对美的意境的认知具有直观性,尽管还稚嫩、浅显,但也普遍具备了最初始的审美意念。孩子们所热爱的事物往往有着明艳的颜色、夸张的

---

①②赫伯特·斯宾塞:《教育论》,王占魁,译,中国轻工业出版社,2016,第112-113页。

外观。我们可以运用真实生活中身边所有美妙有趣的东西点燃儿童的情绪,比如,对儿童进行美的启发培养时,可以利用生活环境或大自然中的优美的事物,也可以给儿童提供充满艺术美的学习氛围和生活环境,增加儿童对美的接触机会,逐渐使之发展出自己主动对美好事物的追寻及表达的意愿,使之生成更加强烈的创造美的动力。我们还可以经由多项不同的美术活动实践,让儿童运用本身对美的领悟,将真情实感投放在自己创造的艺术作品里,从中感受到当下的美妙时刻,享受艺术创作带给内心的愉快的审美体验。

儿童是今后世界的主人翁,由于未来的社会将由他们创建和拥有,因而他们需要具有对美的敏感度。当我们在童年阶段就学会从美的角度对身边情境予以思索、考量及等值的评判时,我们将会拥有更开阔的思维与更灵活的处事方式。显而易见,一个具有审美情趣的人会带给周围的同事、朋友、亲人更美好的情绪价值体验,未来的社会终将因为更多的人接受了美术教育而变得更加美好。

2. 促使儿童的个性得到自然发展

赫伯·里德指出:"教育的目的在于启发培养人的个性,顺应儿童自然本性的发展。"美术教育是展示心理的艺术,儿童个人的感知由视觉艺术的方式表达出来,儿童从中体会出愉悦感、成就感,美术行为是孩子们实现个人表达的最优方式。在美术教育活动实施过程中,美术教育者应持有合理的教育观念,运用已存在的课程,开创崭新的教学模式,在充分意识到儿童个体具有不同特质的情况下,随机应变,因材施教。教师应尽量顾及所有儿童的这项权利,且赋予孩子们被认可的喜悦,通过活动,使儿童增强自我信任、自我认知,推动他们自身的发展。

今后的世界是多样化、多方位、个体化的社会,在这个社会中,所有独特而美好的艺术及文化都将得到展示。因而美术教育行为的目标即是:促进儿童自发地运用艺术憧憬和艺术创造力。正如罗恩菲尔德所提倡的:"让儿童以异于其他人的方式表达其独特的思想和情感,并以此树立自我表现的信心。"[1]

---

①许卓娅,孔启英:《学前儿童音乐与美术教育》,苏州大学出版社,2017,第141页。

3. 开发儿童的创作潜力，提高艺术表达力

艺术教育的目标不是培养更多专业的艺术家，而是运用教育的方式指引儿童能欣赏"别人的艺术"，同时又能缔造"自我艺术"。现实生活中时时需要创造力，新的时代更加离不开具有开创性的人才来推动科学技术与时俱进，以使我们所生存的世界越来越美好。因而当今社会也是本着此种定律向着更高层次发展，这也成为教育的宏观指向标。

所有儿童都拥有开创性的潜力和天资。他们动手能力强，摔捏泥巴，垒砌沙子，在地上用树枝任意描画。孩子们从多种式样的形状和颜色中感受到极大的乐趣，进而忘我地投入进去。促进儿童在美术行为里的艺术表达力和开创性的重要一点，是保障他们拥有充足的创作时间及足够的创作材料，鼓励孩子们以美术创作的方式表达在理想和现实中感受到的自由、舒适、愉悦，可以丰富及提升孩子们在这一自然表达过程中的创造力。教师不应使用成人的教学方式来要求孩子，激进地让儿童学习写实的表达和熟悉技能是不适用的，教师应遵循儿童心理成长规律的要求，在舒展、松弛的精神状态下，使儿童的创造力得以更自由地展现。美术行为对儿童来讲应该是一场令其兴高采烈的游戏，所有的教育理念都应该基于此。然而这里要强调的是，当儿童有需求时，教师们要恰当地教给他们某些适宜儿童掌握的美术专业知识和专业技术，这会帮助儿童们更完整地开展创造性的活动。

4. 完善儿童的人格

未来的世界什么类型的人才是必需的？这是当今全球教育界普遍关注的问题。教育应该针对儿童的全方位成长，培育人格健全的"健康人"，是对儿童进行有序培养的重点方向。

教育目标不是使用现世已有的知识概念去教育儿童如何接纳，而是教儿童如何真正成为属于自己的独立的个人，如何使自己拥有独立的个性和追求生活的自由。美术活动给予了儿童个性成长不同寻常的支持。

从某些层面上讲，儿童的美术行为的本质是一个"全人培养"的历程。在美术教育活动的实践中，包含了儿童对美好事物的认知、理解，并把这种感受升华为个人的热忱和活力，并倾注于儿童美术创作中，这个过程使儿童加深了对生命过程的价值和意义的理解，使真、善、美的优秀品格得以个性化渗透。正如德国心理学家和美学家马克思·德索认为的那样，"儿童绘画

时,绝不是对客观事物的简单复写,而是表现一个整体的世界。"①绘画是孩子们的一种内心语言,孩子们时常用这种语言来表达他们的情绪和美好愿望,比如抒发爱意、表露哀伤。儿童的绘画如同面对镜子,真切而清晰地反映出他们内心的想法和状态,也能反映他们对真实生活的感悟和做法。

我们应该准确地掌握儿童心理成长的本质,敏锐地寻找到教育的切入点,不能效仿某些成年人的做法:常常企图用拔苗助长的方式去教授儿童一些知识、技能,这种呆板的仿效和扰乱,只会让孩子们变得谨小慎微且功利地逢迎大人们的愿望,从此失掉独立、具有个性的人格魅力。教育应与儿童的纯真烂漫的情感表达相呼应,帮助儿童成长为独特的个体,这亦是来自儿童天性的人格化的需求。

总之,儿童美术教育对儿童的发展至关重要,我们必须正确理解和利用这一媒介。假设我们现在的美术教育只是灌输给儿童一些技艺训练,或者充当观望的人,不施以任何积极的影响,就很难确保儿童能够实现健康而全面的成长。我们要创造条件让儿童喜欢美术活动,通过儿童美术活动教会儿童观察生活、热爱生活,珍视所拥有的美好事物,认识自己、了解自己、表达自己,充实而健康地成长,成为生命真正的主人。

(二)儿童美术教育审美创作活动的意义

针对儿童生长发育阶段特点,我们依然把儿童美术教育同其他儿童艺术教育一样,分为儿童美术赏析与儿童美术创作两部分来研究。

1.儿童美术赏析活动的意义

(1)借鉴意义

美术欣赏教学可以为儿童练习、创作与演示,有助于儿童了解美术的表现技巧,丰富儿童的艺术表现力,促进表达技巧的提升,感染儿童的情致,增强审美才能。比如观赏优秀的儿童美术佳作时,孩子们会按捺不住地研究起与之年龄相仿的小画家们作品的表达技巧和手法;观看了我国民间剪纸手工艺后,孩子们将他们所知道的剪纸艺术方式应用到个人的创作中;在欣赏了优秀的外国美术佳作后,儿童能更多地了解到不同文化背景下的美术作品的表现形式也是不同的。

---

① 马克思·德索:《美学与一般艺术学》,朱雯霏,译,中国文联出版社,2019,第288页。

（2）认知意义

美术作品展现的多是内容丰富的社会现实生活和自然环境，有当今的，亦有古时的，有中国的还有外国的。赏析活动可使儿童能观赏到逼真灵动的世界万物，亦能拓展儿童的知识面，开拓儿童的眼界，提升儿童的认知领域，引导儿童亲近本民族美术文化，也能促进儿童了解异域美术文化。比如，观赏我国古代陶器和青铜器作品时，先要接触原始社会和商周历史。观赏《四羊方尊》能知悉我国奴隶制下的广大匠人们的高超的技艺；观赏欧洲文艺复兴时的作品，可以知晓文艺复兴在西方社会各个社会层面的重要地位和影响力；观赏意大利米开朗琪罗雕塑的《大卫》，就能感悟到文艺复兴时期崇尚英雄主义的时代意识；观赏我国革命历史题材作品，有助于儿童知晓中国革命的优良传统，如观看詹建俊的《狼牙山五壮士》可以感受到革命先烈们为革命不惧牺牲的英雄主义气概。同时，观赏美术作品所带来的生活景致，与书面描绘相比，更加灵动、具象，能让学生们获得更深刻的感知和理解。美术作品的主题观赏还有助于孩子们学习与美术相关的文化，譬如艺术家的生活轨迹、艺术成就及影响，了解作品的艺术形式、结构常识、色彩使用等。美术作品赏析有助于儿童在更宽广的文化氛围中明晰美术的概念与内涵，同时帮助儿童通过美术欣赏了解更多文化与历史知识。

（3）审美意义

欣赏美术作品更为主要的价值是美育价值。不管是专门出去赏析还是在课堂观看，展出的作品普遍属于有较高水准的成功佳作，有的更是经典名作。通过针对性的欣赏活动，增强儿童对美的判断力、感知力，并提升审美品位等。初始阶段，选择可以为儿童所接受的优秀作品，循序渐进，由浅入深地进行，指引儿童们使用独特的眼光，增强他们的艺术鉴别力。经过对鉴赏作品的内容展示、表达技巧及艺术特征的了解，引导儿童明辨作品中蕴藏的美学状态和艺术形式，于潜移默化间就能提升儿童的审美品位与审美标准。此种观赏活动有时常组织的必要，在大量的观赏中，使儿童心灵得到陶冶和熏染，使儿童具有更敏锐的审美眼光及艺术感知力以及对优秀美术作品精华的汲取能力。

（4）教育意义

儿童美术欣赏的终极目标是教育，美术欣赏拥有其独特的教育意义。教育教学中新的美术教程执行标准包含赏析课内容，大体上涉猎国内外、现代及历史的诸多美术佳品。使儿童更多地了解与接触我国民族民间的优秀美术作品,能提高学生的民族情怀和爱国思想,亦能唤起儿童的民族自豪感和自信力;学习与了解国外的优秀美术作品,将拓展学生们的视野,提升他们的文化知识面,扩大儿童的认知范畴。卓越的绘画作品或美术工艺品本身蕴含着创作者的情怀和情感以及对正义力量的赞誉和对丑陋形象的鞭挞,有助于儿童树立正确的世界观、人生观、价值观,有助于培养儿童积极乐观的生活态度,养成他们健全的人格。

欣赏是人们以作品为观察对象的一种积极的、主动的、能动的审美活动。同时也是从作者,到作品,再到欣赏者的联动过程,这三者之间是协同互动的关系,欣赏首先要建立在对艺术美的感知、体验以及对美术作品的反思所带来的审美快感上。在欣赏过程中,被有意无意地熏染,使审美客体沉醉在美的氛围中,使之精神得以净化、获得充实与成长,并产生与创作者思想上的隔空沟通。

小学美术欣赏的课程内容具有较高的鉴赏价值,能拓宽学生视野,开发情志,启迪智慧,提升审美趣味性。欣赏美术作品时,能体会到作品的艺术美,从中领略到作者的理念与情感,使儿童逐渐成为具备一定文化涵养、审美情趣及评价能力的新型优秀人才。

2.儿童美术创作活动的意义

(1)能开发儿童的创造潜力

儿童展现的创造力不同于成年人的创造力,成年人的创造力是指其给社会、文化等诸多方面带来的巨大革新的才能,而儿童的创造力是能够为他们自己创造崭新的和不曾看见过的东西的才能。儿童美术行为的创作是其使用原有的材料和新的经验重组原材料,制造出来属于本人的、全新的、有意义的美术作品的才能。此种才能不单在作品里展示,还在其创作的过程中呈现出来。在儿童的美术作品创作中,可能有许多表达方式违反了成年人艺术创作的规则和规范,有些现象在成人眼中既有趣又荒谬,似乎存在想法不合乎逻辑、形象不成比例、对色彩的主观臆想、空间结构随意混搭等问题。这种非同寻常的特殊现象,往往反映了儿童想象力的超前和创造力的奇妙。在儿童的美术创作过程中,首先是感觉器官对外部环境的审美进行情感的交流,然后经过视觉的接触和大脑逻辑的判断,对感知取得的审美经验施行再造,期间随同审美经验在大脑记忆里保存,最后再使用双手,运用操作技能,开创性地创作作品来表达内心的动态过程。这个过程具有鲜明的个人特色,因而,概括来说,儿童的美术作品在其创作过程当中全面地激发了他们的创造才能。

在儿童美术教育中,教师引导儿童以个人独有的眼光观察、体会美术作品里的形状、颜色、结构,观察身边所处环境里事物的构造、特点、行动轨迹,且使用语言表述出来,让儿童将通过审美感知掌握到的自然方式和全面的艺术方式在脑海里达成具象。当孩子们开始使用形状、色彩制作图像时,教师会激励他们思索,将审美主体心目中的形象进行改造再加工,添加进自己的臆想,塑造出崭新的审美意象,然后使用美术制作方式开创性地展示出来。这样的创作过程必然会促进儿童创造能力的发展。

(2)能培育儿童的行动能力

儿童的美术创作活动是手、眼、脑协同合作的行为,儿童必须使用各个感觉器官去认知审美对象,使用大脑理解、幻想、再造审美对象,使用语言表达个人的审美意愿,并用手来操作工具及材料,得以表达自己的思想情感及脑海中的形象。这个进程包括心理动作和实际动作两个方面。

心理动作是指对存在于大脑中的形状和映像的操作。例如,美术创作中,儿童首先要选择他们认为重要的事物,并探索这些事物之间的关系,最终会根据一个具备独特意义的体系构建它们,并以儿童自己设计的视觉形式来选择主题;心理动作是建立在儿童心理发展的基础之上的,儿童阶段的心理发展正处于象征思维和直觉的、半逻辑思维及逻辑思维能力初始建成阶段,主要受直观现象的操控。

实际动作是操作人外在的手部的动作,建立在根据儿童的生理发育的根本上。我们以幼儿阶段生理发展为例作以描述,从学前儿童绘画才能的成长经过看,儿童早期的随意涂画的行为是他们不自觉的手臂肌肉运动的重复动作,其运动部位发展的顺序是从幼儿的肩部运动(大肌肉运动)开始,逐渐到臂部运动和腕部运动(小肌肉运动),再到手指部位的运动(精细肌肉运动)为止。接着,幼儿绘画发展到边画边说,并能为自己所画的形象命名,再发展到以圆圈代表脸,以点代表眼睛,两条线代表脚的画法的象征期。这一时期,幼儿的生理机能已较之前大有很进展,能和视觉、听觉、触觉等知觉感官结合、协调,但未达到随心所欲的程度。再从幼儿作画的过程来看,很明显,这是一种生理机能运动和知觉感官协调的活动,若以这种活动作为导引,又可以控制身体的机能和其表现技巧的方式。曾有学者对幼儿的涂鸦活动做过深入的研究,认为涂鸦活动是肌肉的自发性活动,也是躯体内在节奏的表现。随着年龄的增长,这种自发性活动会转化为可加以控制且不断反复的意识性活动。因此,幼儿绘画的手势活动有利于幼儿身体发育成长。

在儿童美术教育中,教师应根据儿童身、心两方面发展的水平和年龄特征,创设最近发展区,围绕教育目标组织教育活动。儿童在美术作品创作中进行心理和实践操作,并向他人传达他们要表现的美感。例如,在绘画活动中,需要根据脑海中形成的图像,使用及搭配绘画材料,在二维空间的图像中表达出来三维立体的方式。因此,儿童需要在教师指引下学会怎样把内心的图形通过对美术工具和材料的运用,制成作品呈现出来。这种形式的心理动作及手、眼、脑协同使用的实践动作过程,促使低龄儿童手部小肌肉群发育得越发成熟,促进了手、眼、大脑的配合日趋融洽和谐,而对于年龄较大的儿童,在美术创作行为里,通过使用各种美术材料和工具,不单艺术的审美经验会日渐丰富,而且对艺术形式语言如线条、色彩、空间、构图等艺术形式的运用,以及对形式美的理解,都在逐步深化,实践技能不断提高。因此,美术创作活动对儿童的心、脑及动手能力都有正面刺激的积极作用。

三、儿童美术教育的特征

毕加索认为,每个儿童都是艺术家。在儿童的美术创作中,不管是使用何种艺术形式,儿童都会出现令成年人诧异的行为表达方式,儿童美术教育也具有不同于成人美术教育的特征。

(一)从审美主体论角度看,儿童的美术审美活动是他们的一种生命活动

对于儿童来说,美术活动是一种最为初始、本真的活动,这种活动如呼吸一样自然而然地融入他们的生活,如同吃饭、睡觉一样,是他们生活中不可缺少的活动内容。美术活动为儿童的生命活动注入充分的自由与活力,可将之视为儿童的一种存在方式。

皮亚杰曾经提出"感知运动思维"的概念,对于早期儿童来说,就是基础

性心理特点,这种特点往往与儿童的情绪情感相伴而生,也成为"动作思维"。这个概念顾名思义,是指早期儿童用动作进行思维,二者可互换概念。这个阶段的儿童对自己的感知觉充分依赖。在动作思维发育末端,儿童会发展出以内化了的动作的方式来解决问题的能力,又称"内部联合"的方式。罗恩菲尔德曾经对盲童和正常儿童的美术能力进行试验比较,研究后得出结论:"这些不得不依赖于体觉的孩子所具有的表现风格在具有正常视力的孩子的作品中也能发现——它是一切早期艺术的普遍特征——艺术无论在任何时候任何地点都是从对体觉的反映开始的。"[1]艾里克森把这种心理现象与儿童的身体活动的体验联系在一起,认为儿童是在寻求一种结构式的对应和阐释。早期儿童在进行美术活动时,从信手涂鸦中,他们往往就表现出对自己手臂运动很感兴趣的样子。虽然他们对纸、笔的用途并不清楚,他们只是把笔含在嘴里,有时拿起来敲打敲打,又把纸揉成纸团放进嘴里,对于涂鸦动作带来的节奏律动及手臂运动带来的快感,他们尽情享受着。"在出生至1.5岁这一期间,思维的基本单元是感知客体和运动性动作,而在1.5岁至5岁这一期间,思维的基本单元已变成这类客体与动作之间的关系的感知。"[2]进入幼儿时期,当他们在绘画中,可能画到"我方军队"的枪炮射出的炮火落在"敌方"阵地中时,在绘画引发的联想中,他们往往嘴里一边会发出"piu—piu—piu""dong—dong—dong"的枪炮声,一边会将自己变成"中弹的战士"发出"啊"的喊叫倒在地上不动了。

《诗大序》是我国古代的文论著作,其中有记载:"情动于中而形于言,言之不足,故嗟叹之,嗟叹之不足,故咏歌之,咏歌之不足,不知手之舞之,足之蹈之也。"这段文字虽然说的是"诗",但我们也可以将它作为描述儿童进行美术活动创作中全身心投入的高峰体验的状态。也就是说,此时的儿童状态是"更自发的、更表现的、更单纯的行动的,更自然的、更无控制和自由流露的。"[3]

《儿时拾趣》是宋代诗人范成大的著名诗作,诗曰:"黄发垂髫儿,握枝向泥沙。似解世人意,信手乱涂鸦。桥畔流水淌,树梢日影斜。口中呢喃语,

①阿恩海姆:《艺术心理学新论》,郭小平,译,商务印书馆,1996,第334–340页。
②罗比·凯斯:《智慧的发展——一种新皮亚杰主义理论》,吴庆麟,等译,上海教育出版社,1994,第105页。
③马斯洛:《存在心理学探索》,李文恬,译,云南人民出版社,1987,第363页。

兴尽忘归家。"从这里,我们可以看到,当儿童全身心地投入美术活动中,能呈现出何等忘我的状态。有专家将"儿童这种用身体感觉来对应于外在审美对象的结构和自己内在的情感结构,称为一种'异质同构'"①。也就是说,儿童的躯体不是单纯的物,而是他们精神地、具体地把握世界的"身心统一体"。对于儿童来说,这种"身心统一体"是他们产生审美判断的基础。"经验也是艺术的萌芽,即使是原始的、初级的经验,它仍然包含了可以获得愉快感受的希望,那就是美的。"②儿童在美术行为中所展示出来的反响形式是儿童最原始、最纯真的生命活力之一。

(二)从认识论角度看,儿童的美术审美活动是他们把握世界的一种方式

理性和感性是人类把握世界的两种思维方式。"理性属于逻辑思维的方法,包括'归纳和演绎、分析和综合、比较和分类、从抽象到具体、历史的和逻辑的统一等方法',其特点是'符合逻辑的、有序的、有步骤的';后者是一种非逻辑思维的方法,它主要包括'想象、幻想、直觉、灵感、猜测等方法',其特点是'非逻辑的、无固定秩序和固定操作步骤的'。"③

在美术活动中,儿童所运用的主要是一种以感性为主的把握世界的方式。这由儿童思维的直觉性、具象符号性和情感性的特点所决定,这种把握世界的方式以感性为主。我们可以通过以下事例来说明这些特点。

当父亲要求4岁的儿童仿照着他的范画画鸟时,可孩子却在纸上画了几个不太圆的小圆点,圆点两边各画了两条短直线,当妈妈问他为什么不按父亲的要求画鸟时,孩子说:"父亲画的那只鸟是被关在鸟笼里的鸟,不会飞,我自己画的鸟是在天空飞的鸟。"并且孩子还学着鸟飞翔的样子将两只手臂张开,上下挥动着在屋子里面跑来跑去,模仿小鸟飞翔的姿态。

从这个案例中,我们发现孩子所表现出来的就是一种以感性思维去把握世界的方式。在这个孩子的眼里,小鸟是有生命的,是运动着的、充满活

①楼必生,屠美如:《学前儿童艺术综合教育研究》,北京师范大学出版社,1997,第54页。

②蒋孔阳,朱立元:《二十世纪西方美学名著选》(上),复旦大学出版社,1987,第364页。

③庞学光:《完整性教育的探索》,重庆出版社,1994,第4页。

力的动物,于是他所画的鸟就是"摆动翅膀"的鸟,这只鸟充满了生命力,而父亲所画的鸟则是"笼中之鸟",因失去自由而显得缺乏活力。正是具备这种直观的、感性的特点,才使儿童的美术艺术充满了魅力。从此例中我们也应该意识到,要带领儿童投身于大自然中,鼓励儿童多接触大自然并领悟大自然中的奥妙,体会自己生活的世界中所存在的美的事物与大自然之间存在的关联,培养儿童对大自然的热爱。同时,也要鼓励儿童多与人及世界接触,在日常的社会生活中,去了解社会生活的方方面面,体验生活的乐趣。对处于快速成长发育中的儿童而言,随着年龄增长,逻辑思维能力逐渐增强,理性思考的能力不断提升,但是处于此阶段的儿童依然以主观感受去体会、了解、表现世界。因此,美术活动仍需以形象思维与直觉思维为主。

(三)从内心情绪表达方式看,儿童的美术审美活动是其进行情感体现与沟通的媒介

加登纳认为:"任何一种不考虑个体感受的关于艺术的讨论都有可能完全歪曲所研究的现象。"[①]实际上,加登纳在此指出了儿童艺术充满了情感性的特质。儿童具有情绪反应本能,这是与生俱来的天性。儿童具有对情绪情感的反应能力,这是感性认识的结果,儿童具有感性认识早于理性认识的发生,这是人类为适应生存而在进化过程中发展得来并固定下来。儿童的情绪情感对于儿童个体来说,是其意识得到发生与发展的重要条件。

儿童美术创作与审美活动中,情感始终参与其中。早在婴儿期,他们的视觉就可以分辨出颜色、形状的差异,并且表现出了对色彩、形状等的审美偏爱,见到喜欢的就会兴奋,要抓在手里,这就是一种情绪审美反应,到了可以握住笔的婴儿期,他们会使用笔、纸、颜料画画,画自己喜欢的简单事物,也许旁人看来只是信手涂鸦,看不出画的是什么,儿童却乐此不疲,完全沉浸在画画带给他内心的喜悦中,这是审美创作带给儿童的情感宣泄方式。由于"儿童不成熟的理性思维和自我意识,决定了他们缺乏那种理性地思考自己情绪的能力,其心理发展的移情作用在美术欣赏中表现得更加明显"[②],所以这一过程完全是在儿童的无意识中进行的。儿童在美术审美活动中,完成了审美心理的"移情",只是他们自己并不觉得而已,他们只会觉得那经

---

①加登纳:《艺术与人的发展》,兰金仁,译,光明日报出版社,1988,第365页。
②许卓娅,孔启英:《学前儿童音乐与美术教育》,苏州大学出版社,2017,第90页。

过移情的创作或欣赏对象富有生气,仿佛可以主动地与他聊天、做游戏、陪伴他一样。这种效果其实是儿童在美术活动中,无意识地将自己内在的情感投入到审美客体上,把自身无意识的内心活动与愿望转移到审美对象身上的结果。

(四)儿童的美术审美活动可以使儿童个性得以展现

儿童的美术活动符合他们追求自由自主的天性。我们从儿童对色彩的选择、对线条的描画、引发兴趣的题材、进行活动的方法、选择活动的内容、与小朋友相处的方式、注意力集中的程度、活动任务完成状况及持久性、美术技能掌握情况等方面,都可以判断出儿童的个性特质。有经验的教师也常常可以从儿童作品中推断出某一作品是哪位儿童所创作的。

根据心理学家荣格关于心理机能的论述,里德在他的著作《通过艺术的教育》中对儿童绘画作品进行分析,把儿童的美术创作总结为以下八种类型。

(1)外向思考型——客观表现外在实体。

(2)内向思考型——主观表现外在实体。

(3)外向感情型——利用外在实体表现情感。

(4)内向感情型——客观地用外在实体及个人意向表现情感。

(5)外向感觉型——将个人感触投射于外物并加以表现。

(6)内向感觉型——表现个人触觉与动觉经验。

(7)外向直觉型——从客观事物中发掘素材,进而展现为拥有旋律的结构。

(8)内向直觉型——表现个人对抽象关系的认知。

美国著名美术教育家、心理学家罗恩菲尔德把儿童的美术分为视觉型和触觉型两种类型。"视觉型儿童希望照自己所见的来表现和认识世界,是客观性或理智性的表现类型,容易理解。触觉型儿童不完全按照自己所见的来表现。而是透过各种知觉投射表现自己内在的世界,这种类型往往因个人的特性强烈而令人较难理解。"①

---

①维克多·罗恩菲尔德:《创造与心智成长》,王德育,译,浙江人民美术出版社,2007,第215页。

　　近些年,不断有儿童教育专家、心理学家等各种领域的专家学者试图通过儿童的美术作品对儿童的性格类型及心理活动做出判断。我们说,根据儿童的美术作品来判断其个性不过是从某个侧面对儿童心理活动及性格特点的反映,真正了解一个儿童的个性、才能及心理活动,还需要进行多方面的考察,不可依据一幅画、一件作品就妄下定论。

第三节
在艺术通感视域下实施儿童美术教育

一、艺术通感视域下的美术审美活动

每一门艺术都有自己的特殊属性,这种属性具有不可替代性。各有所长的艺术家之间可以进行切磋交流,进而融通互渗,吸取借鉴,使审美之对艺术的领悟达到充实与丰富、对艺术的创作实现开拓与创新,提升主体艺术创作与欣赏的境界。艺术通感正是实现这种艺术交流互通的催化剂。通感与艺术互渗存在这种内在联系是无可争议的事实,已为中外众多美学家、艺术家、艺术欣赏者所认识和重视,并在艺术创作与赏析中充分体现了出来。艺术通感中的自由与想象之间也存在着内在的联系,它们是促成艺术活动中视觉、听觉、嗅觉等各种感觉共同参与和共同体验的必要元素,是可以暂时挣脱一种感官物质限制的束缚,多种感官相互作用后生出的感觉上的联通。

在不同艺术之间,通感现象的形成存在多方面原因,可以是艺术所表现的客观对象存在的共同性,艺术蕴含的内在规律具有的一致性,但这些都只提供了通感形成的某种可能性和客观条件,而要把这种可能性变为现实性,要拥有更有创作价值的艺术通感,还必须依靠艺术家和艺术欣赏者全面提高自己的感觉能力,具备多方面的艺术修养和才能,在此基础上,艺术通感发挥出直接的、重要的作用,激发起艺术家创作和欣赏者的通感心理机制的能动作用,最终产生审美活动的艺术通感。如法国象征派诗歌创作就是建立在通感的理论基础之上的。美国当代著名美学家托马斯·门罗写道:“法国象征派诗人(马拉美是其中的一位有影响的成员)也大谈各类艺术和各种感觉之间的一致性。他们认为,要想将视觉、听觉、味觉、嗅觉和触觉接通,是一件(或者应该是一件)很容易的事情。相应说来,将绘画表现的感情和情绪转变成诗的感情,或者反过来将诗的感情用绘画去表现,将音乐的感情用诗去表现，或将绘画的感情用音乐去表现，都是可能的。"①这是自19世纪中期以来，法国象征派诗人和其他众多流派的艺术家们所信奉的艺术信条。由于它具有的巨大影响力，致使众多的诗人、画家、音乐家、舞蹈家、雕塑家等艺术家们都纷纷对其他艺术产生兴趣，从中汲取灵感，探索艺术思想和学习表达技巧，以提升自己的艺术手段和艺术表现能力。

美术审美欣赏活动是一种审美活动，它也是欣赏者面对足以引发审美情感的作品，在审美主客体的相互作用下，一种心物感应、物我交融的审美心理过程遂而产生。美术艺术不论在审美欣赏活动中还是在审美创造活动中，与音乐、诗歌文学、电影艺术、戏剧艺术等多门艺术都很容易生成艺术通感，这一点在古今中外典籍中均有记载，下面我们对美术与几种最常见的艺术门类碰撞而产生的常见艺术通感做以分析与介绍。

（一）诗画相通

人们对绘画与诗歌互为通感的关系早有研究，远在古希腊时代，诗人西蒙尼德斯就说过："诗是有声画，画是无声诗。"②在中国，人们常说"诗中有画，画中有诗"，但诗中之画并非画中之画，不是用颜色、线条来画画，而是以语言文字把事物形象生动、传神地描绘出来，以"文字的绘画"激活人们的想象力，在头脑中形成一种"内心视象"，有历历在目之感。北宋孔武仲在《东坡居士画怪石赋》中写道："文者，无形之画；画者，有形之文。二者异迹而同趣，以其皆能传神写似为世之所珍。"③超越不离本体，异迹归于同趣。话虽不多，却说明了诗文、绘画以及其他艺术门类之间相通互渗的真谛。"诗书画兼具"在我国古代常用来赞美与评论文人墨客，以此形容他们以多种才华创造出诗、书、画融通互补、完美统一的作品。相反，"作画而不通书道，则其画无笔；作书而不通画理，则其书无韵"④。后人称王维的创作"诗中有画，画中有诗"，因为他不仅是妙笔生花的诗人，而且作为一个画家也是极富于创造性的，王维擅长作画，为时人所称颂，尤其对于绘制山水、花鸟、人物、佛像

---

①托马斯·罗门:《走向科学的美学》，石天曙，等译，中国文艺联合出版公司，1994，第523页。

②陆阳:《文化研究概论》，复旦大学出版社，2008，第248页。

③陆阳:《文化研究概论》，复旦大学出版社，2008，第266页。

④陆阳:《文化研究概论》，复旦大学出版社，2008，第251页。

等,皆能精通。

常言道:"不能绘画,不是画家;只能绘画,不是好画家。不会写诗,不是诗人;只会写诗,不是好诗人。"确实,如果画家只是研究线条色彩,诗人只是推敲语言文字,都可能成为能工巧匠,却难以成就杰出的诗人、画家。很多伟大的艺术家都是在诗、画造诣方面不分伯仲,作品具有"诗情画意",因为他们在创作中达到了"诗画联觉"的艺术通感境界,而能看懂他们作品的观赏者也在审美观赏活动中因为可以产生诗画互通的通感而获得对作品的极佳观赏体验。

(二)建筑与音乐

"建筑是凝固的音乐,音乐是流动的建筑",这句西方名言具有理论上的意义,而且也是符合审美实际的,从艺术感觉角度来讲,两者之间确有相似相通之处。在审美活动中,建筑和音乐两种艺术之间存在着一种平等交流、相互应和的通感关系。舒曼认为舒伯特是擅长用音乐细致刻画生活、表现情景的极具才华的音乐家,他讲过一件事,也是他亲身经历的:有一天,他为自己的一位好朋友演奏舒伯特的一首曲子,曲子弹完后,他问朋友,当朋友在欣赏这首乐曲时,脑海中是否出现什么明晰的形象,结果朋友说:"是的,听这首曲子时,我逐渐被带入塞维尔城,而且是一百多年前的塞维尔城景象,我就在大街上漫步的绅士淑女之间穿梭闲逛,看着这些人身着长裙,脚踩尖头鞋,腰间配着长剑……"而舒曼吃惊地感叹,原来朋友描述的景象居然和自己心中想的"完全相同,连城市也是塞维尔城!"[1]这个事例表明,音乐诉诸听觉的历时性的音响能够同建筑诉诸视觉的共时性的形体形成通感关系,使音乐的立体化效果得以丰富、增强,并提升可视性审美感受。

汉斯立克在《论音乐的美》中写道:"音乐是以乐音的行列、乐音的形式组成的。而这些乐音的行列和形式除了它们本身之外别无其他内容。在这点上它与建筑和舞蹈又很相似,这两种艺术也只能表现着优美的比例关系。"[2]音乐史论家安布罗斯在其论著《音乐与诗歌的界限》中,对形式主义音乐汉斯立克美学做出批判的同时,也肯定了二者的相近性,并明确提出音乐

---

[1]汪流:《艺术特征论》,文化艺术出版社,1981,第262-263页。
[2]汉斯立克:《论音乐的美》,刘鑫,译,人民音乐出版社,1978,第105页。

在一定意义上"属于建筑性的艺术",他说:"音乐从本质上在下述两个方面表现出自己的特性:一方面它是一种建筑性的艺术,也就是由赋予对称性的序、规定其比例相互吻合的乐音的各种构成部分所组成的艺术;而另一方面则是富有诗意的、表现观念的艺术。"[1]建筑是使用钢筋水泥、砖瓦木石等物质材料筑造而成的立体空间,按照整体与部分、部分与部分的顺序与比例,遵循均衡对称、和谐统一的规律,可以表现出富于音乐性的节奏感与韵律感,会使人产生"此中无声胜有声"的感觉。

建筑属于美术艺术的一个分支,它是空间艺术,而音乐所谓的空间艺术,是听赏者对音乐做整体感受时,所展现出的一种表象运动。音乐视听空间属一种衍生出的、想象性质的空间,它同听赏者听赏音乐时所处的那个实际存在的空间是完全不同的。音乐中的空间是以动态形式呈现的,它是"由听觉提供的空间,这种空间与由视觉提供的空间和由知觉运动等提供的空间在性质上是不同的"[2]。正是在这个意义上,人们才说"音乐是声音的建筑""音乐是流动的建筑"。但正是两种形态截然相反的艺术形式,会因为内在属性存在相同之处,使人产生艺术通感,所以在不经意间就被联系在一起了。

(三)绘画与音乐

音乐主要作用于人的听觉,以声音为媒介,表现主体情感,是以"听"为主的艺术;绘画主要作用于人的视觉,是"看"的艺术,主要通过色彩、线条、形状呈现客观事物。二者一个具有无形无相的特点,一个具有有形有相的特点,那么两种有如此大区别的艺术形式,又是怎样沟通起来产生联觉的呢?

事实上,在艺术审美活动中,声音与色彩的通感效应现象是最易产生也是学者们最早研究的领域。众所周知,节奏在物质运动中是符合某种规律的表现形式,在多种艺术中,都可以找到节奏运行的身影,只不过它的表现形式和强弱程度有所不同,其中在音乐艺术表现中最为突出。节奏被称为音乐的灵魂、音乐的骨架,它是音乐的基本构成,表现为对声音的长短、快慢、强弱的律动制约;绘画作为可视性艺术,在色彩的浓淡、线形曲直、布局

---

①汪涛:《他律音乐美学研究》,人民音乐出版社,2019,第132页。
②黑格尔:《美学》第3卷(上册),商务印书馆,1979,第281页。

的疏密、光影的明暗、向背的搭配等细节呈现上,也是有"节奏感"蕴含其中的。由于音乐与绘画存在着这种相似性和契合点,因而无形的、流散的乐曲也会唤起人们"造型的想象",好像从中"听"出了"目之能见的图画";而有形的、静态的绘画也会引发人们"流散的想象"仿佛从中"看"到了"耳之能闻的乐曲"。这种音乐与绘画之间的通感现象,正如曹植在《七启》中所说的:"画形于无象,造响于无声。"俞伯牙每鼓琴奏曲,钟子期均能"志想象犹吾心",听其音,类其形,得其意,穷其趣,从琴声中想象到高山流水、霖雨崩山,所以钟子期被俞伯牙视为"知音"。音乐家通过对客观事物的感受、体验,在此基础上建构乐思,然后以流动的、不具有空间形态的声音形式将之表现出来。它凭借音响及律动进行,形成"类同相召,气则同合,声比相应"的感通关系,不像文学那样通过直接描写引起人们喜怒哀乐情绪的事物,而是以间接方式,凭借其他媒介表达情感,这是音乐与绘画形成通感的重要关节点。人们在进行艺术创造和欣赏活动中,却要超越物质媒介的局限,音乐家要谱写出色彩音乐,画家要绘制出音响图画;欣赏者则要从乐曲声中"看"到色彩,从绘画色彩中"听"出声音。如佛家所说的:"耳中见色,眼里闻声。"这不是人们不切实际的奇思异想,而是通感视域下形成的符合审美心理活动规律的艺术活动。黑格尔说:"各种色调的互相渗透,一种许多返光的照耀,这些返光在许多其他发光体中照耀着,变得很精微,瞬息万变,生动热烈,以至开始越界到音乐的领域。"[①]康定斯基认为,音乐的声调与绘画的色彩之间的感通存在着物理、心理相似性基因,他说:"大气和光的振动形成了声音和色彩之间相似性的基因。……同理,画家和作曲家也能够熟练运用暖的'色调'和'音调'创作出热情洋溢的典范之作。"[②]

从 19 世纪后半期开始,随着象征派、印象派、抽象派的逐一出现,音乐、绘画创作重要的艺术理念开始确立。艺术家们颠覆了学院派及古典主义对理性、写实性原则的遵循,提倡以音响、色彩、光线等直接、非具体化形式捕捉与表现瞬间出现的视听创作赏析印象及内在情绪感情。这种艺术表现的抽象化特点,使得音乐与绘画之间出现了更好的融合力、更多契合点,这种情形下,印象派绘画与印象派音乐相伴而生,依次绽放。音乐家在创作乐曲

---

①黑格尔:《美学　第 3 卷》(上册),商务印书馆,1979,第 286 页。
②傅雷:《傅译传记五种》,生活·读书·新知三联书店,1983,第 190 页。

时会考虑对色彩效应的追求,画家在创作绘画作品时要以色彩表达出音乐的美。印象派的音乐创作者凭借个人产生的短暂直觉将音响结构组织起来,使用色彩变幻的和声以及少量的和弦外音的加入,创造出一种虚幻美好、镜花水月般的气氛、情调,再加上配器的创造性运用,将声音色彩与音响层次合并起来,要"用彩虹般的和弦,编织成一幅神奇的色彩美的网"。①

正因为音乐的音响与绘画的色彩有着通感关系,所以有人说:"声音是听得见的色彩,色彩是看得见的声音。"②

我们知道,不同门类的艺术既有各自的特殊规律,又有着内在的共通性和一致性。艺术家"精耕"其中一种艺术形式就可以举一反三,触类旁通,从特殊中掌握一般。意即他对本艺术的造诣愈是精深,对与其他艺术的共通性就会理解得更真切、透彻,从中消化、吸收的艺术营养也就愈加丰富。邹一桂《小山画谱》说:"善诗者,诗中有画;善画者,画中有诗。然则绘事之寄兴,与诗人相表里焉。"这就要求艺术家和审美欣赏者掌握和运用通感的创造力,必须首先在"一通"上下功夫,"一通"方能"百通",精于"一行"方能通于"百行"。

从另一方面来看,不同艺术之间的融通、互渗是相互交流、作用的结果,如果我们的格局过窄,为"本行艺术"陈规旧俗所羁绊,不敢创新,那也是行不通的。因此,艺术家和审美欣赏者必须在"专精一门"的基础上追求"博通艺"的境界,对于实现艺术的交融互渗、综合创新有着重要意义。罗曼·罗兰是伟大的文学家,同时也是出色的音乐家;泰戈尔是蜚声世界的诗人、作家,还是有很深造诣的画家、音乐家;舒曼是公认的音乐家,也创作出了优秀的戏剧、诗歌作品;法国画家安格尔不仅会创作肖像画,同时还拉得一手好提琴。在我国古代,唐代台州司户郑虔善画、工诗、能琴,人赞为"郑虔三绝";清代"扬州八怪"之一的郑板桥,以画兰竹蜚声画坛,画风疏朗、劲峭,他的诗歌也以"自开生面"闻名于世。这些艺术家都能将音画技能的"专精一艺"与"博通众长"有机地统一于自己的艺术创作之中。

罗曼·罗兰说:"事实上,各种艺术是经常互相影响的,它们彼此交流,或者由于自然的演化而越出自己的范围,侵入相邻的艺术领域。有时音乐

①黑格尔:《美学》第3卷(上册),商务印书馆,1979,第281页
②傅雷:《傅译传记五种》,生活·读书·新知三联书店,1983,第193页。

会变成图画,有时则图画化为音乐。……各种艺术之间并不像许多理论家所声称的那样壁垒森严;相反地,经常有一种艺术在向另一种艺术开放门户。各种艺术都会延展,在别的艺术中得到超绝的造诣。"①这个论断是具有深刻意蕴的,完全符合艺术发展的自身规律。

20世纪以来,社会经济和科学技术的高速发展,艺术与科技的密切合作,导致艺术呈现出分类细化与综合互动的强劲势头。电影、电视就是在运用光学、电学、摄影技术和化工机械技术基础上产生的不同于戏剧的综合艺术,它把动作、声音、色彩与画面结合起来,获得了表现时间与空间的极大自由。其他艺术门类也无不努力打破自身的局限,相互吸收,博采众长,构成新的艺术形式,诸如"色彩音乐"、"有声绘画"、MTV、抽象派、立体主义绘画等。近年来,"多媒体"和全息技术的发展运用,进一步改变着人们的艺术思维方式,为创造一种大众化的、综合性的艺术开辟了广阔的前景。通感为现代艺术的大综合提供了重要的审美心理依据,我们创作和欣赏现代艺术也越来越需要发挥通感的心理功能。普及美术教育,不仅要培养一专多能的美术家,而且要通过美术教育使更多的儿童长大进入社会以后,成为具有美术素养、具有多重审美眼光的高素质工作者,在应对现代化的、不同性质的工作岗位中,将美术的元素带入其中,也将其带入自己的生活中,使受教育者在美的世界过有品质的生活。

二、艺术通感视域下的儿童美术教育

丰子恺被誉为现代画家、漫画家、书法家、美术教育家,但他同时也是散文家、翻译家和音乐教育家。丰子恺先生曾提出,在儿童的教育方面,应该给予艺术教育足够的重视,他觉得儿童的眼睛可以看到事物本质,可以洞察到很多奇妙的、无与伦比的美,这双眼睛是与世俗"绝缘的眼",因为儿童有颗童真的心与艺术相通。他还指出,儿童美术教育的目的不是培养艺术家,而是要培养具有"芬芳的胸怀,圆满的人格"的人,他希望通过美术教育能够使人"用鉴赏自然、鉴赏绘画的眼光鉴赏人生","鉴赏世界",能够使人"用

①勃兰兑斯:《十九世纪文学主潮 第五分册 法国的浪漫派》,人民文学出版社,1982。

像美的和平与爱的情感来对付人类,能用像创造绘画的态度来创造其生活"。丰子恺先生自己就是"一专多精"艺术家的成功例证,是艺术通感背景下,集多重艺术领域大成为一身的典范,他是艺术通感视域下的美育实施的完美佐证,古今中外,类似的利用艺术通感造就的艺术家不胜枚举,我们后来的艺术教育工作者在这些成功的案例中也要注意发掘通感在儿童美术教育中的成功经验,擅长使用艺术通感去开展美术教育,为儿童提供更优质的美术教育。下面我们将儿童美术教育分为儿童美术审美欣赏教育与儿童美术创作活动展开研究与分析。

(一)艺术通感视域下的儿童美术审美欣赏教育

美术教育可以提高儿童审美感受的灵敏度,活跃性和统摄力,使儿童对生命形式的特有感受能力方面得到激发。美术教育的重要目标是培养儿童丰富且敏锐的审美感知能力。教师应当组织引导儿童通过多感官的统合运用,从不同角度,了解世界万物中的多维生命形象,体验万物的动静之美,体会持久不息的生命驱动力。引导儿童运用多感官,获得视觉、触觉、动觉、听觉、嗅觉、味觉等感官联觉,去感受审美活动过程中运动感、力度感、节奏感、和谐感等总体特征,培养儿童敏锐的审美感受能力。儿童的美术审美知觉不仅仅有视觉,往往还伴有听觉、味觉、嗅觉及触觉等多感官的共同参与,可以说具有多通道性。1883 年,英国科学家高尔顿就经研究得出结论:艺术通感现象更容易发生在儿童身上。还有其他专家学者经研究认为,儿童在感知与体验艺术通感的能力方面超过成人。以这些研究做理论基础,我们可以坚定地相信:在艺术通感视域下实施儿童美术教育是可行的且必要的。在儿童借由多感官感知世界时,儿童会逐渐完成自我发现的过程,这些体会也将成为儿童美术创作的素材。审美感知力不仅是对艺术作品的感知力,也是对万事万物的美的感知。美术审美活动要调动儿童的多感官去感知艺术作品的美,外部世界的美,生命的美。以下为美术审美欣赏活动中最容易引发通感的视听与视动案例,对象为 5~6 岁,10~12 岁不同年龄段儿童。

1. 美术审美欣赏活动中视、触、肤、听觉等通感的产生

5~6 岁的儿童大部分已能区分美、丑,并具备了一定的审美标准,但他们的审美标准处于初步确立状态,且带有明显的个体倾向性,因为这个年龄段,他们的逻辑思维能力还没有形成,以感性思维、直觉思维为主,因此他们

的通感形成更是带有始于初心、发乎天然的特点。

【案例】　幼儿园大班小朋友的美术经典绘画赏析活动

图一　《林中雨滴》　俄国　希施金作品

将这副名画《林中雨滴》在儿童的美术欣赏课呈现出来时，不同年龄段的儿童表现出不同的反映，其中跟试听通感有关的对话摘取如下：

儿童一：下雨了吗？画里面的人都打着伞呢，我听到雨滴打在伞上面的声音，"滴答、滴答"（他边看边说边歪着头，好像在认真倾听……）。（视听觉通感产生）

儿童二：下雨了，降温了吧？画上的人穿得挺多的，天气一定很冷（视触觉通感产生），但是树林里雾蒙蒙的，好像很潮湿呀！（视肤觉通感产生）

儿童三：雨下得不太大，树林里一定有鸟在唱歌，我听到鸟的叫声了，"bugu—bugu"（小女孩学着布谷鸟的叫声）。（视听觉通感产生）

上述案例中，儿童在作品欣赏过程中产生了多种形式的艺术通感。儿童的这些通感反应完全是自发形成，其间老师没有发出任何相关提示性语言与暗示性行为，不同的儿童个体产生了不同的通觉联想，从视觉到听觉、视觉到触觉、视觉到肤觉间的联通转换。孔起英教授认为："在美术欣赏过程中，儿童充分调动他们的感知、想象、理解、情感等心理因素对美术作品的形式及其意味进行充分的体验和认识，并且儿童对作品的感知是多种感官、多通道地进行的。"①正如"一切艺术形式都要作用于欣赏者的感官,凭借感官才能开始进行艺术欣赏"②的说法,儿童在对作品进行欣赏时,不仅借助了感官,而且调动了多种感官参与。

2.美术审美欣赏活动中,视、动、心、听觉通感的产生

【案例】 带领 10~12 岁儿童赏析名画《伏尔加河上的清风》《伏尔加河上的纤夫》

图二 《伏尔加河上的清风》

图三 《伏尔加河上的纤夫》

儿童一:《伏尔加河上的清风》像是暴风雨后的宁静,云很厚很重,但是湖水风平浪静,看到这幅画让我的心情很宁静。(视心通觉产生)

①孔启英:《儿童审美心理研究》,江苏教育出版社,2008,第176页。
②杨恩寰,梅宝树:《艺术学》,人民音乐出版社,2001,第186页。

儿童二:《伏尔加河上的清风》这幅画里面的阳光被遮挡在厚厚的云层后面,让我感觉很凉爽,我能感到湖面吹来的凉风,吹到我的脸颊(视肤通觉产生),好舒服!

儿童三:《伏尔加河上的清风》这幅画看了让我觉得生活很美好(视心通觉产生),世界很安静,《伏尔加河上的纤夫》这幅画让我感觉心情很沉重,人生很痛苦(视心通觉产生),看到这幅画我想哭。

儿童一:第一幅画让我想在那个宁静的湖边散步,看到第二幅画我有帮那几个拉船的纤夫去拉绳子的冲动(视动通觉产生),他们看上去又热又渴,已经没有力气了。

老师:下面我给同学们介绍一下这两幅名画的创作背景。在这幅《伏尔加河上的清风》中,作者描绘了伏尔加河上绚丽的夏天的景色,反映出创作者激动、喜悦的心情。画家列维坦在1888年以前画了作品《伏尔加河组画》《雨后》《白桦丛》等,显示了他抒情、细腻的画风与技法,擅长用柔和自然的笔调再现大自然的优美景色。19世纪90年代后,画家开始思考如何将时代的特点展现在风景画中,创作出他的代表作品《弗拉基米尔路》《墓地上空》等,这些画作都以对悲怆凄凉气氛的营造,表达了当时社会情绪的压抑主调。后来兴起了革命运动,他又创作了《伏尔加河上的清风》《三月》《金色的秋天》等,喜悦和激动的心情充斥在这些作品中。他的后期作品《湖》创作于画家离世前,这幅画运用明朗、轻快的色彩对大自然的美进行了高度的赞美与概括。而《伏尔加河上的纤夫》是伊利亚·叶菲莫维奇·列宾的代表作,也是他的成名之作,后被视为经典的现实主义优秀作品之一。画面上展示的是,在烈日映照下,干燥荒凉的河滩上,一群衣衫褴褛的纤夫冒着酷暑,步履沉重地拖着货船,慢慢地挪动着疲惫身躯和沉重的木船。画面上干渴的纤夫们痛苦无助的表情与无力的肢体动作在炎夏的闷热中与河水的悲吟融合、交织在一起。在这幅画的构图上,画家利用了沙滩的地形和河湾的转折,使11个纤夫看起来犹如一个个雕像,被镌刻在一座隆起的底座上,使这幅画带给人们强烈的视觉冲击力,显示出深远的张力,画中的主体颜色昏黄暗淡,空间留白显得背景空旷迷茫,给人以孤独、无助、迷离之感,仿佛可以听到来自纤夫心灵深处的抽搐与悲鸣。这幅画充满了画家的真实情感,被看作是画家心境的真实写照。景色布局方面,画家又以狭长的横幅展现这群纤夫的队列,而在近景描绘中,只有埋在沙里的几只破筐作为沙滩的点缀,更显得荒滩景色的凄凉,给观赏者以压抑感。从此画的构图、线条、笔力来讲,画家的绘画技巧是相当成熟而高明的。下面我们做个小游戏,我给大家播放两首音乐,先不告诉大家曲名,大家听后给这两幅画配你觉得合适的背景音乐(老师先播放了俄语原文声乐曲《伏尔加船夫曲》,然后播放了柴可夫斯基的《如歌的行板》)。班里儿童都选了将《如歌的行板》作为《伏尔加河上的清风》的背景音乐,《伏尔加纤夫曲》作为《伏尔加河上的纤夫》的背景音乐(视听觉通感的作用)。

从上述案例中我们可以看出,儿童产生的多种艺术通感类型要么同时出现,要么是连续性的具有因果关系,这与儿童本身具备的文化特征有关。边霞认为儿童对世界的感知是一种整体性的感知。"儿童对周围世界的概念是在同步的、总体的感受中形成的,对同一种事物,只要有可能,他总是会调动自己所有的感官去认识和体验,其中既有视觉的,又有听觉的,而且还常常伴之以动觉的。在儿童那里各种感觉还未被人为地割裂,甚至在感觉的同时他们也在做着身体和心灵的反应。对于儿童来说,各种感觉是一体的,感觉和反应是一体的,身体和精神也是一体的。"[1]儿童对世界整体感知的特征,使得他们在欣赏过程中产生艺术通感的真切体验,获得了完整的、真正的审美愉悦。

(二)艺术通感视域下的儿童美术审美创作教育

儿童美术教育具有主体性、游戏性、互动性等本质特点。儿童美术教育的审美创作活动是指在教师指导下,儿童亲自动手进行创作,以自己的视角反映真实的生活,用自身的方式传达情绪情感、感受想法及主体观点的艺术活动过程,它既指儿童运用各种美术工具与材料创作美术作品的行为教育过程,又指这一行为教育过程的结果,即儿童在教师引导下创作的美术作品。儿童美术活动不同于成人美术活动,它侧重于以儿童生命的真实体验与情感的直接流露为背景,是儿童认识与把握世界的一种方式,是儿童独特个性的一种体现,是儿童沟通交流的一个媒介。

儿童美术审美创作通常包含绘画和手工制作两项内容。在活动中,有

---

①边霞:《生态式艺术教育的基本思想与实践探索》,《学前教育研究》,2003年第5期,第51页。

些感官直接参与其中,有些感官如嗅觉系统和味觉系统等却未直接参与其中,但这些未直接参与其中的感觉器官却往往能促成通感的形成,同其他感官一起共同搭建儿童认识世界的通道。儿童与实物接触时,对此物的认识是多方面的,比如在需要对之前接触过的对象进行描绘时,教师可以引导儿童调取脑海中此实物所有的信息,调动儿童的多感官参与进行美术活动,不仅能够增加儿童的美术创作活动兴趣,同时能够刺激儿童的大脑皮层,形成生动的记忆,便于转化为长时记忆,利于调取或再现。依托于感觉器官的感知能力,能够影响儿童的绘画行为与手工制作,而以感觉和普遍知觉为基础的审美感知,会出现视觉引发的味觉、触觉、听觉、心觉等通感。

【案例】 3~4 岁儿童绘画创作活动《小鱼游来了》

准备的材料有形状各异、颜色不同的鱼(教师将鱼画好涂上颜色后剪出鱼的轮廓)、空白图画纸、已画好鱼形图案的图画纸、剪刀、花纹小印章、广告颜料等。这里特别需要说明的是,指导教师可以根据不同儿童创作的需要来准备的材料:一般的儿童,老师给他们准备的任务是小鱼花纹的添画,给的是画好了小鱼图案的画纸;对能力较弱的儿童,如果装饰鱼的花纹画起来有困难,教师可以为他们准备印章,供儿童在小鱼身上拓印花纹;对待能力较强的儿童,除了完成教师的要求外,教师还为他们提供空白的图画纸,鼓励他们自由创造不同造型的鱼以及鱼身上的花纹。这里,教师充分挖掘了美术材料及工具所具有的巨大教育价值,在材料的准备上也充分考虑到不同儿童对美术工具、材料的需求,为儿童提供了不同层次的美术操作材料。教师的精心准备使儿童在与美术工具、材料交互作用过程中,纯真、好奇的心灵受到撞击产生审美情趣,从而激发出美术创作的热情。另外,在活动准备的阶段,教师还要注意儿童美术活动空间的环境美化,要营造出优美的学习环境,使儿童在充满美的艺术氛围中,带着愉悦的心情参加美术活动。

儿童一:(画了两条鱼,一条红色,一条黑色)我听到红鱼对黑鱼说"我们一块游到大海里吧?"黑鱼说"好的",然后他们很开心地游去大海了(儿童做动作,摆动双臂从教室一边走到另一边)。(听觉、心觉、动觉通感产生)

儿童二:(画了三条鱼)粉色的鱼是我妈妈,绿色的鱼是我爸爸,黑色的鱼是我,因为我妈妈最喜欢穿粉色的衣服,我爸爸最喜欢绿色,我长得黑,所以黑色的鱼就是我,我们三个在沙发上看电视,看《蓝精灵》(边说边哼唱《蓝

精灵》主题歌的曲调)。(视听觉通感产生)

儿童三:(画了一条大鱼,张着大嘴巴,嘴巴里面长着两排锋利的牙齿)我画的鱼会咬人呢,上个星期日妈妈买条鱼要给我吃,妈妈洗鱼时不小心被鱼咬了手指,都出血了。妈妈好疼。(视触觉通感产生)

【案例】《风来了》

课前,老师带领小朋友在操场活动10分钟,提示小朋友观察风吹动树枝摇动、风吹动水池形成的水波。回到教室后对所视察的事物进行提问。

老师:小朋友们,我们刚刚出去寻找了风,现在你们能说一说风在哪里、风长得是什么样子吗? 我们身边的树木有什么变化?

老师播放风声的音频资料。

儿童一:呼,呼,呼,是风来的声音。(听觉)

老师:它给你什么样的感觉?

儿童二:风在操场上,在花园里,风一吹,就能闻到花香。(视嗅觉通感产生)

儿童三:风在窗外,(手指着窗外的树木)风在跟柳树做游戏,把柳树枝吹得飘起来,把杨树叶吹得哗哗响,风在全世界奔跑!(视听觉通感产生)

老师启发:春风吹在我们身上有什么样的感觉?

儿童一:春天的风刮在脸上很舒服,像妈妈的手在摸我的脸一样舒服!(听肤觉通感产生)

老师:寒冷冬天会刮西北风。请小朋友们回忆一下,冬天的西北风,刮在脸上和身上会带给我们什么样的感觉?

儿童三:西北风打在脸上很冷、很疼(听觉、动觉、肤觉、触觉的通感产生),风很大,有时候走路都会被刮跑的(做摇摇摆摆站不稳的动作)。(听动觉通感产生)

老师:我们一起跟着音乐学一学西北风刮起来的样子。

教师扮演风,幼儿自由选择扮演花草、树木、红旗等,在大自然的场景中幼儿用身体动作表现这些物体在不同的风中的形态。

引导幼儿通过多种感官、多种渠道感知、表现风的形态及特征,是一种非常适宜幼儿的方法。它既关照了教师、儿童活动前已有的知识经验的准备,又提供了丰富的、直观的物质材料;既注意了视觉、听觉等多通道感受活动内容,又努力营造出了优美、宽松的美术环境。更值得一提的是,可以让家长参与到活动中,丰富儿童相关的知识经验。美术活动范例中信息技术的适时介入,也给予了儿童强烈视觉、听觉冲击,极大地激发了儿童创作欲望与创作想象的产生。

三、在实施儿童美术教育活动中形成的启示

(一)艺术通感对儿童审美感知力发展的促进作用

"审美感知不同于科学感知,科学活动中感知的目的在于形成科学概念,强调的是'真';而审美感知是对事物的各个不同的特征——形状、色彩、光线、空间、张力等要素组成的完整形象的整体性把握,是一种区别于日常感知的能够解释事物审美属性的感知,具有非实用功利性、完整性、超越性、情感性等特点,强调的是美。"①通过研究发现儿童能够从温觉、触压觉、味觉、心觉认识色彩,从触压觉、动觉、心觉角度认识线条,随着儿童艺术通感的出现与引导性启发运用,使儿童对绘画要素的认识超出了科学认识范围,我们可以通过让其闻一闻、嗅一嗅、摸一摸、想一想等途径,不仅使儿童多种角度地体验色彩、线条种种之美,而且使儿童在美术欣赏创作过程中,调动多种感官,多通道地感知客体,使主体的审美感受具有联通性、多重性和立体性,从而深化了对审美客体的解读和理解,增强了儿童的审美感知力,使其获得了更深层次的审美体验。

(二)丰富儿童的生活经验,为其运用艺术通感提供丰富养分

艺术通感的运用能帮助儿童更深刻地体验艺术之美,儿童丰富的生活经验的积累也为艺术通感的形成提供必要条件。通过对儿童艺术通感产生原因的分析,我们知道儿童无论是基于审美要素还是基于整体绘画作品,大多数儿童艺术通感的产生均离不开自己的生活经验。这里的生活经验既包括日常的生活经验,也包括以前的审美经验。所以我们通过各种途径带领儿童参与到现实生活中,"让其亲身体验和感受现象世界,使自己的感觉活动逐渐适应对象世界中对称、均衡、节奏、有机统一等美的活动模式,最后形

---

①许卓娅,孔起英:《学前儿童音乐与美术教育》,苏州大学出版社,2017,第449页。

成一种对这样一些模式的敏锐选择能力和同情能力"①,以提高其敏锐的观察力;另一方面,我们也可以搜集人类优秀的且适合儿童观赏的艺术作品,有意识地指导他们运用艺术通感,从中感受作品的艺术感召力,丰富其审美经验,进而使这种感知活动内化为自己的感性认识、自身的倾向或习惯,为其以后对艺术通感的自然运用打开方便大门。儿童经历这样的练习,相信他们在以后的美术欣赏过程中能够游刃有余地借助艺术通感把"死的、静止的事物变为一种活生生的、有血有肉的立体存在,甚至使那些"纯粹而又抽象的'事实'变成活生生的'现实'"②。

(三)营造宽松良好的氛围,激发儿童的情感体验和想象

"在审美经验中涉及的情感大体上可分为两种:一种是被误当作事物的情感性质的知觉情感,二是组成审美经验的诸要素按一定比例配合达到一种自由和谐的状态时达到的审美愉快,即审美情感。"③这里的情感是一种知觉情感,即伴随着知觉活动直接产生的,而且总是被主体看作是知觉对象的一种客观性质。没有情感的艺术活动是无法想象的。"艺术,就是将'情感生活'投射成空间的、时间的或诗歌的结构,这些结构就是情感的形式,就是将情感系统地呈现出来供人认识的形象,艺术的本性就是将情感形象地展示出来以供我们理解"④,所以情感是艺术的生命。只有理解了艺术中的情感,才能真正地体验艺术中的个味。情感同时也是艺术通感产生的动力,决定着通感的内容、深度、广度、方向等。人的内心情感与外部事物是相互作用、密切相关的,而情感单薄的人的心灵中少有形成真正的表象,缺乏形成想象的基础,"情感在想象中如同炼钢炉中的燃料和炉火,没有它,就不会有高温,因而也就熔炼不出优质的合金"⑤。而没有想象参与的美术欣赏活动就不会那么有声有色,通感也就无法形成。所以教师在进行美术欣赏的时候要首先调动起儿童的情感,"帮助他们将自己内心的情感模式与外在的生命模式达到同构,从而理解事物的情感表现性,更进一步地达到审美愉悦,

---

①滕守尧:《审美心理描述》,中国社会科学出版社,2015,第82页。
②滕守尧:《审美心理描述》,中国社会科学出版社,2015,第63页。
③滕守尧:《审美心理描述》,中国社会科学出版社,2015,第65页。
④滕守尧:《审美心理描述》,中国社会科学出版社,2015,第69页。
⑤滕守尧:《审美心理描述》,中国社会科学出版社,2015,第374页。

激起创作的冲动"①。在儿童达到审美愉悦的状态下,儿童的审美情感激起儿童的想象和联想,进而为其艺术通感的运用做好心理准备,最终使其能够更深刻地体验和品味美术作品中传递的审美情感。

---

① 许卓娅,孔起英:《学前儿童音乐与美术教育》,苏州大学出版社,2017,第493页。

第五章
通感视域下的儿童文学教育

第一节
文学的起源、审美特征及教育意义

一、文学的起源与发展

文学起源于人类的思维活动。最先出现的是口头文学,一般是与音乐联结为可以演唱的抒情诗歌。最早形成书面文学的有中国的《诗经》、印度的《罗摩衍那》和古希腊的《伊利昂纪》等。

(一)西方文学史简述

已知最早的西方文学作品是公元前 2700 年一篇由苏美人创作的吉尔伽美什史诗,当中描述的是英雄主义、友谊、损失及追逐永生。西方不同的历史时期有着不同特色的文学,早期作品经常带着宗教或教诲的目的,富有说教色彩的规范文学就此诞生;随后,在中世纪,浪漫主义特质文章绽放,与此同时,理性时代造就了民族主义史诗与哲学短文,因浪漫主义文学过于强调通俗及情感的投入,逐渐被寻求真实的现实主义与自然主义取代;到了 20 世纪,象征主义抬头,现代主义与后现代主义是 20 世纪上半期西方诸多具有反传统特征的文学流派的总称,它涉及戏剧、电影、绘画、音乐等艺术领域,成为 20 世纪一种具有代表性的文艺思潮。

(二)中国文学史简述

中国先秦时期将以文字写成的作品统称为文学,魏晋以后才逐渐将文学作品单独列出。在很长一段时间内,中国的文学与史学、神话并无明显的界限划分,最早的文学是对历史和神话的记录。但纯粹的文学早在周时就已出现,例如《诗经》;后来诗、词、曲、小说等文学形式分别在唐、宋、元、明、清达到高峰;近代文学时期,梁启超倡导诗歌"诗界革命",号召以启发、觉悟为宗旨,发动文学界的全面革命,另有刘鹗的小说代表作《老残游记》,被称为"晚清四大谴责小说"之一,被联合国教科文组织认定为世界文学名著,并被翻译成英文、俄文、法文、德文、日文等多种文字,印行版本超过186种,流传甚广,影响深远;进入现当代文学阶段后,鲁迅成为那个时代领先摇旗呐喊、试图用文学唤醒民众的领军人物,鲁迅先生一生写作计有600万字,作品包括杂文、散文、短篇小说、评论等,鲁迅先生的作品对于五四运动以后的中国文学产生了较为深刻的影响。毛泽东主席评价他是伟大的文学家、思想家、革命家,是中国文化革命的领军人物,代表作有《狂人日记》《药》《孔乙己》等。那个时代还有郭沫若、朱自清、冰心、艾青、闻一多等文学家,他们的诗作及散文作品都怀有浓烈、真挚的爱国主义情思,还有老舍、钱锺书等文学大家都有经典作品流传至今,剧作家曹禺、夏衍、丁玲等出产了一批优秀剧作。

二、文学的分类

文学有多种分类方式,按读者年龄分为儿童文学、成人文学等;按读者群体分为严肃文学和通俗文学或大众文学、少数民族文学、民间文学、宗教文学等;按内容分为史传文学、奇幻文学、纪实文学、报道文学等;按体裁分为小说、散文、报告文学、诗歌、新韵文、剧本、戏剧、歌剧、童话、民间传说、寓言、笔记小说、野史、对联和笑话等;其他如史传、哲理、小品文、赋、骈文、文学批评、有文字剧情架构的电脑游戏(含游戏主机)与动漫等。

以下对最常见的文学分类:诗歌、散文、戏剧和小说做以介绍。

(一)诗歌

诗是历史最悠久的文学形式。传统的诗是有韵律的文字组织架构,通过想象与抒情的形式来表达某种强烈的情感的文学作品。中国是世界上诗歌最发达的国度之一,从中国最早的诗歌总集《诗经》,最早的长篇抒情诗《离骚》以来,汉代的乐府,唐宋格律诗,兴起于唐末、繁盛于宋代的词,元曲以及五四以来的新诗,还有历代的民间歌谣,使中国成为无可辩驳的诗歌大国。相比之下,西方的叙事诗发源较晚,但西方国家的诗歌与戏剧结合后,成就很大,出现很多传世名作,例如《荷马史诗》、《但丁神曲》、莎士比亚剧本等。

（二）散文

散文是一种没有严格的韵律和篇幅限制的文学形式。

（三）戏剧

戏剧是另一种古老的文学形式，主要通过不同角色之间的对话来表达作者的思想和感情。戏剧可以用于舞台的表演，也可以阅读。

（四）小说

小说是一种叙事性的文学体裁，通过对人物的塑造和情节、环境的描述来概括性地表现社会生活。"小说"一词最早记载于《庄子·外物》："饰小说以干县令，其于大达亦远矣。"[①]小说由于具有巨大的容量，能够深刻而全面地反映现实社会生活和人们的思想情感，成为近代以后主流的文学形式之一。

三、文学艺术的社会功能

文学的社会功能主要有三个方面：一是精神价值，二是美育价值，三是审美价值。三种价值同时发生作用，构成了文学的社会功能。

（一）文学艺术的精神价值

文学除了具有外在的、物质的、功利的价值以外，更为重要的是它还拥有内在的、无形的、超越功利的价值，即精神性意义。

关于精神，存在诸多不同的定义，通常人们更认可这样界定的精神概念，可以做如下概括：精神"是人内在的一种意向性存在，是人的理性与感性诸多心理因素的有机统一，是人不断超越自我、完善自我的一种心理活动过程。因而，精神的价值不同于物质的价值，精神价值是内在的、本体的、不断超越自身的。文学艺术的创造活动是文学艺术家的精神活动，文学作品属于人类的精神产品，对文学艺术接受、鉴赏也属于人们的精神领域的活动，所以，文学艺术的精神性价值应当是其自身最为内在的、基本的价值所在"[②]。德国早期的现象学学家 Moriz Geiger 也曾提出类似观点，认为在文学

---

①庄周：《庄子》，云南人民出版社，2011，第 158 页。
②杨波：《文学接受活动中的艺术通感特征解说——艺术通感研究系列之三》，《哈什师范学院学报》，2003 年第 5 期，第 76-79 页。

作品中,存在着一些确定性的特性,这些特性构成文学的艺术价值,也就是艺术的精神性价值的特性,这些价值是以无形的姿态存在于作品之中并作为被包含在艺术作品之中的特性而被人们体验的,即它并不以为了实现主体的某种物质性目的而存在,否则主体就无法真正理解艺术。艺术在实现自己的存在价值时,反而已经忘记了什么是艺术,它并不仅仅是工具,甚至也并不总是"作品",从本质上讲,它是一种生存方式,一种生活态度,它代表了生活的内涵,是支撑生命的信仰。

1.文学艺术是精神慰藉

文学的精神慰藉作用是存在于各个文学体裁中的,要说最能抚慰精神的莫过于诗歌。以中国宋代著名词人苏轼的一首经典词为例,做以下分析。

《定风波·莫听穿林打叶声》

原文:

三月七日,沙湖道中遇雨。雨具先去,同行皆狼狈,余独不觉,已而遂晴,故作此词。

莫听穿林打叶声,何妨吟啸且徐行。

竹杖芒鞋轻胜马,谁怕?一蓑烟雨任平生。

料峭春风吹酒醒,微冷,山头斜照却相迎。

回首向来萧瑟处,归去,也无风雨也无晴。

译文:三月七日,在沙湖道上赶上了下雨,拿着雨具的仆人先前离开了,同行的人都觉得很狼狈,只有我不这么觉得。过了一会儿天晴了,就做了这首词。

不用注意那穿林打叶的雨声,何妨放开喉咙吟唱从容而行。竹杖和草鞋轻捷得胜过骑马,有什么可怕的?一身蓑衣任凭风吹雨打,照样过我的一生。春风微凉吹醒我的酒意,微微有些冷,山头初晴的斜阳却应时相迎。回头望一眼走过来的风雨萧瑟的地方,我信步归去,不管它是风雨还是天晴。

这首词的上半部分表达了苏轼坦然面对风雨的豪迈情怀,下半部分讲风雨过后,残阳斜照的美景勾起了苏轼半醒半醉、无喜无悲、无得无失的人生感悟,读罢,让人忘却忧乐浮沉。诗人心胸豁达、笑看风雨的洒脱形象跃然纸上,读者读到这首词,会从内心生出一种达观的人生态度,而能对生活中遇到的坎坷从容面对。

由此可见,我们在文学艺术作品中可以发现作者面对人生坎坷及苦难时所表现出的那种乐观、豁达的态度与情怀本身对读者而言就产生一种励志作用,这种精神上的享受与慰藉正是优秀的文学艺术作品给予人类的宝贵财富。

2. 文学艺术有补偿功能

人们之所以需要文学艺术,还因为它有一种特殊的功能——补偿功能。现实中我们觉得真、善、美为珍贵之物,应该多多益善,那么文学艺术中就去表现真善美,描绘它,颂扬它,以此抵制现实生活中存在着太多的假、丑、恶。弗洛伊德在《创造性作家与白日梦》中说:"艺术家是这样一类人,他们生性内向,被强烈的本能欲求驱使着,渴望荣誉、权力、财富、美人,偏偏又缺乏在现实中取得满足的手段,于是便退出现实生活,进入自我的内心世界。"[1]的确,我们内心最渴求的事物往往都是你所匮缺的,在现实中得不到的人们会本能性地去想象中寻觅,在现实中所受的束缚在想象中求得解脱。因此想象是文学艺术创作的一个重要动机,文学作品通过想象补偿读者对现实中所缺事物的渴求。

3. 文学艺术是精神避难所

歌德曾经说:"要想逃避这个世界没有比艺术更好的途径了。"[2]艺术可以创造出一个"人造的世界",在这个浩瀚、瑰丽的世界里,艺术家可以做任何他想做的事情,人生有许多无法克服和超越的局限,但艺术的世界里却永远是祥和一片。人们热爱艺术从某种程度上讲是为了脱离人生,摆脱现实。

4. 文学艺术可以柔软人的心灵

文学艺术还有一个重要作用就是可以软化人的心灵。当你读一篇文章、一本书时,内心经常被主人公或故事中的人物牵动,情绪的波动常常会使我们边读边泪流满面或笑逐颜开,因为我们的内心深处与生俱来就有着悲悯、同情与宽容的情怀。尽管从时空上讲,有古今中外、东西南北之分,但人类情感是可以相通的。大哲学家罗素也曾说:"三种单纯而强烈的感情统

①埃塞尔·S.珀森,彼得·冯纳吉,S.奥古斯托·菲格拉:《论弗洛伊德的〈创造性作家与白日梦〉》,吴琦,译,化学工业出版社,2018,第117页

②王丽:《通感辨:文学修辞与艺术体验》,《南京师大学报(社会科学版)》,2010年第6期,第152页。

治着我的一生,对知识的追求,对爱的渴望以及对于人类苦难无与伦比的怜悯。"①艺术可以使人类拥有悲天悯人的情怀,唤醒人们互助互爱的情感,可以使人的心灵更加柔软与慈悲。

5. 文学艺术可以提升人的生命质量

冯友兰先生曾提出过一个"人生四境界说",他将人生分为自然境界、功利境界、道德境界、天地境界四个层次。我们可以这样看待"人生四境界说",人生的第一个境界叫"芸芸众生界",也就是我们大家平常所说的世俗人生,吃喝拉撒,娶妻生子;人生的第二个境界叫"道的境界",就是说处于这个境界的人已经具有了一定的基本素养,对于人生已经形成了一定的看法;人生的第三个境界叫"艺术的境界";而人生的第四个境界,也就是最高的境界,就是那种无我无常、天人合一的"宗教的境界"。艺术可以提升你的生命质量,使你进入一个更高的人生境。爱因斯坦在《我的世界观》中写道:"照亮我的道路,并不断给我新的勇气去愉快地正视生活和理想的是真、善、美……要不是全神贯注于那个在艺术和科学研究领域永远也达不到的对象,那么人生在我看来就是空虚的。"②

有人说,一切的艺术都具有使人重生的意义。文学艺术作品可以使人们在极度追求物质的功利社会中守住内心的清净与安宁,使人们获得精神上的成长与充实,在获得精神世界的超脱后,最终获得生命质量的提升。

(二)文学艺术的美育价值

1. 美育思想的由来

梁启超就提出了"美育"这一概念,他从培养"新民"的理念出发,明确提出了"立人"的现代美育思想。后由王国维、蔡元培、鲁迅、朱光潜、郭沫若等近现代知识分子的相继阐释、研究,以改造国民性、培养"完全之人物"这一命题为出发点,对文学艺术进行论证,论证分别从国家层面、社会角度、个体存在的立场展开,因为每位学者的自身经历不同,因而使论证各有特色,虽然论证角度不同,但他们最终的指向都是以"立人"为重点的现

---

① 伯特兰·罗素:《罗素哲学三书》,田王晋健,王喆,孙洋,译,北京燕山出版社,2022,第234页。

② 阿尔伯特·爱因斯坦:《我的世界观》,方在庆,编译,中信出版社,2018,第307页。

代美育追求,这些近现代知识分子目的都是为了改造国民性、培养"完全之人物",培养比传统儒家君子人格更加丰富的"现代新人"。① 养成健全人格、积极探索"立人"作为中国现代文学思想的一致追求。这批现代文人提倡的"立人"思想,既受西方文学、哲学、美学、教育学的影响,同时也是中国传统文学的现代转向。所谓"现代转向"是指结合近现代中国的历史现状,在列强入侵、半封建半殖民地的现实环境中,探讨一种有效的救国方案,即以国民现代文学中的"美育立人"思想为研究对象。后在蔡元培的力倡下,美育从制度层面,确立为教育的一个重要组成部分,拥有了其独立性。因此,中国现代文学中的"美育立人"思想充满了时代性、实践性、进步性,具有深刻的历史意义。

文学为什么能够担负拯救国民性的历史责任?艺术为什么要具有社会功利性?郭沫若在一次演讲中解答了这两个问题。他说:"艺术可以统一人们的感情,并引导着趋向同一的目标去行动。"②

郭沫若认为,人类社会的艺术实践活动是通过感情而产生社会功利,艺术生产与欣赏可以有效提高人们的审美能力、鉴定能力,有利于国民性改造,最终成为符合社会要求的具有现代人格的君子,成为"完全之人物"。具有此种品格的艺术家,他们的作品除了具有美学观赏性,还具有一定的社会功利性。郭沫若认为,在当下动荡的社会中,政府要特别倡导艺术,尤其是重视艺术发挥净化和美化社会的作用,并使其发挥功效。郭沫若的观点不仅反映了当时文学艺术家的思想,而且体现了当时知识分子的"立人"追求,在艺术与社会这个重要问题上很具有代表性。

"美育立人"思想的功能大致可以分为以下两种。

第一,内在的教育功能。即是通过艺术教育培养审美意识,发展个体的美好品性,促进人的全面发展。这种功能是非功利性的、个体性的,它基本上延续了中国古代诗教对君子人格塑造的美育观点。

第二,外在的社会功能。突出表现为改造国民性。即主体以现代人格精神的提升来超越自我,融入集体,将审美与启蒙、救亡等上层建筑融合,通

---

① 王国维:《论教育之宗旨》,《济南汇报》,1903 年第 3 期,第 2 页。

② 郭沫若:《文艺之社会的使命》,摘自《上海大学(1922—1927)演讲集》,上海大学出版社,2021,第 123 页。

过唤醒人性觉醒、号召政治变革来推动社会发展。这种外在的社会功能是中国传统诗教所没有的,是现代"美育立人"思想更加深层的诉求,它是实用的、群体的、社会层面的,带有强烈的功利主义色彩。

"在中国现代文学的发展过程中,以1919年'五四'运动为标志的新文化运动引进了'民主'与'科学'思想。在此之后,以'人的解放'为核心的现代观念进入人们的视野。'五四'新文化运动作为现代社会文化、思想、科学、技术的转折点,不仅是中国由传统走向现代的起点,更是中国现代思想文化史上一个被专家学者持续讨论的问题。这其中,'美育立人'思想的发展过程值得关注。"①进入现代文学发展阶段后,不断有专家学者对美育思想进行研究论述,著书立传,有的从艺术教育角度出发,有的从音乐、戏剧、绘画、书法、手工等不同艺术类别出发,论述艺术理论的基本内涵,文学作为一种美育的手段已经越来越受到认可与重视。

2. 文学美育元素的育人作用

(1)文学作品中的美育教育可以提升爱国主义情感

文学经典,尤其红色文学经典含有的思想教育元素具有多重思想教育价值,包含丰富的内涵,比如从古至今,祖先留下的文学经典作品不断激励文人墨客保有文人士气、尊严、骨气,很多优秀的文学作品可以激起人们爱祖国、爱家乡、爱脚下土地的强烈感情,从屈原的《离骚》到艾青的抒情诗歌《我爱这土地》,无不彰显着文学艺术作品对读者爱国情怀的鼓舞与教化力量。皖西作家徐贵祥的军事题材小说《历史的天空》是一个较好的例子——感受文学作品美育功能对爱国主义情怀的培养与滋润。《历史的天空》以20世纪30年代投身革命的青年男女故事为主线,描写了男女主人公在战争岁月与和平年代背景下的生死情爱故事。故事背景跨越了抗日战争、解放战争、抗美援朝、粉碎"四人帮"以及进入新时期以来的多个历史阶段,历时长达半个世纪。作者采取实时实地、虚人虚事的写法,因为"实"而具有历史纵深感和现实意义,因为"虚"而空灵洒脱,作品写得既磅礴大气,又有诗情画意。由于立意深远,人物刻画生动而不落俗套,故事情节紧凑而悬念迭生,作品获茅盾文学奖,堪称经典文学艺术佳品。

---

① 冯能锋,唐善林:《现代文学中的"美育立人"思想研究》,《江西社会科学》,2022年第9期,第80-86页。

这部小说描述了生动的革命故事,揭示了抗战最残酷时期革命者的坚强意志和英勇善战的智慧。在那个局势复杂,形势危急,困难重重的动荡年代,只有坚定的共产党人才不为一时的困难所吓倒。这是善于透过历史的迷雾,把握住历史大势的智慧体现。显然,作品揭示的这些主题是符合人的认识规律的。通过小说阅读,可以增强爱国主义情怀,对革命先烈满怀敬意与感激,从而也更加珍惜眼前的和平年代带给人们的平安喜乐。这种浓烈的读后感情升华是品读文学艺术作品带给我们的情感洗礼,也是文学作品美育功能产生的爱国主义教育功效。

(2)文学的美育教育具有育德的功效

法国思想家萨特认为,文学是诉诸心灵的东西,优秀的文学都具有使人心向善的作用。优秀的文学作品具有育德功效,有助于塑造高尚的情操和健全的人格。

第一,培养勇往直前、舍生取义的民族气节。中国古代文人大多具有不畏权势、舍生取义的坚韧性格。如文天祥的"人生自古谁无死?留取丹心照汗青"(《过零丁洋》),表达了作者虽救国无成、但以死明志的坚毅气节。谭嗣同在英勇就义前的"我自横刀向天笑,去留肝胆两昆仑"(《狱中题壁》),抒发了诗人视死如归的悲壮与崇高。李清照的"生当作人杰,死亦为鬼雄"(《夏日绝句》),洋溢着"巾帼不让须眉"铁骨铮铮的英雄豪气。

第二,涵养淡泊名利、俭以养德的高尚情操。中国古代知识分子大多以"夫君子之行,静以修身,俭以养德,非淡泊无以明志,非宁静无以致远"(诸葛亮的《诫子书》)为座右铭。东晋大文学家陶渊明就是其中最突出的代表。"不为五斗米折腰"是他刚直不阿、不趋炎附势的写照,也是他淡泊功名、安贫乐道的性格使然。

第三,拥有面对挫折时的乐观从容。人生不可能是一帆风顺的,而是与痛苦和磨难相伴而行的。对待苦难与挫折,我们要充满信心和斗志,如同李白在《行路难(三首)》中写的"长风破浪会有时,直挂云帆济沧海",刘禹锡在《杂曲歌辞·浪淘沙》中预言的"千淘万漉虽辛苦,吹尽狂沙始到金",或者像苏轼在《定风波》中所写的"莫听穿林打叶声,何妨吟啸且徐行。竹杖芒鞋轻胜马,谁怕?一蓑烟雨任平生",尽管一路栉风沐雨,但仍然拥有一种坚定沉着、乐观旷达的精神。

（三）文学艺术的审美价值

文学具有多样的美感形态和内涵,显而易见的有格律诗、宝塔诗、回文诗、戏剧、曲词等。文学涉及的美学理论则包括崇高、真实、美好等审美范畴。总之,文学具有多层次的审美价值,尤其对审美教育意义重大。

1. 文学艺术可以提高读者的审美判断

以文学的审美性陶冶学生的审美情操,提升读者的审美判断力,对读者辨识当前流行的西方文化、娱乐文化、网络游戏等,是有助益的。尤其中国文学追求的最高境界是朴素美,提倡返璞归真,这对学生提高审美境界有重要的作用。我国古代的道家思想主张大音希声、大象无形、大美无言,这些内涵深刻的话语启发我们可以不必过于看重外在的虚化,而更应该将注意力放在内在修炼上,如心灵滋养、精神成长等方面,做一个道德高尚、有修养的人,使自己的人生活出诗意的状态,处于美的境界。通过文学作品的品读,可以培养发现的眼睛,从而在审美愉悦中获得自我提升。

2. 培养审美的灵魂

古今中外的经典文学作品包罗万象、种类多样,作品不仅有对人与社会的描写,也包含对大自然美好景色的讴歌,可以说任何一部经典之作都彰显了人性的光辉以及对于真善美的颂扬。通过对大量的经典文学作品的阅读,不仅可以使人们丰富自己的知识,也可以大大提升自己的鉴别文学审美能力,不仅可以使自己精神获得成长,也可以不断净化自己的心灵,并对于人性的真善美有充分的认识。

3. 培养审美情感

经典文学作品中还描写了很多感人的故事,通过对这些故事的阅读,可以使人们的情感更加丰富细腻,不断提升自己的审美情感,从而大大提升读者的审美体验。

优秀的文学作品也体现出了作者强烈的思想情感,人们通过对文学作品的阅读,可以深刻体会到作者当时的思想情感,也会受到莫大的启发,进而在感受美的同时提高自我的审美情趣,激发审美情感。情感教育是一种特殊教育,是教育内在化、艺术化的一种方法。情感教育由于具有直击人心的力量,在思想教育中可以发挥重要的作用。而优秀文学作品最突出的特点就是情感性,爱国之情、赤子之心、亲情、爱情等是文学经典永恒的主题。

情感既是一种内涵,也是一种形式,能拉近与受教育者的距离。

不管人们从事的行业是什么,都会对自己的人生有感悟,优秀文学可以提高人的审美素养,教会人表达自己的情感,从而用更加丰富的内心来感悟世界、理解世界。文学艺术还可以提高个人表达、沟通能力,培养更加敏捷的思维能力,因此,文学艺术对人们的审美鉴赏与思维方式形成具有极其重要的作用。

文学艺术作品的价值是历久弥坚的。一部真正崇高的作品一定是可以经受住时间考验的著作。读者可以在作品中领悟作者写作时的心境,体会到作者的深刻思想与高深的写作技巧。纵观古今,我们可以发现,经典文学的精神价值往往会超越时空,贯穿于人类文化长河,文学艺术作品可以提高人的审美素养,教会人表达自己的情感,从而用更加丰富的内心来感悟世界、理解世界。

第二节
儿童文学艺术的概念及相关理论研究

一、儿童文学的概念

儿童文学通常是指专门为儿童创作或改编的文学作品,它要关注儿童的认知水平和审美需求,展示儿童的真实世界和想象世界,呈现儿童的理想和情感。《辞海(缩印本)》(第7版)对儿童文学的定义是:"主要以少年儿童为阅读对象的各种体裁的文学作品。包括童话、故事、小说、戏剧、诗歌等。"《儿童文学概论》则将其定义为"根据教育儿童的需要专为少年儿童创作、编写的,适合他们阅读的文学作品"。[1] 这两个定义虽然说明了儿童文学的性质和目的,并未揭示儿童文学的内在规律。学者章红在其《儿童文学观演变之评述》一文中提出了一个新的定义:"儿童文学是艺术地表现儿童眼中的和他们内心世界,适合他们欣赏,有助于培养他们成为健全社会人的文学。"[2]综合以上各种定义,我们可以认为:儿童文学是根据儿童教育的需要,专门为儿童和青少年创作或改编,能够被少年儿童理解、喜爱、接受,适合他们阅读的文学著作。一般包括儿歌、儿童诗、童话、寓言、儿童故事、儿童电影和儿童科学文艺等风格的作品。

儿童文学概念的基本含义包括以下几层意思:

(1)儿童文学是为儿童创作的各类文学作品的总称。

(2)儿童文学是具有独特艺术个性和审美价值的语言艺术。

(3)儿童文学是适合于儿童接受并为他们所喜闻乐见的文学作品。

(4)儿童文学对儿童具有审美、认识、娱乐、教育等多种功能和价值。

---

[1]黄云生:《儿童文学概论》,上海文艺出版社,2001,第3页。

[2]章红:《儿童文学观演变之评述》,《学前教育研究》,1996年第2期,第36页。

二、儿童文学的特点与分类

（一）儿童文学的特点

儿童文学是以儿童为根本的文学形式，即全面考量到儿童的领悟力和审美需求所创作或改编的文学。儿童文学在创作中，要最大程度靠近儿童的心理状态和真实生活，展示儿童的理想世界及现实世界，表现儿童的情感和希望。儿童文学是写给儿童阅读的，因此儿童文学艺术作品的创作要遵循儿童的生长发育及心理机制特点，儿童读物要符合儿童的阅读能力与审美趣味，儿童文学艺术作品一般通俗易懂，生动活泼。具体来讲，有以下特征：

1. 儿童文学的文学性特点

（1）艺术形象具有生动性、夸张性的特点

儿童对抽象的说教内心是排斥的，而且很多"鸡汤式"道理儿童也理解不了，因此，借助各种各样的生动形象对儿童进行教育是适合他们的；对文学作品的理解往往是儿童年龄越小，越依赖于形象化，因此应注重应用文学形象化的手段。如儿童小说应以更多的动作来突出人物的个性及情绪波动、心理活动，应和戏剧一样充满动作性；；儿童诗需要运用更多的"比""兴"手法创作，从而增强作品的形象性；在语言运用方面，儿童文学作品也应注意儿童文学语言的运用要生动形象，简洁动听。总之，儿童文学应尽可能调动更多的艺术手段，创造出各具形态的艺术形象来。

（2）儿童文学作品具有趣味性足的特点

由于儿童的认知能力有限，知识储备量、生活经验的积累不够丰富，理解能力较弱，难以理解复杂的道理，难以体会成年人的生活经验及多种复杂的思想感情。他们不喜欢阅读自己不感兴趣的文字内容，甚至连碰都不会碰。因此，优秀的儿童文学作品，往往都是依靠风趣的故事内容，让孩子们在轻松愉快的阅读过程里，于耳濡目染间明白深奥的道理或启发深远的意义。

（3）儿童文学作品具有故事性，故事情节简单生动

儿童文学的故事要结构框架简洁明了，情节生动紧凑。对于故事性的

强调,并不是单纯指对故事情节的离奇追求,还应该从生活角度出发,多写人,少写事。儿童文学应着眼于人物描写,以刻画人物的形象性格、心理特点及思想动态为根本。故事中的主人公未必都是人类,也可以是动物、植物、微生物,甚至桌椅板凳等无生命物质,在作品中,这些物体都是被人格化了的主人公。总之,不论将人类还是其他事物作为主人公,他们的性格特点及思想动态都要跟随故事情节的变化呈现出来,不适合使用过多静止、冗长的环境描写与心理刻画。

(4)儿童文学作品知识容量丰富

儿童文学作品一般会将知识巧妙地融入文字中,一方面增加作品的艺术魅力,另一方面拓宽儿童的知识面,满足儿童的好奇心与求知欲。

2. 儿童文学的审美特质

在儿童文学中,其蕴含的审美特质往往表现得更为普遍与集中,而且更为典型,这种艺术品性一般是相对于成人文学而言的。儿童文学作品的这些审美艺术品性对儿童的生命内涵的延展及精神特征的形成有着深远的影响。儿童文学的审美特质主要表现如下。

(1)纯净之美

童心似白雪,洁净又纯粹,儿童观察世界的目光总是单纯、率真的。儿童这种原本的可贵的天性,成为儿童文学作品中纯、真、美的现实的根源。

(2)稚拙之美

根据儿童的审美心理特点产生的儿童文学作品带有稚拙之美,这种美一般体现在作品的三个维度:故事情节体现的稚拙美,作品形式体现的稚拙美,词句语言结合形式的转变而生发出的稚拙美。

(3)欢愉之美

与成人文学相比较,儿童文学作品常常是晕染着浓烈的欢愉之美,创作者展示富含美感的内容时,常常用简单、幽默、轻松、活泼、夸张的手法来表达。

(4)变幻之美

变幻之美最初体现在对美的想象。儿童的想象力极其灵活,他们拥有丰富的幻想,这些幻想可以脱离现实生活的束缚,生活中平常普通的事物都可以借由孩子们的幻想变得趣味横生;其次,荒诞美的特性也是变幻之美的另一个表现,儿童文学作品往往用看起来古怪奇妙的搭配组合和违背常理的艺术观点,来达成对艺术作品神奇绚丽境界的建构,以体现作品中独特的美学格调;最后,关于动态美的展现,儿童喜欢变幻、刺激、鲜活的事情,而且儿童具有好动的天性,这就确定了儿童文学作品对美学动态、变幻形式的追寻。

(5)质朴之美

源于事物天然、朴实的本真美即为质朴之美,儿童文学所体现的质朴之美,源自儿童的生命中、精神中包含的本真淳朴的品性;其次,优秀的儿童文学作家往往也具备朴实淳厚的人格魅力。

阅读文学艺术作品的过程也是一个需要融入创造力的过程,对作品的品读,一般要融入读者的情绪情感与思想精神,每个人的阅读都是再创造的过程,即使品读同一个作品也会存在个体差异,不同的读者产生的审美感受会不尽相同。艺术教育者应引导儿童从文学艺术作品中读出时代的新意,从经典著作中汲取精神营养,艺术精华,从优秀的儿童文学作品中获得内在精神成长的动力。

(二)儿童文学艺术作品的分类

按照读者的不同年龄阶段划分,文学艺术作品可以分为成人文学作品及儿童文学作品,而儿童文学作品又分为婴儿文学、幼儿文学、儿童文学;儿童文学作品如果按照体裁划分,有儿歌、儿童诗、童话、寓言、儿童故事、儿童小说、儿童散文、儿童曲艺、儿童戏剧、儿童影视和儿童科学文艺等。

三、儿童文学的教育意义与审美本质

"儿童文学活动主要是一种审美的精神活动。儿童文学作品必须能满足儿童读者的审美需求,引导他们提高审美的能力、趣味和情操。"①一切艺术的根本即审美,儿童文学的根本同样是以审美为核心。儿童文学具有教育意义,但是只有围绕审美进行,儿童文学的教育作用才有可能实现。儿童文学与儿童文学艺术审美密不可分,儿童文学的教育也应该在对儿童文学的审美中完成。

---

①邓礼红:《试论中国儿童文学及其教育价值》,《文学杂谈》,2021年第11期,第144页。

（一）儿童文学的教育意义

儿童文学是为少年儿童所撰写的文学作品，其主要目的之一是儿童教育，因此教育性是它的本属根源。儿童透过文学作品可以体味不同的经历，从而充实了自己的人生阅历、明晰了人类发展史及文化，文学作品对于儿童具备德育、智育、美育等功效。文学著作是人类文明发展的具体展示，是人类发展内在力量的源泉。"优秀的文学作品具有高度的精神感召力，可以净化人的心灵，促进人与人之间的理解和信任；文学作品是人类审美意识、审美理想和审美体验的集中体现，它可以传达给处在成长期的儿童，并且经由儿童自身的情感和经验内化为他们自己的审美体验。"①人类文明创造的精神财富即是文学，儿童对文学作品的赏读必须调动形象的思维，还需儿童运用富有关联性的幻想力，这些过程将使孩子的智商得到提升。

由于文学教育对孩子在德育、智育、美育等方面的进步起到促进的作用，因而理应得到教育部门和儿童教育工作者的关注。时代发展日新月异，现今的人才观提倡培养的人才必须具备文学素养，从人类全方位进步的观点来讲，文学素养是需要在幼童时期开始培育、奠基、养成。优秀的儿童文学作品就在发挥着看似无用实则必要的功效，就如同富含营养的汁液一样滋养着孩子们的心灵，给作为自然个体的儿童提供着精神成长的丰富养料。

教育的终极目标是使人成为他们自己，而非将其打造成迎合某种社会形势下的、缺乏思考能力及独特个性的"木偶"。儿童文学是专注于儿童精神成长的艺术形式，它饱含着人性关怀的大情怀，从某种角度上可以说，儿童文学教育是与其他形式的儿童教育相互扶持着构筑儿童的灵魂世界。儿童文学也具备其自身独特的文学属性，并非只是教育的用具、手腕或附属品。有的作家偶然间在非刻意的状态下编著出使人反省教育的文学作品来，如作品《窗边的小豆豆》，孩子们能够从中获得读书的乐趣与成长的信任感。从成人的角度来讲，也可以通过对儿童文学作品中摘取范本的诠释，深入地了解到儿童的审美需要和内心状态，因此将存在于文学中的教育理念、教育愿景付诸实践。对儿童文学的关注能够激励儿童文学的创作与繁荣，也必然会增强儿童教育水平的提升，这会形成良性、双向的价值交换。

---

①黄云生：《儿童文学概论》，上海文艺出版社，2001，第58页。

人类在长期的教育实践过程中,很早就领悟到文学作为教育手段的优势。大多数儿童文学的经典之作,皆因达成教育目的而产生,如印度最有名的童话寓言故事集《五卷书》,据考证它出现于公元前1世纪的古印度,后被看作是一座智慧宝库,被印度皇室作为政治和修身的课本。这本书的简介提到:古时候的一位国王生养了三个智商不高的儿子,作为父亲,他指派当时的丞相教导好他的三个儿子,但丞相的教导却没取得什么成效。后来,一位高龄的婆罗门站出来,表示愿意负责教导王子,并确保在6个月之内使王子们具备治理国家的能力。他使用自己编撰整理的教材给孩子们施教,里面是孩子们所喜爱的动物故事,对孩子们的教导因而获得巨大的成功,后人依照其教材著述了经久传世的故事书,从此,这本《五卷书》就成为世界上被用来教育儿童及青少年的故事书典范。还有17世纪被称为首位儿童文学作家的法国作家费纳隆,他开创了为儿童写作的先河,当时为很好地教导自己的学生王孙布哥尼公爵,他创作了《忒勒马科斯历险记》。因此可见,由于儿童教育的需求,儿童文学才逐渐从成人文学的体系中分拨自立出来。儿童文学是为关爱儿童发展,表达儿童发展,帮助儿童发展做出贡献的文学。在儿童文学产生与成长的历程中,儿童教育自始至终都与之密切相连,它对儿童道德观、价值观的形成,认知水平的提升、审美能力的提高、创造力发展的培育及完善健美的人格形成等方面起到了无法取代的作用。

如今大多数教师和家长将童话当成学习知识的教育工具,童话故事被分割成单个生字、词语、句子,或许对孩子理解力的不相信,唯恐孩子们不懂得童话中隐含的思想,急于求成地让孩子知道谦逊有礼、戒骄戒躁、珍惜时间等道理;抑或对孩子过分娇惯,什么都代替孩子"消化好",然后才喂给孩子,简而言之就是不让有孩子独立咀嚼和品味的机会与时间。

儿童文学同儿童教育存在着天然的骨肉相连关系。在儿童教育中儿童文学的主要价值体现为以下几点。

1. 拓宽视野,提升儿童感知力和理解力

我国众多的城市儿童居于钢筋水泥森林中,如在"鸟笼"里栖息一般,活动空间狭小,生活方式相对单调。但由于儿童本性富有好奇心,渴望外面的多彩世界,儿童文学作品却能给予孩子们一个开阔视野、了解外面世界的窗口,让他们在读书中得到完全不同于现实生活的体验,丰富阅历,感知真实

生活中没有过的经历与情感,润化心灵,激发他们探索未知世界的热情。

2. 激发儿童智力,发挥想象力

想象力是孩子们的天赋。儿童文学的优秀作品可以为小读者提供宽广的想象空间,让他们在想象的世界中自由翱翔,丰富审美阅历,启发智力,挖掘潜力。

3. 熏陶儿童美好情感,呵护纯真心灵

儿童文学作品充满艺术美,既可以让儿童体验五彩缤纷的世界上各式情感的美好,又能削弱或消除产生于现实生活中的紧张、忧虑、焦躁、恐惧等消极情绪,用文学作品的美好、纯净呵护孩子们的心灵,使其健康成长。

4. 培养儿童高尚情操,树立高尚人格

人格是用真、善、美这三条腿来支撑,如果缺失任意一条,致无法平稳,终将倒塌。在儿童文学作品的阅读中,读者们可以感受到真、善、美崇高情感的存在,会从作品中学习知识、吸取经验、体验情感和开拓思想,将这些养分转化为自身的品质,塑造健康完善的人格。

5. 提高儿童审美能力,完成审美教育

从本质上说,儿童文学的存在是为了传达儿童的审美需求。儿童文学的首要功能即在于美的教育。优秀的儿童文学作品能帮助儿童读者树立正确的审美观念、提高审美趣味、丰富审美体验和培育审美能力。中国优秀的文学作品为孩子们阅读提供了富足的精神营养,使儿童的身心都能健康发育。

研究中国儿童教育,儿童文学的艺术美在其中的价值,将有助于鼓励儿童文学作者不断吸取与反思,更加努力探求儿童文学作品中的内容、体裁、艺术表现和情感融合,创作出更多典范作品,造福世界各国儿童。儿童文学对儿童的教育是需要自然的、全面的深入进程,易于达到无声处细致滋养的效果,防止孩子们讨厌的空泛无聊的教导。

阅读儿童文学的过程,就是审美的过程,儿童通过品读优秀经典作品,得到美的体验,提升审美品位,陶冶性情,修正品行,净化灵魂,愉悦心情。如果阅读仅仅被作为德育教育或学识教育,它就丢掉了其根本,对孩子们精神世界的发展并无助益,反倒成为孩子成长的负累。如果孩子们在未认字时就在观看图画和听讲故事之中受到陶冶,认识到阅读中有无穷的趣味,就

会积极地去阅读,省却家长们时刻要催促孩子去读书的烦恼。

(二)文学艺术作品对儿童审美心理提升的能动作用

1.对审美感知力的培养

各类艺术品中都较集中地蕴含了美的普遍规律和特殊规律,成人经常引导儿童品读经典文学作品,可以使他们获得以下审美感知能力。

第一,获得恰当的时间、空间的边界感。使主体能自主地调节与掌控主体与客体间的距离。文学著作中的景象和形象同主观审美体并未在同一时空维度中,读者与作品之间始终存在着或遥远或接近、漫长或短暂的时空差异。如果时常阅读文学作品,能深刻地感到作品时间、空间超越于现实的时间、空间,从而体会到各种形式美。

第二,收获了生命运动状态下的感受力和喜悦感。能从作品的形象中发现"力"的气势、方向及其情感表现性。能从语言描述、情景展示、意境营造中发觉到它们是温婉秀美的还是浑厚有力的、是跃动的还是平稳的、是沉重的还是愉悦的、是相融的还是对立的。例如,神话故事《夸父追日》中,描写夸父以像"飞马"、像"狂风"、像"闪电"一样,步步递进的速度去为人类追回太阳,重新把光明还给人类,表现了生命力的极致,表现了夸父对人类的无限关怀和深情,词语的恰当运用使文学具有艺术感染力,这种力量力透纸背,读者脑海中会浮现相应的伟岸形象,会不自觉地获得审美感知。

2.文学作品对儿童文字审美理解力的提升

审美艺术理解是人类大脑对客观物质审美归属的广泛理解,从而感受和发现"美"能达到推此及彼、融会贯通的成效,会对艺术与非艺术、美与非美加以区分。如一个干净整洁的环境不同于杂乱无章的环境;一首诗不同于一篇句法准确的服务公约。审美理解是在无数次的个别客体的审美属性与大脑审美心理结构的相互作用中抽象概括而获得的对美的本质属性的认识,包括对自然美、社会美、艺术美,对崇高、优美、悲剧,对秩序、对称、比例、变化,对隐喻、象征、移情等形式和意蕴的直觉把握或理性感悟。

审美理解会让人能够灵敏地发掘艺术品中和现实生活中的审美架构,于内在融合成心理模板,引起审美心理结构的变化和重组,促进主客体审美心理关系的建立。审美理解是由情感所激发的、始终与情感相伴的心理活动。在审美理解中,情感不仅是动力系统,情感本身也是审美理解的主要内容。例如,当我们读到古诗"乌云压城城欲摧",艺术地理解会先从审美的情感体验开始产生;生活中的理解就会感到马上要下雨,需要把门窗关好,出门要带伞;科学理解是去探究乌云的生成、走向,高空大气环流与相关条件的关系。又如,当我们读到"举头望明月,低头思故乡""月是故乡明"这类描写思乡之情的优美诗句时,艺术的理解是感受到其中营造的美好月夜和淡淡的乡愁;而生活的理解是周末晚上,月朗星稀,周日准是好天,可以外出游玩;科学的理解则是月亮是围绕地球转的不发光的卫星,我们看到的月亮是太阳照在月球表面的反射光,今晚月朗是因为没有云。

3. 文学作品可以激发儿童审美情感

情感和情绪是人们心理活动的波动状态,它受价值的支配而整合在心理功能的动力系统之中。从其发生和发展的过程看,它有情绪、情感、情操三种基本形式。文学作品内容中所凝聚的社会情感可引起主体的共鸣、共感和融合。

儿童的审美情感始于审美感知,一个对"美"的形态敏感的儿童,很快就会被吸引而进入兴奋状态。因为"美"本身是情感表现的形式,很容易与主体的心灵产生碰撞。对于还以无意注意占主导地位的儿童来说,美和艺术感极强的文字描述非常能引起他们的无意注意而高兴起来。从直觉开始的情感波涛,贯穿于整个阅读过程中。文学艺术作品中的内容情感,是经过创作者独特加工浓缩的社会情感,具有丰富、典型、集中、细腻、个性化、理想化的特点。由于许多人都有类似的情感体验,所以艺术情感能以情感人、以情动人。一旦被主体接纳,会反复寻味、驱之不散。只有心灵受到感动,才有人类精神的升华。文学作品中包含的社会性的情感、品格的度量比别的艺术形式更丰富,更具备语言意义上的肯定性和辨识度。情感基调相近的作品往往会影响审美主体的情感世界,从而使审美主体固有的情感方式得到调节、丰富和纯化,品质得到全方位提升,行径更趋向于真、善、美。

儿童在阅读文学作品时,使用外在具象的方法让儿童直觉感知到完全的、动情的、和谐的形态更加清晰、饱满、平稳,持续到表象的变幻和革新,使儿童的情感对真、善、美的容纳从而对假、恶、丑产生更加强烈的情感拒绝。我们觉得,在品读中的主旨理应是高效地使用文学作品这座桥梁,充实儿童的情感世界,将普通情感提升为审美情感,又从审美情感的角度去理解和同情他人的情感,促进儿童具有同理心,并有自我反省能力,主动地调适自我的日常情感和行为,实现人与人之间的和谐共处,为将来对理想美的追求播撒希望。

4.文学作品有利于提升儿童的审美想象力及创造性思维

审美想象是审美心理重要的组成部分。审美想象所制造的新表象又称审美意象,它是一种充满感情的幻想性表象。一般意象和审美意象都是人脑中的映象,不具备交流性质。通过意志开创性的行为,把意象具体化为物质形式,即成就了科学的艺术创造或生活创造。

儿童的想象具有夸张、奇特、拟人等特点,但由于语词、经验的贫乏,表象的不丰富,技能操作不成熟,想象和创造的总体水平是"稚拙"的。所以就大多数儿童来说,只能部分地改变"原型"。在一个集体活动中,经常会出现想象和思维的定式,出现对"原型"的依赖,极易受多种因素暗示,在编撰文学故事时,都会有许多效仿元素。施教恰当,能够让儿童潜在喜欢幻想的天性优势得到推进;施教不当,"教毁"孩子也很容易。相反,在艺术再创造活动中,例如讲故事,儿童往往又会增加许多创造成分,填补作品的空白,或使作品有更多的细节。由此可见,儿童在艺术活动中的艺术再创造与艺术创造,都与原型有密切的关系,两种创造也是不能划出明确界线的。

多给儿童品读优秀的文艺佳作,内容与他们的生活经验相接近,鼓舞儿童再造想象的拓展。儿童再造想象是充实间接经历和幻想性外在的关键心理功能。特别是在文学艺术作品的赏析中,词句和外观同时得到内在的吸收。作品的外在体现累积越多,将使创造的想象力拥有更多的源泉。例如,一项关于培养幼儿园大班孩子们叙编故事的能力的研究发现,用学习前儿童所编童话故事与学习后所编童话故事对比,后者赫然带有在研究中所学到的童话的踪迹。对另外艺术品的赏析也具有了发展重建想象、积聚想象现象的效用。因而,应该鼓励支持孩子们广泛地去阅读,促进他们发自内心地去体会和感受经典著作中展示出来的开创性的思考能力。需要关注儿童读者再创作的过程,从而引导孩子们自我刻画,自我完善,让儿童不仅在经典著作中能品味到文学作品本身的美,领悟文学作品在写作之中展示的开创性理念,还能以此来提高创作者本身的各种能力,特别是对事物的感知能力、革新能力、挥洒思维的能力。

第三节
艺术通感视域下儿童文学教育的思考

一、艺术通感视域下的儿童文学教育

文学作品往往包含了作家对所描写对象、整个人类社会以及客观世界的认识和评价。与其他艺术相比,在文学艺术形式的感性成分中蕴含着很丰富的理性成分。这一特征在儿童文学作品中也同样有所呈现,各种需要传递给儿童的文化知识、观念、态度和情感,都可以编入作品中,可以包含有大量跨越时空的细节描写,形象生动逼真,使对内心世界的刻画细腻深入,使文学中的每一个形象都独具风格。从艺术教育目标来看,文学艺术与其他如音乐、美术、表演类艺术形式有共同之处,但也存在一定区别。文学感知不同于一般感知,也不同于音乐、美术中那种更注重形式的审美感知,文学是语言艺术,是以文字符号为表达载体,间接地刺激读者的审美感官,语义在文学作品中占据重要地位,而音乐等其他艺术种类更多是以某种外在形式展现内涵;然而,文学艺术与其他艺术门类的相似之处在于他们又都属于审美艺术,在审美感知、审美情感、审美理解力方面有着相似的心理构建。因此,在通感形成中,文学艺术作品经常会产生与其他艺术门类交集后的艺术通感。

(一)儿童文学与美术的艺术通感

中国古代就有"诗画相通"的说法,古代文人最重视对自身琴棋书画的修炼,艺术修为高深的文人一般都是诗画双绝的才子,如王维、郑板桥、唐伯虎等。进入 20 世纪,从六七十年代流行的连环画、小人书,到现在孩子们喜欢的绘本故事,都是诗画合一的儿童文学形式。因为儿童文学与美术是很容易产生感觉迁移、互通的,用文学作品的语言文字符号使儿童产生审美想象及审美创造,完成审美体验,对激发儿童的想象力、创造力,提升儿童审美感悟力及审美情感体验能力等,都有重要意义。

(二)儿童文学与音乐的艺术通感

儿童文学艺术和音乐艺术有着紧密的联系,也是最易产生艺术互感的关系,比如儿童诗歌、儿歌、童谣、儿童散文诗等,这些文学形式在优雅的文字中本就蕴含有韵律、节奏,所以儿童读起来顺口不费力;再比如苏联作曲家普罗科菲耶夫为儿童创作的交响童话音乐故事《彼得与狼》,更是将文学与音乐完美融合,将童话故事里的动物用乐器代替,一种乐器对应一种动物形象,效果逼真,每个动物的形象贴切、生动,成为文学艺术与音乐艺术形成通感的典范之作。

(三)儿童文学与表演产生的艺术通感

儿童文学艺术也可以通过表演的方式呈现出来,这里所说的表演包括朗诵、复述故事、创编故事等多种形式,是儿童对文学作品经过审美心理机制的作用,对文字符号进行的审美加工与创作,我们也可以将之视作对文学艺术的再度创造。儿童通过对文学作品的情感共振、审美理解,运用想象力、创造力,在再创作的过程中实现艺术互感的转移、迁移与贯通。

二、艺术通感视域下的儿童文学审美活动

儿童文学艺术活动的开展与实施过程中,会自然地引发儿童艺术通感的产生,教育者应该在进行儿童文学作品审美活动时,注意有效引导儿童,使更丰富的艺术通感被引发,使儿童更好地理解作品,获得更愉快的、深刻的审美体验。在这里,我们仍然将儿童文学作品的审美活动分为审美与创作两部分进行说明。

儿童文学是文学的一个分支,是以儿童为审美主体,挑选适合儿童阅读、吟诵的文学作品作为审美客体。儿童文学的主题纯真、内容简单、语言简洁、节奏明快、韵律和谐,富有儿童情趣,符合儿童的思维特点,有利于儿童表达自己的情感,在欣赏或诵读儿童文学优美的文字、对意境描绘的美好场景时,常会使阅读者本能地产生艺术通感,使阅读者加深审美体验,产生深刻印象。成人意义上的文学创作,一般在潜意识和意识层面上已经进行了大量的生活积累,同时也有大量文学作品的阅读量及各种艺术形象的图式

化积淀,在某种不可抑制的动机的驱动下,产生了创作激情,经过艺术思维对素材进行典型化和个性化的心理加工,在此基础上,产生了既具有同类的特性,又具有鲜明个性、具有审美价值的审美意象,并将这些意象进行语言文字的处理,最终形成各种形式的作品。在文学作品的根基上,儿童根据自身的生理、心理发育特点,也会进行二度审美创造。儿童对文学形象的再创造,也就是自外向内的文学再加工过程中的表达活动和自内向外的文学创作实践,都归并为文学创作活动。这种创作活动通常以通感为基础,通感的贯通与融合程度通常决定儿童对文学作品创作的高度与丰富性。下面我们将儿童文学作品审美活动中通感生成的课例分类进行研究。

(一)通感视域下儿童诗的审美活动

文学作品本身皆会带给人无限的想象空间,儿童诗更是可以发展孩子无限的想象力。就比如苏教二年级下册有一篇课文《真想变成大大的荷叶》,这首诗贴近儿童的生活实际,展现了孩子们在夏天的美丽遐想,字里行间充满情趣,洋溢着浓浓的童真、童趣,带给儿童很多的灵感和启发。下面我们以苏教二年级课本中的一首儿童诗《真想变成大大的荷叶》的教学过程为例,剖析通感的呈现与运用。

课例一:《真想变成大大的荷叶》

真想变成大大的荷叶

夏天来了,

夏天是位小姐姐。

她热情地问我:想变点儿什么?

我想变透明的雨滴,睡在一片绿叶上;

我想变一条小鱼,游入清凌凌的小河。

我想变一只蝴蝶,在花丛中穿梭;

我想变一只蝈蝈,歌唱我们的生活。

我想变眨眼的星星,我想变弯弯的新月。最后,

我看见小小的荷塘,

真想变成大大的荷叶。

荷叶像一柄大伞,

静静地在

荷塘举着。

小鱼来了，在荷叶下嬉戏，

雨点来了，在荷叶上唱歌……

《真想变成大大的荷叶》有关通感形成的教学设计如下。

老师：同学们读得真好！读了课文，你们感受到了什么？眼中看到了什么？学生自由说。教师贴出彩图。

同学一：我读到"我想变一条小鱼，游入清凌凌的小河"，我感到很凉爽，就像在炎热的夏天一下跳到游泳池里，水很凉很凉，皮肤感觉冰凉爽快！（词语表述引发肤觉通感）

同学二：我读到"我想变一只蝈蝈，歌唱我们的生活"这句诗时我脑子里出现了一幅画面，每到盛夏，我老家的一片小树林里，很多蝈蝈大声叫着，像大合唱（词句引发听觉通感），爷爷在一棵树下的摇椅上睡着了，胖胖的肚子上放着一个蒲扇（词句引发视觉通感）。

同学三：我读到"我想变一只蝴蝶，在花丛中采蜜"这句诗时我看到了很多蝴蝶在油菜花里忙碌采蜜，花香扑鼻（词语引发味觉通感），蝴蝶的颜色五彩斑斓，好美啊！（词语引发视觉通感）

老师：同学们说得真好，展开了丰富的想象力，下面我们播放一首背景音乐，请大家闭上眼睛，竖起小耳朵，仔细听！你听见了什么？看到了什么？（老师播放大自然夏天的音乐，利用音乐通感的提示与启发作用）

老师：现在，谁能把这首诗伴着音乐，怀着美好的情感将它读好呢？我们一起来读读！读几遍以后我们试着背诵吧！（以通感激发儿童学习热情，提高背诵效率）

老师：同学们做得棒极了，下面我们伴着音乐，背着诗句，做各自喜欢的动作，可以按照自己想变成的样子去做。（以词语打通听觉、体觉，以通感激发想象力）

通感基础上，儿童诗审美活动中的审美创作。（以通感激发创作欲望并引导儿童更深层次地理解作品，同时融入审美意识的提升能力训练，引导孩子热爱生活、热爱大自然）

老师：小朋友，夏天来了，你想变成什么呢？可以画下来，也可以写下来。

学生作画，教师巡视欣赏。

老师小结：小朋友，你们不仅诗读得好，荷画得也美，而且有情有趣。然而,大自然的美,大自然的情和趣,是画也画不完,写也写不尽的。让我们生一双智慧的眼,去发现;让我们长一双灵巧的手,去描绘;让我们拥有一颗仁爱的心,去呵护!你们愿意吗?

(二)通感视域下童话故事的审美活动

童话故事有引人入胜的情节,有拟人、夸张、象征的表现手法所创造的个性化的人物形象,有人物活动特定时空环境,有重复变化、多样统一、均衡、完满的整体结构。它的逻辑顺序与情感线索结合巧妙并与欣赏者的心灵活动的走向同步,因此能引起儿童强烈的情感共鸣。故事的语言浅显易懂,想象丰富奇特,内容应有尽有,可以满足儿童多方面的精神需要。对童话故事的听读与创编同样离不开审美想象与审美情感的参与,有审美想象力与审美情感的出现就必然有艺术通感的参与。下面依然以案例形式分析与探究。

课例二:卖火柴的小女孩

《卖火柴的小女孩》是丹麦童话故事作家安徒生创作的一篇童话故事,发表于1846年,入选了人教版六年级下册语文书的第14课。在此课程学习中,老师需要通过教学设计,将阅读中学生产生的艺术通感加以利用与引导,使学生透过文字的力量加深通感的生成效果,更透彻地理解作者意图,产生更强烈的品读情感。

老师:介绍著名童话《卖火柴的小女孩》创作背景——1845年10月,安徒生再次访问意大利。在圣诞节即将到来的时候,安徒生在格洛斯顿城的朋友们再三邀请他去那里过圣诞节,于是安徒生兴致盎然地坐上了去格洛斯顿的马车。在格洛斯顿城,他看到马路旁挂着"欢迎安徒生先生到来"的条幅,书店里摆满了他创作的童话。安徒生的马车在格洛斯顿的街道上缓缓前进,他要体会一下城市里的圣诞节气氛。然而,就在热闹的街道尽头,他却看到了不同的场景,即一个背着个瘦弱婴儿的中年妇女,手臂上挂着一个篮子,有气无力地沿街乞讨着;不远处,一个只有5岁左右的小女孩正在卖火柴,她的手都冻僵了,然而,随着夜幕降临,天气越来越寒冷,路过的行人越来越稀少,金发小女孩的火柴一根也没有卖掉。安徒生回去以后就写了这部经典童话《卖火柴的小女孩》。

老师:请同学们通读课文,理解课文内容,了解小女孩五次幻想的事物,理解含义深刻的句子,体会作者的思想感情。

老师:同学们,你们觉得这个卖火柴的小女孩生活得开心、幸福吗?如果你觉得她不开心、不幸福,那么请找出文章中让你感觉小女孩生活得不幸福的句子,并讲出为什么这样的描写会让你产生这样的感觉?

学生一:"在这又黑又冷的晚上,一个乖巧的小女孩,赤着脚在街上走着。她从家里出来的时候……一向是她妈妈穿的。"当我读到这段话,我就打了个冷战,感受到小女孩的冷,她根本就没有鞋穿,赤着脚在街上走,这可是下雪的天呀!(文字阅读引发的肤觉通感)

老师:是呀,你读懂了小女孩的冷,(老师板书:冷)。还有谁也读出了小女孩的冷?

学生二:"小女孩只好赤着脚走,一双小脚冻得红一块青一块的。"我好像感觉我的脚都冻僵了,我从这里读出了小女孩真的是冷到了极点,真是寒冷极了。我仿佛看到了一个光着头没有戴帽子、围巾,赤着脚的小女孩在向我们走来。(文字阅读引发的肤觉通感)

老师:这篇文章中,作者流露出了对穷人悲惨遭遇的深切同情。请同学们找出使你产生强烈情感的句子,比如"同情""悲愤""难过""悲苦""凄惨",并思考为什么这样的描写会让你产生这样的情感。

学生一:"这整天,谁也没买过她一根火柴,谁也没给过她一个钱。"我认为在这举家团聚的日子里,街上行人稀少,该买的东西早就准备好了,谁会在今天去买小女孩的火柴?我感到这个女孩真的很可怜,她此刻一定很着急。(文字引发的通感从而产生的共情效果)

学生二:"她不敢回家,因为她没卖掉一根火柴,没挣到一个钱,爸爸一定会打她的。"小女孩在大年夜这天还要去卖火柴,足可见她家境的贫困,让她有家而不敢归,实在太可怜了,这段文字让我感觉到女孩的家缺少温暖和爱,这让我心里感觉寒冷。(文字阅读引发的心觉通感产生的共情效果)

学生三:"再说,家里跟街上一样冷。他们头上只有个房顶,……风还是可以灌进来。"家里和街上一样冷,这样的家,回与不回又有多大关系呢?小女孩是多么的孤独呀!她多么渴望父母的关爱呀!(文字阅读引发的心觉通感产生的共情效果)

老师(继续引导):同学们,家在你们的心目中是什么样子?(同学们回答家是温暖而幸福的,通过唤起学生对家温馨的、美好的回忆,为后面的引导作好铺垫)然而,卖火柴的小女孩却有家不能归,不敢归。文中有一句强调了今天是个特别的日子,小女孩也忘不了。谁能告诉我是哪一句?

学生齐读句子。

老师:是的,同学们都找对了。大年夜是人们一年一度团聚的时刻,卖火柴的小女孩毕竟还是个孩子,也毫不例外地希望在这大年夜里,能和家里的亲人团聚在一起,如此小小的要求,居然都得不到满足,这更让我们对她产生同情。孩子们,大年夜这一个词,让你能联想到什么? 教师的引导词让学生紧扣小女孩的悲惨境遇,产生联想,将小女孩的大年夜与我们的大年夜相比,更突出了小女孩的悲苦与孤独。

老师:是呀,作者和我们一样,都对小女孩有着同样的感情,课文中哪句话对这一情感进行了概括?

学生:(齐读)"可怜的小女孩!"

老师:此时此刻,你的眼前仿佛看到了一个怎样的画面? (请学生发挥想象谈一谈)

老师:(打开多媒体设备播放风雪交加的夜晚街头画面及音频资料)同学们,因为家里太穷了,小女孩只好在大年夜,冒着风雪,赤着脚到街头卖火柴。小女孩无人关爱,她渴望得到温暖、幸福、快乐,因此,她的眼前出现了种种美丽的幻想……

学生一:我看到了一个小女孩,蜷缩在冰冷的墙角,她有着黄色的卷发,她在刺骨的寒风中瑟瑟发抖。(文字阅读引发的视觉通感)

学生二:我看到了雪花被狂风卷的到处飞,寒风中一个瘦小的女孩靠在冰冷的墙上,风在她耳边呼啸着,几乎把她吹倒……(文字阅读引发的视觉、听觉通感)

老师:同学们讲得真好! 是呀,小女孩的现实生活中只有寒冷、饥饿、痛苦与孤独。但是当她擦燃火柴从幻想中,看到了火炉、烤鹅、圣诞树、奶奶……,毕竟,火柴终归是要熄灭的呀,火柴一灭,所有的渴望都幻灭了,每次的结果是怎样的,作者是怎么写的呢? 同学们读一读,找找相关的语句。(通过现实与幻想的比较,更突出小女孩的寒冷、饥饿、痛苦、孤独)。

学生读课文。"她坐在那儿,手里只有一根火柴梗。""这时候,火柴灭了她的眼前只有一堵又厚又冷的墙。""只见圣诞树的烛光……一道细长的红光。"

本课例中,老师运用了文字阅读下通感的自然产生,并对通感加以适当引导,使学生对本文作者情感的领悟更加深刻,也更利于培养学生的同情心和爱心。同时,也使学生初步领略到优秀文学作品中的文学描写让人产生通感并引发审美情感的方式,如本文中作者对炉火的描写反衬现实世界的寒冷,对烤鹅的描写反衬主人公的饥饿,对圣诞树的描写暗示小女孩的孤独,用奶奶的出现衬托出小女孩在这冰冷世界无人疼爱的凄苦境遇,用幻想飞走的结局,描写小女孩企图逃离痛苦、追逐幸福的临终愿望……

儿童故事审美活动中通感基础上的审美创作——以通感激发创作欲望,并更深层次理解作品,同时融入审美意识的提升能力训练,引导儿童珍爱眼前的幸福生活,并使儿童富有同情心与爱心。

老师:同学们,请将你心目中的《卖火柴的小女孩》画下来。

学生作画,教师巡视欣赏。

老师小结:同学们,有人说每个人心中都有一个哈姆雷特,我相信,每个人心中也都有自己的"卖火柴的小女孩",你们的画不仅美,而且有情有义。在你们的画里,我看到了你们对小女孩深深的同情与爱,我希望在现实生活当中,我们也要对生活条件不如自己的人报以爱和同情,不要鄙视与冷漠,同时,我也希望同学们珍惜今天的美好生活,感恩祖国,感恩社会,感恩我们的父母给我们创造的温暖的世界,让我们可以生活在充满爱和物质丰富的社会中。

(三)通感视域下绘本故事的审美活动

绘本是一种图文并茂的图画故事书,通过文字和绘画两种方式的结合,从不同的角度讲述故事,传达特定的情感和主题。绘本的图画生动形象,文字简明扼要,适合儿童的思维特点,受到儿童,尤其幼儿的欢迎,也是儿童艺术教育的有效补充,并在培养儿童的语言能力、行为习惯等方面有着重要意义。由于绘本符合儿童尤其幼儿的思维特点,在儿童教育中起着重要作用。但是,儿童的注意力不容易集中,这是教师必须面对的问题,因此,绘本故事阅读不能只局限于图画和文字的层面,要运用通感机制,引导儿童利用通感效果,结合儿童的实际情况和绘本的内容要求,融入读图指导,加入音乐元素、表演元素、实践活动等,使绘本阅读实现多元化,实现艺术通感背景下的感觉连接和转换,激发儿童绘本阅读兴趣,促进绘本阅读理解,丰富绘本阅读色彩,深化绘本阅读体验,实现绘本与幼儿思维的无缝对接,提高儿童绘本阅读的质量,发挥绘本故事在儿童人格塑造、习惯培养、想象力和创造力提升等方面的重要作用,促进儿童素养的全面发展。

课例三:绘本故事《一只孤独的小螃蟹》
(幼儿园大班游戏活动课)

老师利用多媒体设备,播放适合的背景音乐,展示鱼缸和海洋的空间以及小螃蟹、小鱼、小虾的图片,并播放故事录音。完整观赏一遍后,老师提问:小朋友们,你们看到绘本第四页的鱼缸漂亮吗?

儿童一:漂亮! 但是小螃蟹后来不喜欢。

儿童二:是的,小螃蟹在鱼缸里失去了自由,他想家了。

老师:那么我们用什么颜色来表达小螃蟹想家的心情? (引导文字描写到视觉通感并引发相对应的情绪情感)

儿童三:灰色。

儿童四:黑色。

老师:当小螃蟹感到孤独时我们用什么颜色来表达?

儿童一:深蓝色,这个颜色我会感到有点害怕,有时候晚上我一个人待着时,看到外面的天空就是这个颜色。

老师:那小朋友再来选一下音乐吧,当小螃蟹想念大海,感到孤独时,应该选择哪首歌曲作为背景音乐合适? (老师播放三首不同风格、速度的曲子)

儿童五:选慢的那首,让我感到了伤心,它让我想起第一次来幼儿园妈妈送我入园,我一个人很害怕的情景。(文字描述引发听感)

老师:小螃蟹最后克服困难回到大海,也找到了朋友,他不再孤独了,那么,这一页的图画用什么颜色表示?

儿童一:要用湛蓝的颜色表示蓝天和大海,还有洁白的云。(文字描述引发视感)

儿童二:海面还有红色的帆船,因为红色最热闹,我们过年时要贴红色的对联,穿红色的衣服,可热闹了。(文字描述引发视感并激起情绪反映)

老师:那我们这时候要为小螃蟹和他的小伙伴播放什么音乐呢? (老师播放三首不同速度不同风格的曲目让小朋友选择)

儿童一:选那首快一点的,我听着好像看到了过年放鞭炮的场面。(文字描述引发听感)

儿童二:我也选那首快一点的,为小螃蟹和小鱼的勇敢加油助威。

老师:下面,我们要根据故事的情节,小朋友们分角色进行表演。

老师引导儿童根据对小螃蟹、小鱼、小虾等小动物的扮演继续进行艺术通感引导,朗诵台词,并结合背景画面、背景音乐进行表演。进一步完善通感视域下综合艺术元素的运用,获得文学艺术审美创作的乐趣。

儿童文学作品具有饱满的儿童情感和儿童式的丰富想象,在课程教学中,文学作品创作者与教育者应注重对赏析者通感的启发与运用,将通感伴随对儿童诗的品读的审美过程,能够更好地激发学生的审美兴趣、调动孩子内心的情感态度,在拓展课教学活动中,把欣赏美术作品、音乐意境创设、美术创作和儿童诗学习结合起来,利用儿童作品中的插图和背景音乐的意境,引导学生获得艺术通感,展开想象力,反过来也可以激发学生学习儿童文学作品的学习兴趣,增强对儿童文学作品的领悟能力,提升儿童的审美情趣。在以上课例教学中,体现了文学作品对儿童艺术通感形成的效果是可以自发产生的,教师应抓住这一优势,使孩子通过动手绘画、朗诵等艺术创作行为,结合做律动(体觉)、播放背景音乐(听觉)等有效促进通感形成与迁移的教学手段,将思维中的形象变为可视、可听、可触的形象,创造出一个新的多维世界,这对儿童想象力和创造力的发展有不可低估的作用。

第六章
通感视域下的儿童剧教育

第一节
戏剧

一、戏剧的起源与发展

（一）西方戏剧发展史

西方戏剧是随着西方社会经济文明的发展一同得到发展的，它起源于古希腊的西方戏剧，可以按不同时期划分为古希腊罗马戏剧、中世纪戏剧、文艺复兴时期戏剧、古典主义时期戏剧、启蒙运动时期戏剧、19世纪戏剧、现代戏剧和当代戏剧。在某个历史阶段，也可按照各异的风格类型划分为多种流派。

1.古希腊罗马戏剧

始于古代希腊在祭祀大典上的歌唱舞蹈表演。到公元前6世纪末，阿里翁在春季祭祀大典上表演"酒神颂"时，解答歌队领唱提出的问题是以现场自由编唱诗歌的形式，而泰斯庇斯则在"酒神颂"的歌舞中加入一个特别演员，由这个人轮番扮演几个角色，并同歌队领唱对话，这种方式被认为是最初期的戏剧元素。

古代希腊在冬季举行的祭祀典礼上，人们装扮成兽类鸟类，游行、狂欢、歌唱，称为"狂欢队伍之歌"。到公元前6世纪，它在希腊本国发展成滑稽戏，被认为是最原始的喜剧。公元前487年，在雅典当地举行的祭祀大典上正式演出喜剧，此时只有三名演员，歌唱队的角色并没有像在悲剧中所起到的重要作用。在古希腊喜剧的历史进程中，歌唱队的作用逐渐缩小。

这个阶段是人类戏剧的幼年时期，也是它的第一次繁盛期，留传下来了非常多的经典喜剧和悲剧。著名的喜剧作家有米南德和阿里斯托芬，著名的悲剧作家有索福克勒斯、埃斯库罗斯、欧里庇得斯。在古罗马，戏剧表演及创作也蓬勃发展，主要剧作家有泰伦提乌斯、普劳图斯等。

2. 中世纪戏剧

在封建专制统治的中世纪欧洲历史时期,宗教观念的弘扬和道德教化是戏剧创作及演出的基本内容。其中,以宣传教义为目标的宗教剧,是从教会仪式上的唱诗发展进化来的;后又有由宗教剧的演化变异出的奇迹剧,各种传奇性的剧情当中掺杂着宣传宗教和道德的宗旨;取自于耶稣和圣徒们的传奇故事是另外一个变异剧种——神秘剧。把抽象的道德教化转变为对社会道德的评判是道德剧的宗旨,它长时间地流传于多个国家。笑剧的特点则是对世俗生活的再现和尖锐的社会讽刺,它从乡间戏剧发展而来;还有以讥讽著称的愚人剧,后广泛流传于城市。这一历史阶段虽然很长,但留下的传世佳作极少。

3. 文艺复兴时期戏剧

人类文化发展历史上的一个重要阶段是在欧洲的 14—16 世纪,一场宏大的人文主义运动起源于意大利后快速漫卷欧洲各国。这一阶段是以英国和西班牙为主导的欧洲戏剧,主要剧作家有莎士比亚、马洛、鲁埃达、维加·伊·卡尔皮奥、琼森等。其中,莎士比亚的众多剧作成为世界戏剧宝藏中的珍宝。

进入 17 世纪,欧洲戏剧踏入古典主义阶段。当时,法国是等级君主制的统一国家,在权力高度集中的制度下,文学艺术必须为之服务,法国戏剧于如此政治境况中发展起来,成就了古典主义的一面旗帜。这一时代的主要戏剧作家有莫里哀、高乃依、拉辛等。

4. 启蒙运动时期戏剧

启蒙运动的主要人物狄德罗根据历史的进程,提出建立严肃的喜剧、市民戏剧纲领,戏剧作家博马舍为这样的新兴戏剧创作出了实践的范例。

在德国,民族戏剧的创始人是莱辛,到了 18 世纪 70 年代,在猛烈的潮流运动中诞生了歌德和席勒两位伟大的剧作家;在英国,戏剧启蒙运动的成果远远达不到文艺复兴阶段那般璀璨,大批剧作带有道德的批评和传播,赋予其说教的味道,喜剧作家哥尔德斯密斯、谢里丹和菲尔丁堪称代表;在意大利,即兴喜剧悠久传统的流行成就了哥尔多尼,作为启蒙剧作家,他的喜剧作品对后期产生了巨大的影响。

5. 19 世纪戏剧

在 19 世纪,现实主义戏剧和浪漫主义戏剧是欧洲戏剧的两大流派。浪漫主义戏剧的原则以强调人内心主观活动的表现、创作的自由性为重,代表性作家有法国的雨果、大仲马、缪塞、维尼,俄国的普希金,德国的克莱斯特。在欧洲,现实主义剧作家有法国的小仲马,挪威的易卜生,英国的萧伯纳、高尔斯华绥,俄国的果戈理、奥斯特洛夫斯基、托尔斯泰、契诃夫、高尔基等。

现实主义戏剧与自然主义戏剧密切相关。虽然这一派别的创作宗旨与现实主义是息息相通的,但它却更偏重于用试验的办法达到表现与研究人的精神世界,更提倡对人的本能的发掘应从生理性与病理性两个视角开始。左拉是法国的自然主义戏剧及小说的倡导者,后来瑞典的斯特林堡、德国的豪普特曼等,都曾受到他很大的影响。

6. 现代戏剧和当代戏剧

19 世纪末,各国的戏剧展现出多个派别相互角逐、又互相汲取的局势。第二次世界大战是这一历史阶段西方戏剧的分界点,自此归类为现代剧和当代剧,并将之统称为现代戏剧。

19 世纪的现实主义戏剧,在新的历史阶段被传承和发扬,风格日渐多姿多彩。归于这一派别的戏剧作家主要有德国的沃尔夫、布莱希特,意大利皮兰德娄,爱尔兰的格雷戈里夫人,瑞士的迪伦马特,等等。在这一历史阶段,美国戏剧是后起之秀,奥尼尔被赞誉为美国现代戏剧之父,其创作的现实主义剧作大量问世,他也创作了其他派别的作品。属于现实主义的戏剧作家还有海尔曼、威廉斯、奥德兹、英奇、米勒等。起起落落的众多新兴派别,比如未来主义、表现主义、象征主义、存在主义、超现实主义、荒诞派等,与现实主义戏剧同时存在着,都属于现代派戏剧。

以比利时的梅特林克为象征主义戏剧代表,属于这一派别的还有爱尔兰的辛格,捷克的恰佩克;德国的凯泽、托勒尔等为表现主义剧的主要作家,像布莱希特、奥尼尔也曾醉心过这个派别;意大利的马里内蒂是未来主义戏剧的倡导者,这派剧作数量很多,但没有多大价值;法国衍生出了超现实主义戏剧,主要剧作家有科克托、阿波利奈尔;存在主义哲学家萨特、加缪也是存在主义戏剧的主要代表作家,他们持有的哲学思想观念也深深地影响他们的作品。

在 20 世纪 50 至 60 年代,荒诞派戏剧流行于欧美各国,英国的品特,法国的尤内斯库,爱尔兰的贝克特,美国的阿尔比等为其主要剧作家。

(二)中国戏剧发展史

中国戏剧主要包括戏曲与话剧。作为中国传统戏剧的戏曲,经过长期的蜕变发展,逐渐形成了中华戏曲百花苑,以传统的五大戏曲剧种——京剧、评剧、越剧、豫剧、黄梅戏为核心代表。20 世纪从西方吸收进的戏剧形式即是话剧。

堪称国粹的中国古典戏曲,是组成中华民族文化的重要部分,它的表演形式具有丰富的艺术魅力,为各个历史时期的观众所喜爱、欣赏,与印度梵剧、古希腊悲喜剧并称为世界三大古剧,居于世界戏剧舞台的独特位置。

1. 戏曲的形成

中国古典戏曲最早起源于秦汉时代。但进展过程非常缓慢,直到宋元时期才初步成型,后经过从元杂剧算起的完整戏曲形式,经过明清时期的逐步发展完备,直至进入现代,历经 800 余年的时间而长盛不衰,到现今存世剧种 360 多个。中国古典戏曲,在其漫漫的发展历程中,陆续出现了四种基本形式:宋元南戏、元代杂剧、明清传奇、清代地方戏。

(1)宋元南戏

大约于北宋末和南宋初产生的宋元南戏,出现在福建的福州、泉州周边和浙江的温州,此阶段是戏曲的成型期,中国戏曲形式较早成熟的亦是南戏。它演出的往往是一个完整的故事,集歌唱、念白、科范、舞蹈于一台;由于剧本设计的故事情节较曲折,所以大多是长篇,较北曲杂剧篇幅数倍之多;使用的南方曲调,没有严格规范宫调、韵律;富于多变的唱法,有合唱、轮唱、对唱、独唱等;以鼓板为主要乐器。因为南曲声腔与北曲腔调不尽相同,致使两者风格各异。

(2)元代杂剧

元代杂剧亦称北曲杂剧,金朝末期最早的元杂剧产生于山西平阳、河北真定一带。元杂剧繁盛于元代,迎来了中国戏曲的首个黄金时代。其文学水平达到了非常高的境界,就只从诗歌体而评,古人早已将元曲与唐诗、宋词相提并论。

从某种角度讲,元杂剧是具有与唐诗宋词一样崇高地位的艺术,它杰出的成就主要表现在具有极高的艺术造诣和淳厚的思想内容这两方面。王国维说:"唐之诗,宋之词,元之曲,皆所谓一代之文学。"

元杂剧内容丰富深刻,题材广泛,具有强烈的斗争精神和现实性。为了避免政治灾难,元杂剧作家经常使用历史故事和传说影射现实,基于真实生活素材的作品也常常披上"历史传说"这一保护层。而元代广阔的社会生活现象被许多作品鲜活地展现出来,具有重要的现实意义和强烈的时代感。

其一,反映人民疾苦,揭露社会黑暗。如《窦娥冤》《陈州粜米》《鲁斋郎》里,元代腐朽的政治和专制统治遭到大胆抨击,把阶级、民族双重压迫下黯淡无光的社会现实和深重苦难的人民生活呈现给观众。

其二,歌颂反抗斗争的人民,表现英雄主义。《李逵负荆》《双献功》等,是正面歌颂带领人民起义的英雄;如《单刀会》等颂扬历史豪杰;如《窦娥冤》展现各种微弱小人物的反抗精神;《陈州粜米》体现张撇古一个农民对强权的反抗和抨击;《救风尘》是写智勇双全的妓女赵盼儿斗花花太岁。

其三,描写妇女,反映爱情婚姻问题。有的描述青年男女真挚相爱和追求自主的婚姻斗争,如被称为"四大爱情剧"的《西厢记》《倩女离魂》《墙头马上》《拜月亭》以及《张生煮海》《柳毅传书》的神话剧等,都有着反封建的共同主题,展现了妇女们的希望和追求;有的反映女子生活中凄惨的遭遇,揭示了男子背信弃义,如《秋胡戏妻》和《潇湘夜雨》;还有的是反映妓女命运的悲惨和与生活抗争的精神,如《金线池》《救风尘》等。

其四,鞭挞奸邪,歌颂忠良。如《赵氏孤儿》《东窗事犯》《吴天塔》等,歌颂正义,或托寄民族情怀。许多真实案例剧揭露了黑暗腐败的官场,亦赞扬了不少清官。此种作品承载了理想,具有一定的批判现实的意义。

元杂剧在艺术方面,形式独特而新颖,在结构情节、戏剧语言、人物塑造等方面展现出非常高水平,象征着我国古典戏曲艺术的成熟,具有艺术格调鲜明的特色。

其一,元杂剧创作的核心是现实主义,但正面浪漫主义的描绘并不缺少。许多杂剧的优秀作品不仅描写了人民的困苦,同时还展现了人民的抗争精神,并且通常让他们获得很大的胜利;而对那些奸邪之辈、权贵豪绅们的嚣张气焰,则坚决给予打击,让他们以惨败结束,表达出了人们心目中的理想生活。

其二,杰出的杂剧作者在架构方面,善于从"填词之设,专为登场"出发,仔细地设计关目,使剧情集中冲突,主题鲜明,情节紧密,变化多端,因而有许多杂剧佳品效果富有强烈的戏剧性。

其三,元杂剧艺术成熟的重要标志是:成功地创造了大量具有独特性格的典型人物形象。关汉卿、康进之、王实甫、纪君祥等优秀作家,处理情节时能遵照人物性格发展的必然规律去编排,尔后又通过激化矛盾造成戏剧冲突,使用多种多样的艺术手法去展示人物性格特征,从而达到使人物形象栩栩如生,血肉丰满的效果。

其四,元杂剧的语言具有强烈的表达力,并多姿多彩。元杂剧作品中吸取了众多的民间俗语,将它与文学语言相互融合,形成流畅易懂、简洁直率、活泼生动的特点。这是我国艺术文学从文言文写作向白话文过渡的明显转变。多数元杂剧作家注重语言的写实性,如康进之、关汉卿等;较少作家则着重文学的优雅性,如马致远、王实甫等。

(3)明清传奇

由宋元南戏进化而来的戏曲形式是明清传奇。于元末产生,在明初流行,兴盛在明代嘉靖年间,到明万历年间达到崭新高峰,并持续至明末清初,用"词山曲海"形容其作品量也不为过。

在各个阶层都普遍喜爱戏曲的明代社会,弋阳诸腔和昆山腔流传于广大的乡村与城镇。从民间草堂、庙会到士大夫、贵族的官邸以及皇家宫廷,演出活动都十分频繁。皇家宫廷的演出,早期都是由"教坊"承办,到万历年间,宫廷内专设演戏机构"玉熙宫""四斋"等。为避免单调,民间戏班有时也应召进宫演出。士大夫与贵族官邸里多成立"家班",或有自己撰写的剧本也不时上演。争奇好胜的士绅们,常常亲自为演员指导、说戏,并进行极严格的要求,使演员尽心排练,在表演艺术上面达到非常高的水准,这些都为戏曲舞台艺术的发展,起到积极的推动作用。不少昆、弋诸腔的艺人技艺高超,他们生存于戏班中。那时的戏曲演出还有水、陆舞台的民间演出,规模与宋元时期路歧作场与勾栏瓦舍相比,已有相当大的进步。

在乐曲演唱方面,不同的声腔特征各异。集南北曲调于一身的昆山腔,充分展示了悠扬婉转、优美绵长的南曲特色,又恰当地融合了热情奔放的北曲旋律;规范了场次的安排及各类官调曲牌搭配,同时运用更广泛地借宫与集曲,结构方法是使用曲牌联套体,愈加富有表现力与完整性;同时演唱技巧也日益讲究,要求演员唱出各曲意趣,应达到戏剧化、性格化的高度;

昆山腔更为丰富的伴奏乐器配置和乐队场面的组织完备,演出将在规范的节奏和情景中进行,它为后来的戏曲声腔和各剧种的乐队伴奏做出了榜样。弋阳诸腔的乐曲,则是在"字多音少,一泻而尽"的基础上,创造出"滚调"和"帮腔"。"滚调"是以"流水板"通俗易懂的诵唱唱词,既增加了曲调节奏的变化,更加畅快地表达曲情。"帮腔"的声乐艺术是合唱与独唱相结合,无乐器伴奏的弋阳诸腔演唱的不足在某种程度得到了弥补,即演唱的形式更加多元化,起到烘托环境气氛、渲染人物感情的作用。绝大多数弋阳诸腔只用鼓、锣等音乐效果强烈的打击乐器渲染气氛,这和多在广场、村镇庙宇为数量众多的普通群众演出的基础条件有关,也和弋阳腔早期作品内容注重于场面热烈、人物众多的历史剧有深切的关系,因此,弋阳诸腔整体展现出高昂奔放的风格。这些都对后来高腔腔系剧种的音乐产生深远的影响。

表演方面,在艺术方面精细化的角色分工,必定是这一阶段丰富与提高表演艺术的关键环节。尤其昆山腔是从南戏中七个角色增长为"江湖十二角色",将使演员只专注致力于某个人物或某种类型的创作,揣摩性格,探索内心。表演艺术在各行当的角色上都有独特的发挥,艺术家们塑造出来许多各具特色的典型形象。《梨园原》总结出昆山腔的表演艺术经验,提出了"艺病十种""身段八要"等,彰显了昆山腔在表演艺术上的严格要求。在表演艺术上,弋阳诸腔的精致程度虽赶不上昆山腔,但也有不容小觑的风格与成就。它演唱时非常注重观众的接受能力,用灵活的念白活跃舞台的氛围,表演的动作性和戏剧性不断加强,有效规避了一些南戏传统剧目中单一抒情的缺点。从祁彪佳《远山堂曲品》中记载的某些条目证明,弋阳诸腔的表演很注重刻画人物的内心,时常"能令观者出涕"。采用民间杂技与武术展示来演出历史剧中需要的战争场景,以色调粗犷炽烈独树一帜。

(4)清代地方戏

清代地方戏的艺术形式与近现代戏曲相似。清代地方戏历经了150多年的发展与演变。康熙末期,地方戏在各地蓬勃发展,称之为花部,并在乾隆时期开始与雅部的昆剧竞争。至乾隆末期时,花部战胜雅部,舞台的统治地位由花部占据直到道光末年。近代戏曲是指从1840年至1919年的戏曲,其中包括形成于同治、光绪年间的京剧及20世纪初短暂出现的戏曲改良运动。

清代地方戏主体有着强烈而凄美的风格,音乐体制开创了以板式变化体为主导的趋势,新的剧本文学形式也由此产生。此外,由分场的结构形式取代传奇的分出成为新的戏剧文本的结构形式,不像结构松散、拖沓烦冗的传奇型制那样,而是具有适宜观众接受的结构严谨的特色。不过,语言准确度不高、庞杂等不足之处,在清代地方戏中也普遍存在。

清代地方戏庞大的剧目量,史称之最。据有关资料记载:我国1956年第一次统计戏曲剧目时,传统戏曲共统计出剧目51 867个,有上万个属于清代地方戏的剧本、剧目。社会上出身于城市下层的艺人、乡村的手工业者、农民等,他们群体创作出了许多清代地方戏,从而使得它拥有广阔的群众性,形成更接近群众的清代地方戏特色。清代地方戏的特点是其改编主要来自历代小说、演义,此外,也移植、改编自其他形式的,如传奇、杂剧、曲艺、话本等;清代地方戏的题材可分为爱情婚姻戏、历史戏、公案戏、神话戏、妇女戏和诙谐小戏及其他一些无法归类的戏。其中,爱情婚姻戏有《何文秀》《买胭脂》等;历史戏有《阳平关》《清河桥》《如意钩》等;公案戏有《奇冤报》《探阴山》等,神话戏有《琵琶洞》《画中人》等,妇女戏有《樊江关》《花木兰》等;诙谐小戏有《祭头巾》《老换少》等。

2. 近现代戏剧

从西方引入国内的话剧,20世纪初到五四运动前称"文明新戏",戏曲的某些特点也在早期话剧里体现。作为外来艺术形式的文明戏,想在中华民族传统文化的土地上扎根,必定要经历艰苦的磨砺和适应过程。开始时,它既要面对排异性的本土传统文化,又要寻找适当的寄托品,当作中国话剧的立锥之地,还得防止被本土民族文化融合,牺牲其独有的品性。从而,在猛烈撞击的中西方两种文化中,文明戏的形态成为一种"亦中亦西,不中不西,亦新亦旧,不新不旧,混合糅杂的过渡形态",它的艺术形式,既不似我国戏曲的表演,又不似西方戏剧;在内容上,常常是中西方兼容并蓄,自己主观的东西不足,同时也并未寻找到自己准确的文化位置。虽然繁荣过一个阶段,却只如无根的浮萍漂于水面之上。五四运动后,西方戏剧照原样重新引入,以现实主义戏剧形式,被称为"新剧"。从1928年起沿袭至今,一直称作"话剧"。

在1919年的中国,爆发了五四运动,旨在用新文化解放旧思想,规模之大,震惊中外,它崇尚科学与民主,倡导新道德,抵制旧道德;推崇白话文,弃用文言文。因此,在这场宏伟浩大的文化运动中,新文学崛起,新剧形成,即"店剧"。在中国,历经文明戏时期转型的西方戏剧,再通过五四运动中新文化的培植,最终在中国的土地上,这个"舶来之物"站住了脚,这标志着一种崭新的戏剧文学诞生,其后自然而然地出现了专门的戏剧教育及致力于话剧的队伍,崛起的业余演剧制度即"爱美剧",业余(包括校园)剧团的鹊起,开始设置话剧导演制。

"爱美的戏剧"是汪优游最早提出的。他觉得,商业力量介入的戏剧导致只片面强调谋利,从而损害了其艺术性。所以,他想效仿东洋的"素人演剧"和西洋的"Amateur"的方法,构建的戏剧团体是非营业性的。在第二年,他的这一倡议得到实现,经他提议,成立了上海民众戏剧社,这是新文化运动之后首个新兴话剧团体。其创始宣言指出:"当观戏是消遣的年代已经结束时,戏院应该在现代社会中占据重要位置,既是促进社会进步的轮子,也是寻找社会疾病根源的 X 光镜。"

随后,"爱美的戏剧"运动在燕京大学、清华大学、北京大学、南开大学和一些中学展开,星罗棋布的校园剧团随处可见,构筑起新文化戏剧亮丽的风景线。

在民众戏剧社衰落后,又一上海戏剧团体——戏剧协社脱颖而出,在 20 世纪 20 年代,多次组织公演了一大拨名剧,一部轰动上海的《少奶奶的扇子》便出自其中,使话剧声名鹊起。另外,在中国话剧界率先建立了现代导演机制,栽培出许多戏剧人才。其成功的原因也与著名戏剧家洪深之挑梁该社有关。

在五四运动期间,传统戏曲饱受批评,戏曲从此步入现代戏曲时期。京剧的创立是清代地方戏曲兴盛的结果,京剧成为全国代表性剧种后,地方戏曲的发展丝毫没被压制。在清代,从地方戏曲到京剧,是中国戏曲走向极度繁荣的时代。

20 世纪初,随着中国文化领域的变革深入,戏剧得以蓬勃发展且有改良运动。然而,当时的早期话剧和"文明戏"即新剧,并未设定导演。1921 年,从美国学成归国的戏剧家洪深,在上海戏剧协社的演出和实践中,与同仁们探索并创立了正式的导演排练制度,由此,一套比较完整的导演体系真正制定形成了。直到 20 世纪 30 年代后期,戏剧中的导演艺术才发扬光大起来。

20 世纪初,京剧艺人在上海用幕表排演新剧目,亦是借鉴早期话剧。周信芳在 1925 年出演《汉刘邦》时,在宣传画中第一次用了"导演"这个词:"周信芳君主编、导演两大本汉史,破天荒文武机关好戏。"1930 年,赴美国演出的梅兰芳,聘请南开大学在美国任教的张彭春教授,帮忙修整剧目,张鹏春当时也用了导演称谓,但正式的导演制在京剧中形成和建立是在中华人民共和国成立后,而整个戏曲领域真正引进导演制是源自袁雪芬于 20 世纪 40 年代的越剧改革后,在戏曲中建立了编导制度。

20 世纪 30 年代是饱经忧患的一个历史时期,一方面是激化了的民族矛盾,1931 年,"九一八"事变爆发,我国东北地区遭到日本侵略军的践踏;另一方面是激化的阶级矛盾,人民大众奋起反抗地主与资本家的斗争日益激烈。这个阶段,中国话剧继续参照和汲取西方戏剧,但已经从不拘一格的各种类型的融合转向了对现实主义的关注,现代主义的戏剧实验逐渐衰落,在大时代形势的推动下,中国话剧扫除了过去的以浪漫和伤感为主调,转而以悲愤抗争为基础,自发地承担起唤醒民众救国的重任。经过十多年的探索,中国话剧终于找到了自己前进的道路,并逐渐迈向成熟。它的主要特征是:将戏剧与人民的需求及中国社会的现状密切融合,深深扎根于民族文化这片土地里,在参考西方话剧的同时,也创造性地将这种外来的艺术形式与中国传统艺术精神相结合,形成的戏剧种类是中国现实所需求的,也是中国人民喜爱的;夏衍、曹禺等优秀剧作家的涌现,创作出大批卓越的剧作;此时,专业剧团发展壮大,具有了国际水平的艺术表演水准。

另一方面,让人民群众赏心悦目的中国戏曲,始终根植于民间。有多如繁星的中国民间戏曲剧种,据不完全统计,各个民族地区的地方戏曲的传统剧目达数万之多,剧种达 320 多种,其中包括中国戏曲的代表:京剧、评剧、豫剧、越剧、黄梅戏五大剧种。每个民间剧种都有各自的观看对象,观赏、聆听自己民族戏曲不仅是群众休闲娱乐的重要消遣项目,更是远离家乡的人们对思乡情怀的情感依托。中华人民共和国成立后,许多改编自传统戏剧、历史新编剧和表达现代生活主题的现代剧,都深受广大民众的喜爱。

二、戏剧的艺术特点

(一)综合性

组成戏剧的艺术形式包括音乐、舞蹈、美术、文学等艺术,甚至包括建筑艺术,因此戏剧艺术创作必须遵守多样艺术种类的互相制约的、极为复杂的规律,它本身的审美价值就具有多面性;同时,作为综合艺术的戏剧,并不是各类艺术元素简单化的混合,戏剧艺术的囊括性要求整体的戏剧美学是其中各类艺术元素务必遵从的原则,互相能有效地融汇起来,呈现在观众面前的务必是完整的舞台形象,唯有如此,戏剧独特的审美价值才能在此基础上形成。

(二)舞台直观性

戏剧必然是通过演员在舞台上面对观众的表演,完成具有矛盾冲突的故事情节的完整再现。因而,演员既要有真挚感情的表露,又要始终全神贯注。经过对表情、行动、语言的动作化和个性化塑造,将惟妙惟肖的直观形象呈现给观众,同时又需要将角色的活动限制在一定的舞台空间和表演时间内,在有限的舞台时空范围内,尽量表现出最深刻、最广阔的生活内容,赋予观众艺术美的感受。

(三)矛盾冲突性

矛盾冲突是戏剧存在的根本价值,所以戏剧艺术的重心就是激烈的矛盾冲突。中外古今,所有优秀的戏剧,从其内容来看,所有活动中的角色都无一例外地表达着内心矛盾或激烈冲突,因戏剧受到舞台限制,从表现形式上,它首先就必须把人物与环境之间、人物与人物之间,表达出最根本的冲突,而让所有次要事件退居一边,通过强烈矛盾冲突的戏剧情节吸引观众。

作为完整的戏剧艺术,被划分成两个基本部分:戏剧文学和舞台艺术,它们之间互相制约、相互区别。演员的表演、舞台美术、布景、灯光、音响效果等是舞台艺术的主要元素,其中整个舞台艺术中心是演员的表演。在演员的表演艺术方面,"体验派"和"表现派"两大派别出现在戏剧近代史上。"体验派"注重于真实反映人物精神状态和心理世界,主张每一次表演都要融入角色,获得生动、直接的体验;"表现派"强调演员要对生活进行清醒的观察,并在排练中创造一个"理想模式",规定"理想模式"中的一切在表演中必须得到严格遵循。这两个派别都有其存在的合理性,创作艺术原则的分歧也深刻地反映在"体验派"和"表现派"的区别与争执上。

人与戏剧是相互创造的,戏剧精神实际上就是人的精神的体现。戏剧精神的产生和发展在人们固有的审美心理状态下受到限制,但人们对戏剧的审美心理亦被戏剧精神持续地调整、丰富着。一个民族在一个时期的审美心理态势,承受着现实与历史两种文化心理的影响,前者时常被直接地权衡其艺术取舍与评价,后者则沉积为一部分潜在的艺术审美情趣,在此根基上形成了艺术审美的心理倾向,亦形成人们的艺术审美愿望和审美情趣,这些都在一定程度上决定了这个民族在这一时代的戏剧精神的性质。因此,在戏剧审美的过程中,常常形成两种基本形态:积极的和消极的,两种形态共同考验着戏剧精神的兴亡盛衰及戏剧的表演、音乐、形式等。

三、戏剧的分类

通常来讲,戏剧有下面几种划分方式:

第一,按表演形式可分为歌剧、舞剧和话剧等。

第二,按作品所写题材可分为现代剧、历史剧、儿童剧。

第三,按结构形式和容量大小可分为独幕剧、多幕剧。

第四,按作品性质内容可分为正剧、喜剧和悲剧。

第二节
儿童剧及儿童剧教育

一、儿童剧

（一）儿童剧的内涵

儿童剧的定义为多类别剧种（戏曲、歌剧、话剧、舞剧、歌舞剧等）中适合儿童欣赏的剧目总称。作为戏剧一个分支的儿童剧，具有戏剧的必备特征与元素，同时也具备儿童剧的专属特征。我们也将儿童喜欢欣赏的、内容符合儿童特性的戏剧称为儿童剧。儿童剧可以现实社会生活为题材，也可以从神话、童话等经典故事中取材。

儿童剧在欧美许多国家的演出频繁、创作繁荣。中国儿童剧的开端，是始于 20 世纪 20 年代《小小画家》等剧目的演出，儿童剧的演出团体于 20 世纪 30 至 40 年代诞生，50 年代以后，专业的儿童剧院（团）在北京、上海、西安、武汉、四川、辽宁、宁夏、云南、石家庄、乌鲁木齐等地区陆续成立。

（二）儿童剧的艺术特点

儿童剧是专为儿童所创作的戏剧作品，因此，儿童剧注重内容通俗易懂，形式活泼生动，不仅要求作品有清晰突出的主题、结构简洁、情节趣味横生、形象鲜活、富于想象力、语言明晰简练，并且要使其形式、内容及表现手法，都尽量适合于少年儿童的心理、生理特点，为他们喜爱欣赏。儿童剧是戏剧文学的整体组成部分之一，它的艺术特征具有一般戏剧文学性，其戏剧创作也遵照普遍规律，但又具有自己的独特性。这些特点源于儿童观众的心理特征和年龄并由此产生儿童独特的审美需求。

1. 教育性

儿童剧与成人戏剧最大的区别即对教育性的强调。儿童的可塑造性非常强，古人曾用素丝为其作譬喻，说它"染于苍则苍，染于黄则黄"。由于儿童年龄幼小纯真的原因,容易受环境因素的影响,所以教育者非常重视利用儿童对儿童剧的喜爱,通过儿童对儿童剧的观赏与创编及表演,发挥儿童剧的教育性,使儿童得到耳濡目染的心灵浸润与审美熏陶。

2. 形象性

儿童不乐意也不容易接受的是抽象的说教。儿童剧擅于借助对各种各样形象生动的故事情节的展现,使年龄小的儿童依赖于儿童剧具有的视觉化的教育手段,帮助儿童认识、理解世界;儿童剧通常利用多种艺术手法,创作出绚丽多姿的艺术形象来;儿童剧所用的语言声情并茂,婉转动听;儿童剧的表演通常富于灵动性,心理活动和人物的性格更多的是以动作来表现。

3. 趣味性

儿童的生活阅历和知识都不够丰富,理解能力弱,复杂的道理很难明白,更难懂得成人的思想感情和体会成人的生活经验。他们都不喜欢看或不看自己不感兴趣及难以理解的内容。一部优秀的儿童剧,就是在有趣的故事情节中,在轻松的氛围内,给孩子们巧妙地传递深刻的道理,启发有益的思想。

4. 故事性

儿童剧重视故事性,强调结构简洁,情节活跃连贯。重视故事性,但并不只简单地追求奇异的故事情节,也不会不以生活为出发点,不描述人而仅仅叙事。儿童剧主要描绘人,从思想、心理、性格方面塑造角色。作品的主人公未必都是人,也许是其他植物、动物或者是无生物。这些故事的主人公都是拟人化的,不论刻画事物还是写人,都需要通过故事情节表现出来他们的性格、思想,不适合多用沉静的心理描写和冗长的环境描写。

5. 知识性

儿童剧在内容上通常技巧性地插入富含知识的内容,既能满足少年儿童的求知欲和新奇感,又增加了作品的艺术鉴赏力。

6. 单纯性

儿童剧有广泛的素材来源,既能取材于历史典故,亦能取材于现实生活;可以讲述瑰丽的童话和神话传说,也可以呈现科学幻想里的未来世界;可以描绘生动活泼的少年儿童生活,也可以展现成年人的多彩生活。但是儿童还未完成从形象思维到抽象思维的过渡过程,并且社会生活经验几乎为零,因而复杂的演绎、推理无法进行。成人戏剧中纷繁的人物关系、复杂的人物个性乃至其中蕴含的深奥哲理,他们都无法透彻理解。因此,那些儿童难以清晰明了具体的恋爱、婚姻的细节,复杂纠缠的人情世故,阴暗的犯罪心理及残酷情节,不适合在儿童剧中过分渲染与表达出来。儿童剧也有表达爱情主题的,如《马兰花》,但是作者在剧中把感情描绘的纯洁而美好:皓月当空,银光撒满大地,伴随欢歌笑语声,马郎娶亲的彩船摇曳而来,在寂静的小河边,马郎和小兰带领小动物们愉快地载歌载舞,情节达到了喜庆的高潮。孩子们对爱情婚姻懵懂费解,这里没有过多解释,而只让他们感觉那种热烈而欢快的气氛。但是,儿童剧的单纯性绝不是单薄和简陋,而是相对于成人戏剧来说情节与表达更加简单、纯净。

(三)儿童剧的分类

根据表演形式的不同,儿童剧可以分为歌舞剧、童话剧、儿童话剧、木偶剧和故事表演等。

1. 歌舞剧

它是综合艺术形式,包括诗歌、音乐、舞蹈等,小型歌舞剧一般以舞蹈、演唱为主要展示手段,如黎锦晖的《麻雀与小孩》。

2. 童话剧

童话剧选材于童话故事,塑造童话人物和创造童话境界,都是通过艺术手段的幻想,于曲折中呈现儿童们的生活,如郑渊洁的《魔方大厦》。

3. 儿童话剧

它以儿童的生活故事为题材,以表情、对话和动作为重要的表现手段。其内容浅显,结构比较短小,剧情明快中有曲折,单纯中有妙趣,如柯岩的《小熊拔牙》。

4. 木偶剧

它是用木偶艺术来表演故事的。木偶剧具有特殊的情趣,可以表现人在舞台上做不到或难以做到的动作,产生滑稽、夸张的效果,如《小刺猬背西瓜》。

5. 故事表演

它是儿童在学会讲述故事的基础上,由教师指导、组织儿童参加的一种表演活动,是一种文学和游戏相结合的综合艺术活动,如《熊猫百货商店》。

二、儿童剧教育

（一）儿童剧教育的发展

虽然早在古希腊时期，西方的儿童教育戏剧就开始进入萌芽状态，但是直到进入 20 世纪，伴随着逐渐发展的"新教育运动"，原有的教师中心、知识中心和课本中心的旧教育模式被打破，戏剧才正式地成为西方儿童教育的组成部分。经过 100 多年的发展和变化，西方儿童戏剧的教育逐渐形成了戏剧教学（drama in education）、创造性戏剧（creative drama）和戏剧心理治疗（remedial drama）以及剧场教育（theatre in education）等多种流派，并且呈现出各种流派相互吸收、相互渗透、相互融合的态势，这标志着西方儿童戏剧教育已经从单一走向多元、从片面走向整合、从幼稚走向成熟。

中国的戏剧教育发展比较晚。1922 年《儿童世界》创刊后，发表了许多儿童剧，叶圣陶、郑振铎、周作人等都涉足过儿童剧的创作或翻译，黎锦晖伴随"新音乐运动"创作了《葡萄仙子》《麻雀与小孩》《小小画家》等大批的儿童歌舞剧，当时在中小学中广为流行，成为中国现代儿童戏剧走向兴旺的一个重要标志。

在中国的儿童教育领域，戏剧是一个较为陌生的概念，但戏剧教育的元素一直存在，并呈现了多种形态，最直接的就是木偶戏、哑剧、故事表演，表演游戏、角色游戏等游戏活动，他们都具有戏剧的因素。但戏剧教育在学前教育阶段、义务教育阶段一直是比较缺失的，始终没有像音乐、美术、舞蹈等艺术活动那样得到充分重视。而且，幼儿园、小学中为数不多的戏剧教育仍以剧场式、表演型为主，要么把儿童当作成人演员一样为节日演出做排练准备，要么就是儿童在教师编导下进行整齐划一的表演教学，儿童在戏剧教育中的主动性、愉悦性与创造性等被长期忽视，这与我们倡导的创造性戏剧教育还有较大的距离。

面对当前幼儿园课程及义务教育阶段教育改革的新趋势，儿童的艺术教育要用一种综合的艺术形式来丰富其内容已势在必行。在探索过程中，戏剧教育，尤其是创造性戏剧教育正在慢慢地进入我国儿童艺术教育工作者研究与实践的视野，戏剧以其独特的魅力正在为儿童艺术教育带来崭新的活力。

（二）儿童剧教育对儿童发展的价值

儿童剧是一种艺术类型，更是融合多种艺术元素的一种综合艺术形式，依托儿童剧艺术，儿童的戏剧表达自然地流淌在身体与多种艺术门类思想的对话中，戏剧逐渐成为儿童生命状态的特殊体现。最初，人们将儿童剧教育理解为一种以培养和展示儿童的表演技巧为目的的表演活动。随着教育理念的不断更新以及研究的不断深入，戏剧教育已经走向日常的游戏与生活。儿童剧教育不再是简单地培养学生的表演技能与展示，更多的是一种体验的活动，包括体验的优秀文学作品、体验生活、体验角色、体验快乐等。儿童剧教育对于儿童来说，还是一种探索与幻想的活动，它是开放的，儿童能够超越文本进行大胆探索与想象，并创造性地运用语言、动作、表情，展现自己对内容的充分理解基础上的表演。在很多教育水平先进国家的艺术课程标准中，戏剧被认为是一门对儿童情感、社会、运动和创造性发展都至关重要的艺术课程，它为儿童提供了表达自己对客观世界的想法的机会。儿童剧审美活动包括儿童剧的观赏活动与儿童剧编演活动。

1. 带给儿童广泛而全面的审美体验

儿童剧包含着许多富有美感的审美元素，如音乐、歌曲、舞蹈、视觉艺术、诗歌、充满韵律的童谣与故事等。儿童剧表演的空间总是布置的很有艺术感，这些内容跨越了视觉艺术、听觉艺术的某一种体验，给儿童的生活带来广泛的审美体验。

2. 提高儿童的想象力、创造力等综合素质

儿童剧教育的能力培养目标也包括培养思考能力、想象力、创造能力等。思考能力是基础，没有思考，就不能很好地扮演一个角色。戏剧剧本转化为行动表演，一定是在内在思考的基础上完成的。戏剧情节、戏剧冲突的编演更加需要思考，尤其是戏剧冲突，往往能够让儿童进行思考，从而在其中找准自己的位置并进行贴切表达；儿童剧的创作和表演是促进儿童整体发展的一种方式，对儿童的想象力、创造力、审美能力的发展，情感、心理的健康和社会适应性有着独特的教育作用。创造性戏剧在小学阶段和幼儿园的活动是一种快乐的学习方式，儿童们的表演虽是稚气的，但在他们自己眼里，这种表演是有趣的游戏，孩子们在游戏中尽情展开想象的翅膀，任意挥

洒情感,模仿装扮,自由自在地翱翔在艺术表演的天空中,在能力、情感、社会性等多个方面获得自主和谐的发展。

3. 提升同伴合作能力

儿童在儿童剧活动中处于相互合作的位置,各种想法的融合、不同角色的分工与合作都需要相互协作才能完成。因此,儿童剧教育活动对培养儿童的同伴合作能力,提高儿童的团队意识、社会交往能力意义重大。

4. 锻炼儿童的口才,促进其艺术兴趣与表现技能的协同发展

戏剧中蕴含着丰富的语言资源,这为儿童的语言表达提供了大量的机会。在戏剧教育中,儿童有效地进行交流与沟通、创造性地进行角色扮演,这些都让儿童置身于一种"想说、愿意说、有机会说"的环境中,有助于培养和发展儿童的语言能力,锻炼儿童的好口才。通过不同角色的设定,儿童能够体会、理解更为广阔的社会与人类状况,这能够有效地帮助他们把自己的经验与想象的角色联系起来,并学习运用大量的语言进行对话和表达。

在戏剧表演中,儿童喜欢模仿哪些角色?美丽的白雪公主、滑稽的小矮人等角色的动作、神态、语言、声音都是他们愿意模仿的对象,并想出每种角色的服饰、动作、语言与喜欢的造型。在模仿与扮演过程中,孩子们提高了表演技能,促进了艺术学习的兴趣与表现技能有机结合而协同发展,提升儿童的团队意识、社会交往能力。

5. 让孩子领悟通感视域下用戏剧表达自己的能力

儿童戏剧表达是在创造性戏剧教育的基础层面上,注重用身体的触觉、听觉、视觉、味觉和嗅觉等各种感觉能力,在想象的情境中,以角色的身份展现、表达自己内心想法和感受的方式。

戏剧表达是艺术表达的一种,与非戏剧(文学、美术、音乐、舞蹈等)的表达艺术相比,其特征是具有角色性、身体性和虚拟性。戏剧表达方式主要包括两方面,即语言表达和身体表达。语言表达是指用声音、语词、语调、语气表达相应的内心想法与情感;身体表达是指用一系列的表情、肢体动作表达内心想法与情感。由于儿童尤其是学前儿童语言发展水平的局限,他们的戏剧表达方式多为身体表达,身体表达包括自然性、延伸性身体表达。前者围绕表情本身动作和身体肢体动作,后者则体现了音乐、道具以及装扮对身体表达的辅佐作用。儿童的戏剧表达可从想象、情感、感知、模仿、造型和控

制六个方面展开。"想象"是基于真实的信念而创造虚构的世界;"情感"是喜怒哀乐等情绪感受贯穿于所有戏剧表达中;"感知"关注身体的触觉、听觉、视觉、嗅觉、味觉等多种感官在受刺激后的外在表现能力;"模仿"是对物或人的各种细节及其特性的身体再现、复制能力;"造型"是用身体塑造静止形态的能力;"控制"是把握身体运动时动静、快慢、轻重、大小、高低、远近等的程度。

第三节
在艺术通感视域下实施儿童剧教育

一、儿童剧是综合性极强的艺术门类

儿童剧是综合性极强的艺术门类,因此,不仅可以在对儿童剧欣赏与创编、表演过程中同时完成对儿童文学、音乐、美术等几种主要艺术门类的赏析及审美体验,而且,艺术通感的获得与有效应用在儿童剧审美活动中还可以做到游刃有余、相得益彰。因为儿童剧的创作活动更符合儿童天性,儿童往往参与意愿强烈,因此,下面我们将通过儿童剧的创作与表演活动中如何利用与引发通感、如何获得与如何发挥通感功效进行课程编排与设计,并对课例设计中通感的形成、启发进行着重描述。

课例一:儿童剧《马兰花》(中班儿童游戏活动设计)

1.游戏综述

中国民间故事《马兰花》以对比的方式展开了故事情节的讲述,以人像化的手法赋予了动物、花草不同的鲜明个性,故事颂扬了勤劳和勇敢的品格,鞭挞了邪恶和懒散的人性缺陷。故事中人物形象塑造鲜活灵动,小兰、马郎、小鸟代表正义的一方,大兰、狼、老猫则代表反面形象,有强烈而明确对比的两组形象使孩子们看到善恶的不同,极具教育意义。孩子们十分憎恨懒惰的大兰、贪婪的老猫与狼,分外同情小兰的悲惨遭遇,尤其是对那句经典台词"马兰花,马兰花,风吹雨打都不怕,勤劳的人儿在说话,请你现在就开花",朗朗上口,并且对其中所蕴含的勇敢、善良、勤劳的品质牢记于心。儿童经过幼儿园所在班的多次表演学习,具有了一些表演基础,并产生了浓烈的表演欲。当孩子们听过《马兰花》以后,立刻被其中的故事情节和内容深深地吸引,他们已按捺不住表演的冲动。

2. 搜集、整理网络视频资料

3. 游戏准备

（1）多媒体教学设备准备。

（2）儿童了解《马兰花》的故事情节和故事中的人物，会完整地复述这个故事。

（3）儿童练习舞蹈《美丽的家园》和《欢庆》，学唱黄梅戏《对花》，准备为儿童剧表演所用。

（4）通过特定的动作来表现不同角色的特点。

4. 游戏资源

（1）创设场景，准备道具

1）场景：树林。

2）道具：马兰花、竹篓 1 个、树枝若干。

（2）选配音乐

1）钢琴曲《美丽的家园》：用于第一、五场"草"和"花"上场的背景音乐。

2）重金属音乐：用于第二、四、六场老猫等的上场的背景音乐。

3）黄梅戏《对花》：用于第三场小兰和马郎的对唱。

4）中国民族风格的乐曲《欢庆》：用于第六场即结束场。

5. 家庭与社区

（1）家长为儿童提供一些故事书里经典的童话，帮助儿童丰富直观经验，了解相关知识。

（2）家长为儿童的表演游戏提供半成品和废旧材料，并与小朋友共同设计和制作道具。

6. 游戏中通感元素的出现与通感引导

（1）文学描述中的通感引导

当老师或者家长在给小朋友们讲这个故事时，要运用故事中的文字描述引导孩子产生通感，在通感形成过程中完成故事的审美体验，如故事情节到了小兰与马朗对唱山歌时，适时提问：他们唱的是什么歌呀？你听到了吗？你是什么感觉啊？这时候小朋友会想起一些旋律优美、和缓、抒情的歌曲，也许小朋友会表达，也许小朋友不能表达那么准确或者答不上来，那么就让小朋友自己选几首想象中的、适合脑海中场景的歌曲，配合文字描述一下听觉的通感,完成审美体验与情感抒发;当故事中描述小兰被老猫推进河里挣扎时,我们可以观察到小读者的脸上充满愤怒、恐惧与担忧,这个时候我们可以问:这时候你感到什么？小朋友一般会回答:好冷,水里好冷,我感到心里害怕……这就是文字描述引发了肤觉及心觉通感,在通感视域下,教师或者家长适时的提问加深了孩子的阅读审美体验及情感体验。

(2)背景音乐形成的通感审美体验

儿童剧中选配了几首民间音乐风味十足的音乐作为背景音乐,不仅使故事情节被音乐渲染得丰满、极具代入感,而且会在听觉刺激下发生一系列通感,促使儿童对艺术通感的联觉形成,最终产生艺术感受的全方位浸染与熏陶。在选用背景音乐过程中,也可以让儿童参与其中,如与儿童一同提前选音乐,增加儿童的主动性与积极性,使他们能够主动思考,同时提升童话剧表演与赏析的积极性,更好地在艺术通感的体验中完成童话剧的审美体验。

(3)舞蹈的加入调动肢觉通感的形成

最后大团圆性质的结局充满喜感,可以安排所有小朋友上台表演,随音乐做动作,表现内心的喜悦与欢快,听觉与肢觉联动的通感效应在此环节产生。

课例二:雪孩子儿童剧剧本

1.儿童剧综述

儿童剧《雪孩子》中有十几个卡通人物。除主角可爱的小雪人外,纷纷登场的卡通角色还有:小狐狸、小刺猬、小花猫、兔妈妈、小白兔、大灰狼、大花狗、小母鸡等。

2.网络资料收集、整理

3.游戏准备

(1)多媒体教学设备准备。

(2)儿童能够复述故事《雪孩子》,了解故事中的人物和故事情节。

(3)老师和儿童各自选曲做背景音乐。备选项《铃儿响叮当》《溜冰圆舞曲》《四小天鹅舞曲》《天鹅之死》《如歌的行板》,学习集体舞蹈表演《欢乐的儿童》,为儿童剧表演做准备。

4. 游戏资源

（1）场景：小白兔家里及布景，小白兔家外的雪地。

（2）道具：雪及雪人、白云 5 朵、火焰布。

5. 家庭与社区

（1）家长为儿童提供一些故事书中经典的童话，帮助儿童了解相关知识，丰富直观经验。

（2）家长为儿童的表演游戏提供半成品和废旧材料，并与儿童共同设计和制作道具。

6. 游戏中通感元素的出现与通感引导

（1）文学描述中的通感引导

当老师或者家人在给小朋友们讲这个故事时，要运用故事中的文字描述引导孩子产生通感，在通感形成过程中完成故事的审美体验，如故事描述到小兔家外面雪花飞舞的美丽场景，家长或老师可以提问：小白兔在家里干吗呢？小白兔此刻心情是什么样的呢？你是什么感觉啊？这时候小朋友大概会回答"轻松、愉快"之类，可以接着让小朋友想象一下屋里屋外的景象，具体描述颜色，家具摆放，冷暖温度之类的感觉，将脑海中浮现的场景具体化地描绘出来，在通感迁移中，完成审美体验与情感抒发。当故事情节进行至兔妈妈回来发现小白兔在危险中的担忧情绪和小白兔发现雪孩子不见了的伤心场景，就是儿童剧的高潮阶段，老师或家长要把握好情感渲染契机，利用艺术通感的生成，使孩子的审美情感得到宣泄与爆发，使孩子在此童话作品的阅读中获得审美情感的完整体验，并为下一步的表演做更好地铺垫。

（2）音乐背景的通感审美体验

儿童剧中选配了几首渲染氛围、烘托气氛、推进情感的音乐作为背景音乐，使小朋友在观看儿童剧表演时能够更加投入，使视听觉通感浑然一体，使儿童形成对艺术通感的联觉，也可以让儿童提前选音乐，主动思考会为通感提供更有力的形成条件，同时增强儿童对童话剧表演与赏析的积极性，更好地在艺术通感的体验中完成童话剧的审美体验。

（3）舞蹈的加入调动肢觉通感的形成

在雪人与小白兔共同玩耍、嬉戏的快乐场面，可以安排所有小朋友上台表演，随音乐做动作，表现内心的情感，听觉与肢觉联动的通感效应在此环节产生。

通过儿童剧表演活动，充分地展现了儿童的角色意识、提高了儿童的表现力及合作分享能力。本剧综合了语言、舞蹈、戏曲、动作、节奏等多种技艺，促进了儿童各个方面的发展，具有积极的意义。

二、艺术通感对儿童剧的教育启示

儿童期处在语言表达不够丰富流畅或无法恰当表达的情况下，身体动作是儿童最擅长的"语言"。一部儿童剧的编排过程包括编剧创作、导演排练、演员表演与观众接受等元素与环节，因此，儿童剧活动的核心是启蒙戏剧艺术素养的审美教育，而不单纯是培养戏剧表演能力的技能训练；是让儿童有机会用自己喜爱和擅长的方式去表达对世界的想法，而不是强调表达与表演的技巧；要引导儿童注重探索与发现的意义；不需要为了取悦他人而表演，而是当作充满欢笑与想象的一种游戏。在儿童剧审美活动中，儿童利用审美心理机制的能动作用，展开联想，通过背诵故事，制作道具，选择音乐，学习舞蹈等参与表演的方式，完成审美体验，这其中的每一个环节都渗透着艺术通感的元素。可以说，艺术通感的灵活运用，合理引导，是儿童审美情趣、想象力、创造力得以提升的重要抓手。因此，儿童剧教育中应时时渗透艺术通感的提醒与引导，使艺术通感这一抽象的意象能够更充分地发挥它在儿童"全人"教育中的重要作用。

第七章

通感视域下儿童艺术教育的
综合与实施

第一节
儿童综合艺术教育概述

一、儿童综合艺术课程的提出

在当前的艺术课教学分科模式中，对艺术的美学价值及其无限的创造力缺乏足够的前瞻性，出现很多弊端，如对儿童接受艺术的特点了解不足，因而将传统文化课模式的传授方式用于艺术课的学习，强调教育的重要性是放在培养儿童规范化的描写、制作水平、表演能力及技巧训练上，把艺术教育等同为"技能教育"，忽视儿童自身对艺术的感知和展现，抑制了儿童潜在的艺术活力；把以"自由创造"为特征的艺术活动变成"整齐划一"的效仿活动，失去了艺术的"意韵"。

艺术课分科教学的另一问题在于，儿童艺术教育也是以分学科的方式进行的，音乐、美术、文学等课程各自都有各自的教学大纲和学习进度，忽略了彼此之间存在的内在联系，艺术课程设置目的是要培养儿童一种整体的艺术反应方式、完整的审美心理结构，要打造完善的人格，目前的艺术分科教育显然是不能承担这一责任的。

针对这些问题，国内外的儿童教育专家一直在探索如何使儿童对多种艺术的美学价值产生好奇心、提高敏锐度，以及在更高层次对各种艺术形式的共同的审美因素进行直观的抽象概括和相互转移，从而培养全面性的艺术智慧及整体的反应能力。艺术综合教育的目标是：发展各门各类艺术中共同的美学元素，按同构的原则进行交流，提高多种心理功能的协调性，使用多元化的艺术形式让儿童受到美的感染。艺术的综合教育培养的不是给予儿童单一的技艺知识，而是提高其文化艺术修养，以及想象力和创造力的充分发挥，最终塑造出健全的审美心理结构。那么何谓"同构"？最初，同构是视觉美学中的一个概念，是指某个共同的元素为多个元素所共用的现象，是奇妙的视错觉现象。一般来说，同构是指形式和意义上的同构，而同构正是建立在艺术通感的基础上的。

在艺术的多种门类中，"戏剧、电影等综合艺术是多种艺术形式沟通的典范。综合艺术的存在也是儿童艺术综合教育能够成立的依据之一"。[1]

艺术是儿童感悟美、展现美和开创美的重要形式，也是他们表达自己对身边环境世界的认识和情感态度的独特方式，而儿童的审美体验与艺术表达形式则是多元且丰富的。《幼儿园教育指导纲要》《3-6岁儿童学习与发展指南》《义务教育阶段艺术课程标准》都十分强调要把儿童的学习与发展作为一个有机整体来看待，倡导通过艺术教育促进儿童全面和谐的发展，倡导课程多元化、综合性。因此，我们需逐步深化对艺术教育各形式之间相互渗透、有机融合的意义与机制的认识，在发展音乐、舞蹈、美术、文学、戏剧等各种艺术能力的同时，综合运用各个门类艺术的特性，提取其共通的美学因素，按照同构的原理进行交流。利用好艺术通感的审美心理机制，启发儿童学会用心去感知和发现美，用自己的方法去展现和开创美，推动儿童的审美体验与审美能力的发展，使其更加深入、直接、全面，最终实现完整的审美心理结构的形成。对此，国内外的教育专家一直在进行研究，提出了儿童艺术综合教育的教育理念。

我国的儿童艺术综合教育，是由南京师范大学教育科学学院儿童教育专家楼必生、屠美如、许卓娅、孔起英等人于20世纪80年代末期开始进行研究，根据格式塔心理学派的"异质同构"的理论假说以及中科院哲学研究所的滕守尧研究员关于审美心理与审美教育研究的系列理论，帮助儿童发展几种不同艺术形式、知识经验之间相互融会贯通的能力。近年来，儿童艺术综合教育课程的设计理念和技巧又有了一定程度的发展，发展的结果并不是形成某种固定的模式，而是呈现出"百花齐放、百家争鸣"的局面。

二、相关概念界定

艺术综合教育在我国提出的时间不是很久，由于对实施方条件限制较高，需要具有一定人文素养、艺术素质的训练有素的师资队伍、艺术综合性

---

[1]楼必生，屠美如：《学前儿童艺术综合教育研究》，北京师范大学出版社，1997，第257页。

强的教学场所及完善的管理评价体系,尤其对在艺术通感视域下的艺术综合教育实施更具有挑战性,因此,儿童艺术综合教育实施主要在幼儿园和中小学校进行。在本书中,对艺术综合教育的研究将围绕综合式艺术课程进行。

(一)综合艺术

综合艺术是文学、音乐、美术、舞蹈、戏剧等多种艺术的总称,并吸收了各门类艺术的特长,集中了多种方式的艺术表达力,从而形成了自己独具特色的审美特征。它将时间和空间、模仿与展现、视觉和听觉、表演与装扮等艺术的特点相融合,形成更为浓厚的艺术感染力。综合艺术相对于分科艺术而提出,是强调各种艺术形式相互补充、综合运用的一种教育取向。

(二)综合课程

综合课程不同于单科课程,是一种包含了多个学科课程的教学组织模式,强调不同学科之间的内联性及不同学科之间的协调性。综合课程是一种敞开的、多变的课程模式,在传统学科体系的规范之外,不受其限制,有利于儿童的个性发展。最为关键的是使儿童学到的知识更加全面,更接近于现实生活。同时,孩子们还可以在综合课程的新模式中学到广泛的、无拘无束的、完整的和富于开创性的思维方法。综合课程是学科课程必要的补充,是未来课程设置发展的新趋势,是教育改革的要求,即成为当代系统教育观念转变的必然结果。

(三)综合艺术教育

各类艺术家的成就不只是对一项技能技巧的掌握,其必须具备广泛的人文知识、多门类艺术通感能力、宽泛的思维与生活阅历的积累,并以此作为有力支撑。艺术教育也正在适应这种新要求,由以往的单科艺术教育发展为综合艺术教育课程。

综合艺术课程将单科艺术教学融为一体,这种综合不是牵强的生拼硬凑,而是不同艺术门类有机的交叉和融合,各种艺术形式并非截然不同、互相隔断的,而是彼此融合、相互依存。如视觉艺术(绘画、设计等)中的色彩、形状、线条、质感、空间等元素也是音乐、戏剧和舞蹈中普遍存在的因素。此外,各个门类的艺术都不同程度地涉及感知、情绪、想象和创造过程、文化底蕴和美感的享受。综合艺术课程也是不同的学习方式的相互融合。因此，综合艺术课程的宗旨是帮助儿童在多种艺术能力之间建立起桥梁纽带，在促进儿童视觉、听觉、触觉、语言、形体等多种技能发展的同时，协助他们获得充满无限魔力的艺术世界里更多的实践知识，从而形成互为补充的综合艺术能力。

儿童的技能学习与能力发展是一个有机的整体，我们需在发展各门类艺术能力的同时，综合运用音乐、舞蹈、美术、文学等多种艺术元素，考量其共有的审美要点，顺应艺术通感产生及能动机制原理进行学科间的合作，使儿童多种审美心理功能同时发挥作用，儿童综合艺术课程的开设会更好地引导儿童学会用心灵去感受和发现美。

三、通感视域下综合艺术教育的理论基础

21世纪的人才应当是一个全面进步的，既有雄厚灵敏的感知和直觉能力，又有抽象的遐想和理性认知能力的人。艺术教育不只把人当作艺术家培养，而且要当作一个有直觉能力的哲人来培养，也就是不仅要求培养感性知觉和感情，而且要培养具有哲学理论思考能力，最后归结到一个完整的、有机发展的个人，一个自我实现的个体。从人的文化心理结构分析，这样的人必须从道德的、智慧的、美学的三方面入手培养，打造成为全面发展的具有完美人格的个体。那么艺术教育的责任，就必须从人的全方位发展出发，从教育素养品质入手，从专研儿童的审美心理需求的构筑入手（而非从艺术的技能培养入手），使其全面人格与自然、社会和谐一致，与当代物质文明世界相对应同步发展。

近年来，我国在审美教育和审美心理方面的研究获得了突飞猛进的发展，审美心理研究从心理元素进而深入到从宏观上对人的审美文化心理结构的探讨。中科院哲学研究所的滕守尧研究员在《审美心理描述》[①]中，一再提到审美心理结构的问题，并具体提出了审美心理结构的建设，从感知能力、想象能力、内在情感、审美理解力的培育入手。邱明正在《审美心理学》

---

①滕守尧：《审美心理描述》，中国社会科学出版社，1985，第367页。

中,具体而详细地分析了审美心理结构的建构,它的积淀和发展。[1] 相关学科的研究都为我们的研究提出了理论借鉴。审美心理结构体系具有相对的稳定性,这是人类长期审美实践经验积累和沉淀的结果,即审美感知、审美想象、审美内在情感和审美理解、审美创造的心理形式,在知识、情感和意识系统中浓缩和储存潜意识审美意识、审美概念和审美理想等审美心理内容。它是在后天审美实践的影响下不断地发展和完善的,因此它是一种动态的动力结构。

艺术教育与形成审美心理结构的关系是什么?并非所有人都具有这种独特的心理结构,只有长期在艺术氛围下受到陶冶和实践,才能够将普通的人,构筑和培养出较为完整的个人审美心理结构。

艺术教育形式和内容的多元化、充足性,为个人的审美心理结构提供了多样的审美对象和探索的好奇心。艺术体验使儿童产生了审美需要,形成了特有的审美情怀,促进了创造美的主观行动。

爱美是人的天性,它萌生于儿童的心目之中,艺术教育会激发出这种潜在的本能。艺术教育的宗旨就是培养人的审美素养,使一个寻常普通的人,变为具有审美和开创美的人。从这个本义上来说,艺术教育就是打造个人审美、缔造美的个性化教育,也是树立完美人格的基本教育。儿童的审美心理结构一方面受天生遗传因素的影响,另一方面又是在后来成长的实践和经验中建构的。

研究表明,人们在生命的早期确实隐藏着具有一种表现形象的潜力,具有某种敏锐洞察力和某种神秘的直觉感知方式,而且一些人对生命有着不可置信的敏感度。儿童对力的式样的知觉能力比成年人强,他们具有天生的简化能力。因而我们认为天生遗传的,包括审美感觉器官的生理反射力、神经系统的传输、储存功能、气质、天赋,以及一些先天预设的深层结构,是审美心理建立的生理基础。

格式塔心理学派的理论对综合艺术教育发挥了巨大影响。20 世纪初,德国的格式塔心理学派的异质同构或同形同构的理论假设,再次被美国新一代格式塔心理学家们从艺术审美与艺术审美教育的角度提出。我国滕守

---

[1]邱明正:《审美心理学》,复旦大学出版社,1993,第 22 页。

尧研究员撰写的《审美心理描述》与《艺术与创生》、美国心理学家夫·阿恩海姆的《艺术与视知觉》与《视觉思维》等一大批论著相继问世或被译为中文,成为综合艺术教育研究与实践的重要基石之一。长久以来,对于人们在刹那间直觉感应到无意识或无生命的物体具有人类的情感表达力的原因解释各执一词。格式塔学派从主客观的互联关系中来解释其成因,认为自然个体与艺术形式有人的情感性质,主要是外在(物理的)与内在(心理的)的力在形式结构上的异质同构或同形同构。心理的力与物理的力具有不同的性质,但由于它们本质上都是力的结构,所以能在大脑生理电磁场中相匹配,当思维和其他物体具有相同模式的力的结构时,外部物体看上去似乎就有了人类的情感品性。格式塔心理学代表人物阿恩海姆指出:一棵垂柳之所以看上去是悲伤的,并非因为它看上去像一个伤感的人,而是因为柳条本身的走向、形态和柔软的质地传达了一种被迫垂坠的表现力,也可以说构成垂柳的"力"与人悲伤的"力"达到了"异质同构"。一个具有审美感知的人会透过形态、颜色、空间及动态等外在的形式感受到力之作用。那苍老的劲松、翩翩的飞鸟、怒放的花朵、飘荡的白云、闪亮的星星、漆黑的夜,甚至是一根空洞的线条、一抹孤单的色彩都与人类的情感具有同样的表现力,这种外物的"力"的形式,与人类生理、心理"力的图式"取得一致的现象,构成"异质同构"。研究表明,艺术中的情感因素是最强烈的,能沟通音乐、美术、舞蹈和文学艺术等几种首要艺术形式,并生发出全面性的美感效应,推动儿童的审美感知体验向整体性、综合性的方向转化聚合,以逐步形成一种独特而完整的艺术智慧。格式塔心理学体系中关于审美心理机制的理论为我们提供了艺术通感产生的科学、全面的生理、心理机制方面的解释,也为综合艺术教育的形成奠定理论基础。艺术的表达与内心的触动,符号的象征意义与内涵的联通想象,都使通感视域下对综合艺术课的开展显得更有意义,也为通感视域下对综合艺术课的开展提供了强有力的理论指导。

第二节
在艺术通感视域下实施儿童综合艺术教育

一、通感在综合艺术教育中的作用

通感研究是儿童审美心理、艺术心理研究的一个重要组成部分。如果说对儿童通感研究使我们明白通感这种奇妙的审美经验究竟有着怎样的机制？儿童的通感世界是怎样的？为什么会这样？诸如此类的问题，促使我们寻找到能够更清晰地看清、了解通感产生机制及发挥作用的平台，那就是综合艺术课程。面向儿童的综合艺术课程的深入开展会使我们更加了解艺术通感，了解艺术通感对儿童艺术课程的作用及过程。

在当代社会对全人培养的要求日趋强烈后，素质教育的提出紧随其后，人们越来越认识到素养的整体提升对高精尖人才的重要性，在此教育需求下，很多专家提出新的教育理念，中科院哲学研究所滕守尧最早提出"生态式教育"这一理念。"生态式教育"是借用生态学术语，效仿自然环境的生态系统，将人与大自然之间、人与人之间搭建起一种并生、互补、相互交融、可延续进展的生态关系，让人的自然性、社会性和艺术性获得完整的和谐发展，实现一种最优组合，酿成人的高等级生态智慧。生态式艺术教育的总体目标，是整合发展儿童艺术表现力与人文品质修养。儿童的艺术能力不仅有艺术知识、技能，还涵盖了艺术感知力、欣赏力、想象力以及艺术创造力。在当今这个不同领域的理论和事实相互联系和相互启发的时代，当代教育学从哲学和生态学中得到大量启示，提倡师生对话和互动、多学科互补的生态式艺术教育。生态式艺术教育旨在达到培养儿童的艺术能力与发展关爱、分享、开放等品质及健全人格的整合。生态式艺术教育的内容是综合的，音乐、美术、舞蹈、戏剧等不同艺术门类中都渗透着初步的美学、艺术批评、艺术创造等方面的内容。这种综合可以通过在教学中以音乐、舞蹈、美术或戏剧某一门作为学科主旨的重要教学内容，同时与其他艺术或非艺术学科的内容适当兼容,实现综合全面艺术教学的目标,在教学中围绕同一主题与其他艺术元素相融合,体现多门类艺术综合科目教学模式的具体实施。

文学、音乐、舞蹈、美术等各种艺术形式之间本就存在着许多共同的审美元素,它们互相可以凭借通感进行审美潜能、情感同构而相互迁徙、融合和交流。人的感官与感官之间、大脑皮层的区域之间也是相互关联的,人们对审美对象做出的反应不仅仅依赖于大脑某一区域或某一感官,更是调动所有相关感官的整体感觉,体会对象的完整特征,给予对象做出全面性反应,从而达到整体性美感。

审美统觉是指人们调动自己在美学中存在的经验和知识,将复合对象进行一个整体外表感知,并融入一定智慧的、情绪的内涵审美心理形式。它将诸多的、相互呼应的、独立的审美对象融合成统一的整体,使感知更广泛地综合化,从而感知事物的外在美愈加整体性、系统性。例如,孩子们在欣赏唐诗"春眠不觉晓,处处闻啼鸟;夜来风雨声,花落知多少"时,他们不仅聆听诗词铿锵有力的优美韵律和节奏,还再现了原有的审美经验,似乎听到鸟叫声,下雨和刮风声,看到花瓣纷落的景象,由此感受春意绵绵的气息,产生一种整体美感。审美统觉是形成儿童综合性艺术智慧的前提。

人的审美性的经验是在大量审美实践中得到累积,当单一的感官受到某一特色对象刺激后,会把经验和其他事物关联起来,这就出现了联觉和通感。所谓通感,简化地说就是逾越各个感觉器官的独特性,具有特殊的交流和替代功能。如人们可以通过眼睛"看"到声音,用耳朵"闻"到色彩和气味。通感也指感知到的事物表现形式间所产生的交互替代,如耳中的音乐,会幻化成视觉的画面;眼中的形状和色彩,脑中会感觉到冷热轻重的触感。艺术通感是由相互关联的艺术之间共通的规律和共同的审美特性激发出来。

通感也常常出现在孩子的审美创美活动中,例如孩子们聆听江苏民歌《拔根芦柴花》,在轻快、活泼、鲜明、富有弹性的曲调下,画出了柔美、活泼的线条;听了《勇敢的苏格兰》铿锵有力的雄壮曲调,画出了刚直有力的线条。我们可以认为这是艺术综合智慧的早期表现。它一方面取决于客体的特点:音乐的节奏和绘画的线条、形体运动的变化,有内在的一致性;音乐、美术、文学三个领域艺术元素中,声音、形状、色彩、结构都具有相通之处;它们的审美方式的基本准则:对称、均衡、节奏的协调性基本上是统一的。因而,三者既各自有独立领域,又相互沟通。另一方面儿童已出现了处理这些沟通性的生理心理功能。用格式塔大脑皮层心理电力场论来解释,这是由于外物刺激力到达大脑皮层,引起大脑皮层相应的生理电活动,于是产生具有方向和强度特定的张力。三种艺术从根本上都是力的构造,所以会在大脑的生理磁场中达到和谐、相仿或交融。

通过艺术综合教育的课程直接作用于儿童,启发儿童各种心理功能的相互配合。当动作、节奏、色彩、形状、音调等均超过了各自的感觉区域,便互相支撑及增强,在自我心灵中形成一种联觉经验。这种经验如果能与主体的各种感觉结构相对应,就会被吸收、接纳,这种联觉也就是通感的重要组成部分,而综合艺术智慧就是在通感视域下,在这样反复的建构中逐渐形成的。

对儿童实施综合艺术教育是通过艺术综合教育课程进行的。根据我们对综合艺术课程内涵的理解,我们认为音乐、美术、文学、儿童剧等艺术各有其独立的领域。音乐、艺术文学、儿童剧属于时间艺术范畴,而美术则属于空间艺术,它们必须各自完成自身的各项任务。同时,在通感背景下,它们之间的某些共同的审美要素又具有同构的可能性,因而艺术综合教育课程必须有其独特的结构、序列和发展逻辑。

从以上分析中,我们可以看出,通感在综合艺术教学中适时出现,而且出现的形式往往不动声色却又无时不在,它促进儿童在综合艺术课中的艺术素养、审美能力、审美创造力的提升,同时,实践证明,综合艺术课实施的过程中,艺术审美活动的进行也在反方向地促进艺术通感的出现与培养,使通感逐渐以理性的方式呈现与获得。

二、通感与综合艺术课程的相互作用

综合艺术课程指学校所有艺术课程系统地综合化,是一种将各门类艺术中具有内在联系的教程科目及其相对应的非艺术类教程科目的内容,统一整编在一起的课程模式。这种内在关联通常是依靠通感、情感、审美、功能等"内力"的功能作用。其中的重要依据之一是人的审美活动具有"通感"功能。所以"综合"是与"通感"有密切联系。通感是具有天赋性的,但后天的各种感知力训练、联想训练、全面艺术感训练也将在通感的形成中起作用。综合艺术课程的最重要特点就是它的"综合性",这种综合不是单纯的东拼西凑,而是相互结合后产生一个互相融洽的新界面的焦点,这个新的焦点就需要通感来诠释。通感在各门类艺术整合中一般呈现以下规则。

(一)在艺术领域中的不同艺术门类之间整合

综合艺术课程把美术、音乐、儿童剧等各个领域按照"同形同构"和"异质同构"的原则,使之超越自身的界限,实现各艺术门类之间的整合。艺术作品包括节奏、旋律、文字、线条等要素,但诸要素在各艺术门类中的体现是不一样的,如色彩在绘画中比较明显,而在音乐中就显得相对隐蔽。在综合艺术教育活动中,可以引导儿童通过某一艺术形式获得的审美经验去同化或顺应其他艺术形式的审美经验,如"色彩"这一艺术要素,可以在绘画中进行内化,然后同化到音乐中去。同时,各要素的同构扩展了儿童的表现空间,儿童可以借助音乐的节奏、旋律表达对绘画、诗歌的体验,也可以借助绘画的色彩来表现对音乐的感受,这些整合过程也是需要通感参与完成的过程。

(二)儿童艺术能力与人文素养的整合

1.艺术与情感

艺术是情感的表现,是人类精神生活的创造性表现。艺术创作的动机、过程,不是艺术家冷静分析的结果,而是源于艺术家丰富的情感因素。在各类艺术创作中,无不贯穿着情感这个理念。综合艺术教育注重引导儿童在感知与体验的基础上,领会作品中所蕴含的爱、恨、快乐、悲伤等情感,从中体验人类丰富的情感,净化他们的心灵、陶冶他们的情操、丰富他们的精神世界。综合艺术教育强调调动儿童的各种感官,使儿童通过声音、色彩、动作等多种艺术媒介充分表达自己的情感。艺术的审美心理机制是艺术通感产生的心理基础,审美情感同样是艺术通感产生的重要前提条件。

2.艺术与生活

生活是艺术的出发点,又是艺术的归属。综合艺术课程从儿童的生活经验入手,选取那些儿童熟悉的人、事、物作为教育内容,以期引发儿童艺术学习的兴趣,丰富儿童的艺术体验。此外,艺术教育与生活的结合有助于儿童养成以艺术的眼光观察生活、善于捕捉生活中美的习惯,不知不觉中丰富了他们的生活经验,深化了他们对艺术的感受。这种艺术与生活相互补充的过程中,不断生发出对艺术和生活的激情与热爱。

3. 艺术与文化

艺术与文化存在着密切的联系,音乐、美术、舞蹈、建筑、书法等艺术形式都是文化的产物,反过来,这些艺术形式也承载着大量的文化信息。不同民族、不同时代的文化是不同的,了解一种艺术形式及其作品表现,需要了解这一作品创作的社会基础、时代背景与民族风格。同样,由于个体的差异性,同一时代、同一民族也会产生不同风格的艺术家。综合艺术教育在诠释作品的源流(包括作品的时代性、民族性、艺术家的生活背景等)的基础上,联系当前的文化现象和儿童的生活背景进行探究和引导。同时,综合艺术教育在课程中将大量的文化现象呈现给儿童,让他们了解本国民族以及世界各民族的文化风俗、信仰、礼仪等情况,提高儿童的文化素质。艺术通感的产生以儿童对世界的认知积累为物质基础,认知的丰富程度与深度决定着通感产生的维度与深度。

4. 艺术与科学

艺术与科学的终极目标都是对人类普遍真理的追求。艺术从科学中得到启示,科学从艺术中汲取灵感。很多对人类进步做出巨大贡献者,在艺术方面与科学技术水平同样出类拔萃。综合艺术教育强调艺术与科学的联系,一方面,将科学技术成果服务于艺术教育,丰富艺术的内容和表现形式;另一方面,引导儿童从艺术中得到启示,创造性地解决问题。艺术通感一般由艺术审美激发,这种反映更多是自发的、本能的、非理性的,在艺术与科学课程整合后,通感会逐渐变为理性、非自觉地,融入了思考成分,这对儿童逻辑思维、审美心理机制的可调控性的培养都有积极作用。

三、儿童综合艺术课程的实施

音乐、美术、文学等艺术的呈现方式是迥然不同的,但是,这些艺术门类又具有相同的审美心理机制,在审美情感、审美体验、审美想象等方面可以很顺利地实现贯通、唤醒与迁移,这种艺术通感的奇妙现象在综合艺术课的实施过程中会得到完美展现,作为活动引导者也要因势利导,在艺术综合课程中使通感与课程目标实现相互促进。下面我们以综合课的课例进行说明。

课例一:赏析儿童文学——散文诗《四季恋歌——苦楝叹》

1. 活动内容

适合 10 岁左右儿童朗诵的综合艺术活动。

选配音乐元素:《梦幻曲》。

选配美术元素:匹配色彩目标。

(1)引导儿童感受《梦幻曲》祥和、柔软、甜美的情感,并用身体动作、语言描述表达出来。

(2)引导儿童安静、愉快地欣赏散文诗《四季恋歌——苦楝叹》,用准确的语言描述我看见……我听见……及脑海中呈现的画面。

2. 活动准备

(1)多媒体教学视听资料:播放《梦幻曲》、准备相应图片。

(2)儿童准备水彩及画笔。

3. 活动过程

文学活动:散文诗欣赏《四季恋歌——苦楝叹》。

(1)老师用平稳而又深奥微妙的声音说:"今天,老师要带你们到一座静谧、斑斓的森林里去,那里有一棵苦楝树,在四季的轮回中唱着岁月的歌。"这时《梦幻曲》乐曲声余音淼淼、由轻到重飘然而至。

(2)老师在音乐声中朗诵散文诗《四季恋歌——苦楝叹》。

(3)播放多媒体课件,音画同步,画面为森林的春夏秋冬场景,教师邀请同学们有感情地朗诵散文诗。

4. 音乐、文学活动

(1)在欣赏完散文诗后,老师引导儿童通过欣赏轻柔、安静、舒展的音乐《梦幻曲》,感知并要求儿童描绘"听到……""看到……""脑海中浮现出……"

(2)随着音乐,老师与儿童共同朗诵《四季恋歌——苦楝叹》。

5. 音乐、美术活动

(1)听音乐、读散文诗,选色彩。

(2)听音乐、播放散文诗的朗诵范本,要求儿童将脑海中的四季情景画出来。

小结:散文诗的审美离不开韵律、节奏、想象、联想与情感投入,音乐与画面视听元素的加入,使这种综合艺术课程在艺术通感的助力下获得更加丰富的审美体验与情趣,多种感官齐下使欣赏者心灵获得强烈的情感冲击。

附散文诗原文:

四季恋歌
——苦楝叹

我默默地生长

珍藏百年的梦想

只为行色匆匆的你

能作片刻的驻足凝望

我静静地开放

那满树美丽的淡紫啊

化作彩蝶翩然坠下

在幽冷的清晨徒然心碎神伤

夏花吟

不要 用你的热情围剿我

在你炙热的目光里

我无处逃脱

我为什么要逃脱

就让我熔化作一缕轻烟吧

好在你的头顶久久盘桓

不要用你的狂野袭卷我

在你飓风般的拥抱里

我早已零落成泥

你如何知道

我甘愿零落成一支残荷

酣睡在你沉默的胸前

秋之思

走过五月,思念依然疯长

穿透绿荫,夏日越发忧郁

蒹葭苍苍的秋水边

是伊人伶俜的守望

莫回首啊,莫回首

回首枉神伤

冬之魂

我本是一只快乐的精灵

天地间自由地轻舞飞扬

无意惊醒你寂寥的灵魂

坠落在你温润的掌心

于是 粉身碎骨

只为濡湿你干渴的唇

课例二:儿童故事《猜猜我有多爱你》适合 3~6 岁儿童

1. 活动目标

(1)通过亲子合作,以即兴创编节奏与歌词的合作方式表达相互间爱的情感。

(2)尝试用歌声、动作、体态、眼神等大胆表现相互之间爱的情感,感受亲子之间浓浓的亲情。

2. 活动准备

(1)活动前请家长与儿童讨论相互间的爱可以用怎样的方式表达? 并用绘画的方式表达出来。

(2)播放音乐作为背景音乐,音乐选择速度快慢均可,抒情与欢快皆可,同时投影仪播放儿童与爸爸日常活动亲昵的照片。

3. 活动过程

(1)教师带着表情与感情背讲《猜猜我有多爱你》,表演相关故事情节。

(2)老师开始引导。

1)引导小朋友:小兔子是怎么表示他对爸爸的爱? 老师与小朋友们共同用肢体语言表演,表现故事情节,如"把手臂张开,开得不能再开";"把手臂举高,高得不能再高";"跳得高高的,高得不能再高";"走得远远的,从这里一直到月亮那里"。

2)引导幼儿爸爸:大兔子对小兔子的爱有多少?

3)引导父子用动作表现童话中大兔子与小兔子的爱。如"张开双臂和爸爸比一比,看谁爱谁更多?"(举高手臂跳起来);"说说看,你们的爱有多远,从哪里到哪里?"。

4)引导儿童表述爸爸对自己的关心与爱,体会父亲平时的关心与照顾。引导语:平时爸爸是怎么爱你们的?

5)启发儿童向爸爸表达自己的爱。引导语:爸爸那么爱宝宝,为宝宝做了那么多。宝宝爱不爱自己的爸爸? 每位宝宝轻轻告诉爸爸自己有多爱爸爸。

(3)教师提供节奏型,引导儿童与爸爸将相互关心与爱的方式编成儿歌,伴随音乐有节奏地读给对方听。

如:

<u>XXXX　X O XXXX　X O</u>
(宝宝) 爸爸我爱 你,　爸爸我爱 你,
(爸爸) 宝宝我爱 你,　宝宝我爱 你,

<u>XX　XX　XX　X O　XX　XX　X O</u>
(宝宝) 猜猜 我有 多爱 你,　和你 比远 近。
　　　每天 为你 捶捶 背,　帮你 洗手 帕,
　　　猜猜 我有 多爱 你,　从头 到 　脚。
　　　……

(爸爸) 猜猜 我有 多爱 你,　和你 比高 低。
　　　经常 带你 出去 玩,　给你 讲故 事,
　　　猜猜 我有 多爱 你,　一直 到天 上。
　　　……

(4)可以加入击掌、跺脚以及加入其他奥尔夫打击乐器进行合奏,体会节奏与念诵结合的律动感觉。

(5)以歌曲旋律为背景音乐,父子边感受音乐边共同绘画,把相互的爱用图谱的方式表达出来。

(6)教师选择几幅有代表性的图画,全体家长与儿童共同分享,然后配合音乐旋律集体演唱。

(7)组成宝宝队与爸爸队,以对唱的方式表达相互间的关心与爱。

(8)听音乐,父子自由对唱自己创作的歌曲。

4.延伸活动

教师将亲子创作的歌词所制作的图谱贴在墙上,制作成卡拉 OK 音乐,供儿童自主演唱。

小结:这个著名的绘本故事围绕着爱展开、发展、结束,对于孩子来说,对爱的理解与感悟是无法达到与成人相同程度的,但是在故事中,他们可以学习表达爱。孩子们会记住那些比喻,那些想象,那一句句充满智慧的话语里面的温暖与美妙,所以在赏析这个绘本故事过程中,使用背景音乐、绘图片提示与引导儿童产生艺术通感,更好地产生联想,更真切、多维地感受爱的色彩与真挚,让儿童幼小的心灵被故事中温馨的浓浓爱意所浸染、包围,更利于儿童的情感得到滋养,心灵得以健康的成长。

四、培育儿童艺术通感对综合艺术课师资力量的具体要求

教师是儿童艺术课程及活动的策划、指导、配合、实施者,在儿童艺术通感的培育中发挥着重要的作用。教师的教育观、儿童观以及艺术素养都是影响儿童艺术通感培育的重要因素。树立正确的教育观、儿童观,以良好的艺术素养陶冶和教育儿童,相信艺术教育会达到事半功倍的效果。在艺术通感的培育过程中热爱儿童、尊重儿童的想法和感受、理解儿童个性化的表现。儿童在艺术生理发育、经验、能力等方面存在个体差异,教师要尊重儿童的这些个体差异,在艺术教育中不要求整齐划一,了解每位儿童的发展水平,有针对性地发掘他们的艺术通感潜能。艺术通感能力的培育离不开专门的艺术教育活动与课程实施,这就要求教师能设计好、组织好每一次艺术教育活动及课程,使儿童在艺术知识的掌握、艺术技能技巧、艺术的欣赏与创作等方面逐渐具备一定的基础。当然,艺术通感能力的培育不是要求教师必须成为通才,既精通唱歌,又精通画画、跳舞,但是这种要求可以降低标准,教师最好可以擅长几种艺术技能,也可以作为对儿童艺术教师培育的初级目标要求,而更严格的目标要求应该是对教师通感能力的培育,是将通感能力作为前提的基础上,要求教师建构一种整体的审美观与艺术观。

(一)了解儿童

对儿童艺术通感培养的前提是了解孩子、理解孩子,如果不了解他们的

智力水平(思想、兴趣、爱好、才能、天赋、方向),就谈不上培养和教育。教师要具有丰富的心理学常识,了解儿童身心发育的特点,了解他们的语言、感情、思想以及对事物的理解水平。教师要了解不同年龄阶段的儿童的审美心理发展水平。如3~5岁的儿童试图理解艺术作品时,偏重于内容的理解而不会过多考虑形式,从内容的理解方面获得实用的价值,所以如果让儿童对绘画作品进行分类,他们会按照作品的内容进行分类,而不是按照不同作家的风格进行分类。这时的儿童已经具备了接受形式美教育的基础,如果对儿童进行恰当的引导,他们是喜欢简单的形式美特征的。对于儿童,尤其是幼小儿童,他们的审美能力没有发展到相应的水平,这时候提供给他们不合适的教育就是"拔苗助长"。教师还要善于发现每位儿童审美能力发展的差异性,对不同的孩子因材施教,针对儿童不同的天赋情况,教师要根据孩子的不同特点实施有针对性的教育。

(二)热爱儿童

如果一个教师只喜爱他的事业,那么他只是个好教师,如果一个教师像父母一样爱学生,那么他比那些知识渊博,但不热爱事业,亦不喜爱学生的教师要好。如果一个教师把执着事业和关爱学生结合起来,那他将是一个尽善尽美的教师。

著名教育理论家和教育实践家苏霍姆林斯基认为,一个好的教师首先要热爱儿童,善于接近儿童,和儿童交朋友,相信每个孩子都能成为好儿童,同情儿童的快乐和痛苦,了解儿童的心灵。热爱儿童,关心儿童的发展,不但关心儿童的身体健康,也要关心儿童的精神需求。教师对儿童的爱应该体现在情感与理智的结合上,一方面,针对儿童的个体差异,用不同方式的爱对待不同的儿童,如对于活泼开朗的儿童要多帮助,对待相对比较内向的儿童要多鼓励,多给他们留些自由的空间;另一方面,教师对待孩子的爱要公平,在教育教学中一视同仁,不要厚此薄彼,让孩子们都能得到老师的爱,使孩子们在宽松舒适的环境中生活。

(三)提升艺术修养

儿童综合艺术教师是儿童艺术素养的启蒙者,具备艺术修养的教师才会产生艺术通感,才会使学生产生更优质的艺术通感。教师的引导直接影响到儿童艺术能力的进步。匈牙利音乐教育家柯达伊曾把教师与音乐界的指挥相比较,认为一个糟糕的指挥只会令观众大失所望,但一个差劲的教师在他教学的几十年内将许多个班级的孩子对音乐的热爱统统摧毁掉。由此可见,教师的艺术素养对儿童艺术能力发展的重要性。

1. 对艺术创作有一定的了解

懂得历史与文化背景对艺术创作的意义,知道艺术是一种交流的表达形式,艺术作品被赋予一定的意义和价值判断,了解具体的艺术作品(音乐、绘画、舞蹈、雕塑等)所反映的时代背景、民族特征,理解作品。

2. 掌握扎实的艺术知识与技能

综合艺术教师对艺术的构成要素、表现手法、结构和形式应该有所了解,能够把握艺术的各种要素,包括节奏、旋律、色彩、线条、构图、音韵等,懂得这些艺术要素之间并非有严格界限,如节奏不仅存在于音乐中,在绘画与诗歌中也同样得到体现;了解各种风格和题材的艺术作品;至少要精通一种乐器的演奏。

3. 不断提高自己的艺术素养

综合艺术课程教师自身是艺术素养提高的主体,教师应该有不断加强艺术知识与技能学习和提高自身艺术素养的意识与能力。要不断地自我提升,主动实践,积极分析与解决在教育实践中遇到的问题,努力提升教育实践的科学性与合理性,并在实践中自我反思,使自己的艺术素质得以成长,成为儿童综合艺术教育的积极推动者。

(四)增强艺术通感指导能力

教师首先应该认识到艺术的综合不是随意拼凑的,也不是随意而为即可产生通感的,教师要善于发掘各种艺术要素的内在相通之处,并以此为切入点,了解通感产生的生理及心理条件及相关的环境,使之与儿童的心灵相互作用,促进儿童艺术通感能力的发展。教师在培育儿童艺术通感能力的同时,还要善于运用艺术通感,使之更好地服务于儿童艺术教育。

第八章
通感视域下儿童艺术教育的反思与展望

第一节
通感视域下我国儿童艺术教育现状及存在问题

一、我国儿童艺术教育现状

（一）改革开放后艺术教育取得的进展

20 世纪 80 年代以来,伴随着我国经济飞速发展,教育事业也在同步进展,特别是不断推进的素质教育,使我国儿童艺术教育大踏步地前进。主要包括:肯定了艺术教育在整个教育体系中的位置,美学教育被正式纳入教育纲领,艺术教育在基础教育及幼儿教育中的地位明显提升;艺术教育的所有关联工作得到了全局性的发展,艺术教育的管理和教研机构在各级教育行政机构逐步建立起来,并接踵而来制定出一系列艺术教育教学工作中的法规和文件,逐渐改变了艺术教育无规可循、无法可依的松散局面;大力倡导与推进素质教育,为艺术教育的进步缔造了有利条件,使艺术教育的开课率呈上升趋势。当前,全国范围内中小学美术、音乐开课率已从 20 世纪 80 年代的不足一半提升到八成以上,其中,大中城市义务教育期间的开课率接近全覆盖,农村教育中艺术开课率约为七成。可以说已经改变了艺术教育曾经大面积缺失的状况。师资力量的建设已见规模,大批优秀的艺术教师培育成长起来;此外,艺术课程教材编纂、教学器具配置以及艺术教育科研等领域也都取得了丰硕成果;课外艺术教育活动蓬勃兴起,内容之丰富、规模之大、影响之深远广泛,都是从前此类活动所无法相比的。

（二）艺术教育中通感研究的进展

在感受与传承人类创造的艺术财富的过程中,"通感"起到了重要的作用,尤其在对儿童实施艺术教育活动的进程中,通感的作用不容小觑。艺术通感视域下的艺术教育,可以更好地引导儿童运用多种感官感知与体验艺术作品,唤起他们的情感体验,使儿童积极地参与到艺术表达中来,多维度地感受美、享受美。

随着人们对通感深入的了解,在通感研究上吸引来非常大的关注,研究人员关于通感的性质、心理机制等理论进行了大量的钻研,研究的范围也不断扩展,其中,此领域的先行者滕守尧先生对艺术通感相关问题进行了不断的探索研究,他对于艺术通感的见解在《审美心理描述》《回归生态的艺术教育》等著作中多有提及。他认为,人的感觉器官之间以及感觉器官与灵魂之间是可以相互关联的,如果把每个人的感官譬如眼睛和耳朵的潜在贯通能力发掘出来,就能从一种景象中发现更多不同的东西和韵味。屠美如、许卓娅在《学前儿童艺术综合教育研究》一书中认为:在审美实践过程中,人类获得审美性的体验,这种体验是产生艺术通感的基础,例如当单一的感官受到审美客体刺激后,会把曾经的审美经验和其他事物关联起来,联觉和通感由此生发。艺术通感是由相互关联的艺术之间共通的规律和共同的审美特性激发出来的。

2007年南京师范大学王丽的博士学位论文《艺术通感与儿童艺术教育研究》中,以学龄前5~6岁的孩子为研究对象,对儿童艺术通感进行了深入分析,认为艺术通感使儿童积累起了审美经验,让儿童自身审美更广阔自由,便于儿童全方位整体发展,得出培养教育儿童艺术通感的重要途径即是综合艺术课程的观点。当前发展心理学中的研究显示:年龄非常小的婴儿在运用语言之前就已具备很复杂的肢体和空间推理的本能。9个月至周岁的婴儿就能从不一样的感觉经验中分辨出笼统的相似性,如可从看到断续线条、听到断续声音的视觉及听觉刺激中感应到相同的模式,能感知箭头向上和声音上扬之间相近似的关系。在我国,对于通感的研究时间不是很久,积累的资料不多,通感最初是被作为文学修辞手法看待的,把通感作为心理机制的一种反映去研究也是21世纪初的事情,而把通感运用到艺术教育中更是在不久前了,因为前期积累的研究程度浅、涉及的知识面跨度大等问题,与其他传统学科相比,对于艺术通感视域下的儿童教育研究进展并不很快,成果也略显单薄。

二、我国儿童艺术教育存在的具体问题及原因分析

（一）儿童艺术教育存在的具体问题

虽然近些年我国的艺术教育在儿童教育领域发展迅猛，形势大好，但我们也应当清醒地意识到，大多数只是在形式上、浅层次方面的艺术教育取得了一些成绩。我国儿童艺术教育当前还有着多方面急需解决的深层次问题。也正是这些问题的存在严重影响了我国儿童艺术教育事业的进一步发展，导致其难以适应素质教育的要求。

儿童艺术教育是学校美育的重要途径和主要内容。尽管艺术除审美价值外还可以有道德价值、政治价值、认识价值等，但艺术的审美本质决定了艺术教育的审美价值始终是最根本、最重要的价值，这也是判断艺术是否为真艺术，艺术教育是否为真艺术教育的判断标准。斯托洛维奇曾经指出："我们探讨艺术的最本质的价值，首先必须确保艺术的主体地位，应该主要从艺术本身，而不是从艺术之外的其他方面出发来探讨，就是说不能把艺术本身仅仅理解为其他强有力的邻近学科加以干预的对象。"[①]斯托洛维奇并非盲目地只强调艺术的审美价值，从而否定艺术在其他方面价值。他认为艺术除了审美价值外，还具有道德观价值、认知观价值等，但艺术教育必须是以审美价值为基础建立起其他价值，这也恰恰证明了艺术教育中审美价值的根源性。

在我国，由于长期历史环境的因素影响，艺术教育历来在学校整体教育发展中的位置不受重视，艺术教育与文化教育特别是德育之间的关系并未获得很好的协调，致使人们对艺术教育的目的和价值观的领会产生严重误解，具体表现为：只注重艺术教育的外延性价值，如育德、育智的价值，而忽略了艺术教育内涵的、本身的价值——审美价值。习以为常地把艺术教育课程当作学校其他教育课程的衬托，漠视艺术教育在开发儿童潜能、培养创造力、发展个性和美化生活等方面独特的作用。只注重艺术知识技能的教

[①]斯托洛维奇：《审美价值的本质》，凌继尧，译，中国社会科学出版社，1984，第152-153页。

学和培训,漠视儿童艺术兴趣、爱好的培养,这些方面的素质形成却恰恰是儿童在艺术方面可长久发展的决定性因素。儿童艺术教育是基础的艺术教育,其实质是一种基本的艺术修养教育,儿童艺术审美修养的普遍提高是其发展目标,促进儿童的身心全方位和谐进步,而非培养专门的艺术人才。但在现实中不顾儿童身心发展规律和审美特点的做法却屡见不鲜,不论是教学内容还是教学形式都存在较重的专业化教育倾向。从总体上看,目前的中小学音乐、美术教学课程以及相应编撰的各种版本音乐、美术等艺术类课程教科书,在其要义和内容风格上广泛受到专业艺术院校教学内容及形式的极大影响。在内容方面的标准逾越了儿童适龄的心理成长水平和接纳本能,也超过了儿童在艺术方面素养提升的需求;在系统安排上,多种艺术知识割据严重,都过分注重本身的逻辑体系;在教学的形式和方法上,教师也是传承了专业艺术教育体系对专业艺术人才培养的做法,以传授知识和训练技能为重点,这种单调而倾向专业化的教学形式,不能为儿童提供足够的机会积极参与艺术活动,更不能有效地激发儿童对艺术的兴趣和爱好,终将不能真正使儿童收获丰富而愉悦的审美体验,完成儿童艺术教育课程的价值和目标。

(二)儿童艺术教育具体存在问题的原因分析

1.儿童艺术教育师资力量薄弱

近些年,我国艺术师范教育发展较为迅速,规模迅猛扩大,但在教育质量方面却没有根本性的突破。艺术师范教育更多地仍然是在仿照专业艺术院校来办学,片面强调学生艺术专业技能的提高,而与艺术有着较多联系的艺术教学法课程往往是处于不受师生重视的地位。艺术师范生所学的艺术专业课程也存在着课程内容及课程评价引导过于专业化的问题,使得用于幼儿园及中小学艺术教育必要的内容因其浅显、基础性而不被重视。结果,当师范生毕业后走上讲台时,才发觉对艺术教育中那些最基本内容的学习并不透彻,运用起来也并不轻松,艺术师范教育中的艺术专业课程不应该照搬专业艺术院校所开设的课程。此外,目前部分师范院校还存在教学分解过细,知识结构单一,教学内容陈旧,实用性差等问题,如当代音乐、电脑、电化教具在教学中的设计与运用等一些前沿课程开设不足且效果不好;教育理论和教法课程与国外相比也有较大差距。师范教育中的艺术教育专业主要任务就是培育艺术教师队伍,因此,在很大程度上对于艺术师范生来说,教育教学专业素养的重要性要高于艺术专业素养。因为高校师范教育专业对艺术专业大学生设置课程的不合理,导致毕业生走上讲台后,对教师的职责认识不清楚,组织教学能力弱,教法单调,教学缺少吸引力,不能很快适应岗位教学的需要。

2. 儿童艺术教育科研相对其他学科显得薄弱落后

主要反映在以下几方面:首先,专业基础建设单薄,现在虽初步整理出来了古今中外艺术教育史的资料,但还有必要进行充实;其次,学科专业理论还置于空缺或部分空缺的状态当中,很少有可以与其他学科匹配的力作出版;最后,缺乏对艺术教育实践深入系统的研究,对国内外相关领域焦点问题的理解和探讨还不够及时到位。

另外,我国仍未建立全面的、科学的儿童艺术教育评估体系,学校的艺术教育脱离社会、家庭的艺术教育,儿童艺术教育和其他文化教育呈分离状态,外国儿童艺术教育的先进理念与中国具体实践的机械结合等问题相当普遍地存在。这些问题得不到根本解决,必将严重制约我国儿童艺术教育事业的发展。

3. 艺术通感作用未能得到最大成效的发挥

通感现象的研究涉猎到心理学、生理学、审美学等诸多学科,也取得了一定的研究成果。但就目前所掌握的资料中,艺术通感的研究中较少从儿童艺术教育的角度进行。儿童艺术教育的专家、学者对儿童艺术通感的研究表明,在儿童艺术活动中是存在着通感的,艺术通感教育对于儿童是可行的,但在儿童艺术教育中艺术通感的价值和培育等相关问题的研究还需进一步加强。在当前生活中,大多数基层艺术教师虽然体会到了儿童艺术活动中存在着通感现象,但对通感的认知还处于起步阶段,甚至存在着某些不正确的认识和看法,关于通感对儿童艺术教育的意义的具体化及如何在儿童艺术教育中实施通感缺乏深入思考与有效的实施策略。

第二节
在艺术通感视域下实施儿童艺术教育

一、改善儿童艺术教育的有效举措

（一）完善儿童艺术教育师资培养的课程构建

儿童艺术教育应该面向所有学生，要注重树立人文理念，强调综合性的艺术教育，重视艺术与文化及社会的关联，强调艺术学习的方式要以情境式取代机械式等。这些方面的改善可从以下几点着手进行。

1. 更新审美观念，改变美育意识

在教育理念上，应更加关注教育公平，关注人文内涵。艺术教育必须摒弃在专业上追求"高精尖"的专业艺术目标，紧紧围绕儿童艺术教育岗位目标需求设置课程，树立艺术教育为提升儿童审美能力服务的核心，艺术教育专业及学前教育专业毕业生毕业后的教学服务是要面向儿童，要为接受教育的所有学生的成长提供均衡的学习条件，要保证所有学生包括智力或身体有缺陷及边远农村的儿童在内都有接受艺术教育的权利。

在《关于全面加强和改进新时代学校美育工作的意见》中，我国明确提出了各级各类院校美育课程目标，如学前教育阶段重点培养幼儿拥有美好的心灵、善良的本性，珍视美好事物；义务教育阶段重点发掘学生艺术兴趣和创新意识，培养学生积极健康的审美趣味、提高审美格调；高中阶段重点丰富学生的文化审美感受，拓宽人文眼界，引领学生形成正确的审美观、文化观；高等教育阶段重在培育具备高尚审美追求、崇高人品涵养的高层次人才。

儿童艺术教育要更加关注人文理念。艺术教学也不应仅仅将焦点放到技能目标的完成上，而是转向重视在动态的环境中个人所取得的心灵成长。儿童艺术教学应更注重以儿童成长为中心，表现对儿童成长的关注，如，理

想的文化心理品质的关怀和理想"人"的培养,不但要提高儿童的审美意识、审美趣味,同时要充分开发儿童的心智或知识、情感、创造力等。

2. 在课程建设方面,提倡艺术综合课程建设

随着时代的发展,艺术教育需强调各种艺术学科之间以及艺术与其他学科之间的联系。近年来,各个国家的艺术教育都在避免儿童早期艺术教育中的单调化,不断扩充、丰富艺术教育内涵,使得艺术教育内涵呈现广泛多样的特征,并在研究教育内容时还需关注艺术与各类学科之间的联系,以便使艺术教育目标与艺术教育内容更完美地达成一致。

人类知识是一个统一的整体,文科与理科所包含的各个学科之间都存在联系。因此,当代教育科学进步的主要标志是使不同学科间交叉并融合。为了与之相配合,艺术学科与各个学科之间的交叉和融合终将成为当前世界教育前进的必然趋势。这一趋势在知识背景、思维方式、操作技能、学习能力等方面补充和配合了各学科的教育,不断消除知识与学科分离的现象,促进学生在知识领域的整合,思维方式的多样化,培养创新精神、创造意识与实践能力。

艺术教育重在启迪人的心灵,在艺术教育领域进行了成功探索的中外教育工作者一致认为,幼儿园和学校作为儿童接受教育的最主要场所,其主要的职责不仅仅是传授知识,训练技能,更是开启人的心灵,从而使儿童拥有健康身心及完美人格,并能够愉快地、充实地为他们刚刚开始的人生奠定坚实的基础。艺术教育具有独特的功能,不仅培养儿童的美感、形象思维能力、创造力和表现力,而且提高审美能力、启发智力、培养情操又能开发独具魅力的个性,这是在其他学科中无法达成的。

3. 在课程设置与考核评价中,纠正"功利化"和"技能化"趋势

艺术教育应该是教师与学生合作互动的过程,教育的有机主体即是教师和学生。艺术教育应该是在实际教学中,通过师生之间互相协作去体会、去摸索、去共同探寻而进行的。艺术教育的教学过程是即时发生性的,而不是预先确定的知识和技能的传达。

随着素质教育的不断深入,人们越来越重视艺术教育对提升生命质量与启迪心灵的价值,以往"功利"与"技能化"的艺术教育受到广泛的批评。儿童早期艺术教育有别于成年后的专业艺术教育,它针对的是所有儿童,而不是极具艺术天赋的少数人；它的主要目标不是传授更多的艺术技能，而是要着眼于艺术教育的大众化传播，能够对儿童未来素质和能力的稳定性产生影响，提升儿童的生活质量和发展高度。许多艺术教育工作者已形成这样的共识：在未来的社会中，不可能每一位儿童都能成为歌唱家、画家或者艺术家，但是良好的艺术教育会使他们成为一个个能够欣赏艺术的观众，他们会拥有健康高尚的审美观和良好的道德情操。现代艺术教育具有开放性、动态性和过程性；它的方向是形成性的、改变性的和创造性的。艺术教育应从社会艺术教育和家庭艺术教育的角度，将艺术教育与儿童的日常生活有机联系起来，形成学校（幼儿园）、社会和家庭的协同作用；加强艺术教育之间的联系，与其密切协调、交融、共同发展。艺术教学应改变传统的封闭式教学模式，即片面的教师教学、固定时间、固定地点的学科教学，应采用开放的教学模式，将学生的探讨与互动学习相结合。

（二）在艺术通感视域下改善儿童艺术教育

艺术之于儿童是他们感受、创造和表现美的必要形式，也是他们表达自我对外面世界的认知和情感态度的别样方式，儿童的审美体验与艺术表达形式是丰富多元的。儿童艺术教育是对儿童实施全面发展的教育，是提高儿童艺术素养，提升审美能力的综合性教育，要把儿童的学习与发展作为一个有机整体来看待，倡导通过艺术教育促进儿童全面和谐地发展。因此，我们需逐步深化对艺术教育各形式之间相互渗透、有机融合的意义和机制的认识，在发展音乐、美术、文学等各门类艺术能力的同时，把音乐、戏剧、美术、文学等各类艺术元素综合应用，提炼出共有的审美要素，在艺术通感的背景下，指引儿童学习用心灵去体会和发掘美，用自我的方法去表达美和独创美，促进儿童的审美体验与审美能力的发展，将儿童艺术教育开展得更加深刻、直观、全面，最终达到完整审美心理结构的塑造。艺术通感视域下儿童艺术教育改善的具体措施可从以下几方面着手进行。

1. 在思想上，明晰童年时接受艺术通感刺激的意义

人的众多童年感觉都留在一生的记忆中，因为它是对世界认知的初始印象，影响着我们日后所有的感觉。最初的感觉是强烈而深刻的，它意味着真实和纯洁，纯粹是爱的前提条件、纯洁是道德形成的基础，当这些特质被认识到，人们也开始重视童年的初始感觉教育。艺术是每个人童年的最好

陪伴;童年的纯粹,是日后人生艺术的天堂。艺术教育应该在童年正式开始,种种研究表明,通感的形成是在幼年出现萌芽并随着生理年龄的增长而与日俱增的,在孩童纯净的内心世界,对艺术的反映往往是多元的,来自听觉、视觉、触觉等某一方面的刺激信号被接收后,会对身体的其他感觉器官形成"共振",产生感觉的迁移与贯通,通感自此形成,因此,重视儿童通感产生的规律与特质,引导、开发、利用好通感,会在儿童的艺术教育实施过程中收到极好的效果。

2. 在观念上,重视通感对儿童心灵的塑造作用

所有对艺术的审美欣赏活动都源于心灵的经验轨迹,受心灵的深度、纯度、感受面等因素限制,而这个心灵来自童年。欣赏对象只是提供了素材,这个对象落到不同的心灵上,显现出不同的反应,催生了不同的联想。童年时代是想象力、创造力发展的高峰时代,因此,艺术对儿童心灵的唤醒与塑造意义重大。在艺术审美欣赏活动中,不同的艺术门类只是引导通感的不同手段,它们的作用都是为了让心灵之花开放,让心灵的明镜普照,让诸感官得到全面滋润,让身心一起健康成长。真诚的艺术活动都是面对心灵的,他们的艺术活动来自心弦的弹奏,心灵被唤醒和贯通,让我们的心灵回到起源的地方反哺。在艺术活动中,儿童的心灵为之感动、为之陶醉是情理之中的事,儿童审美活动中,审美情趣被激荡,审美体验的每一秒过程都可能激发儿童的想象力、创造力,通感背景下的审美教育活动使得美的各种元素在儿童的心灵汇集、融合,使儿童在审美过程中灵魂得到陶冶,审美素养快速提升。

3. 利用艺术综合课程,使通感更好地在儿童艺术教育中发挥功效

综合艺术课程将传统的单独艺术学科教学融为一体。这种综合是对不同艺术门类学科的重组与融合。各种艺术表达形式本身具有彼此融合、相互依存的特点,同时,各个门类的艺术都不同程度地涉及感知、情绪、想象和创造过程、文化底蕴和美感的享受,因此,也可以将综合艺术课程看作是不同的学习方式的相互融合。综合艺术课程的宗旨是帮助儿童在多种艺术能力之间建立起桥梁纽带,在促进儿童视觉、听觉、触觉、语言、形体等多种技能发展的同时,协助他们在充满无限魔力的艺术世界里获得更多的实践知识,从而具有互为补充的综合艺术能力。

儿童艺术综合课程关注儿童完整的艺术活动,提出完整的儿童艺术活动包括感知与领会、创作与表达、评判与反思多方位立体化。儿童需要在多种审美心理条件协同作用下才能产生艺术通感的,从某种意义上来讲,它是儿童的艺术水平的展现,必须在完整艺术活动中培养,其中包含艺术感知与领会、创作与表达、评判与反思在内。充分的感知与领会是儿童艺术通感产生的沃土,创作与表达给予艺术通感投入艺术实践的机会,反过来,在艺术通感的作用下,儿童艺术教育也会让儿童获得更丰富的感知、多层次感受与审美体验,对儿童审美能力、创造力、想象力等综合素养的提高起到推波助澜的作用。

4.培养具有全面知识结构的儿童艺术教育师资

通感视域下儿童艺术教育课程及活动的高效实施环节中,师资力量是重要的一环,要求实施活动的教师具有高度人文素养与多个学科的综合性知识技能。

(1)教师应具备较高的人文素养知识

真正理想的艺术教育课程模式应该是一种实际意义上的"文化教育",即儿童在各种主题当中与其包罗的文化底蕴接触和对话,并创新文化的过程。文化的根本是人性化,因此艺术教育课程应该组织人文主题的教学提纲,故而艺术课程标准已有详尽的说明。作为儿童艺术教育课程的直接实施者,应该具备人文精神,并能清楚明确人文精神与科学精神的关系,我们反对漠视人文精神的科学优越感,但我们同样尊重科学精神。音乐、美术等各个艺术学科的内容要在教学中熟练掌握,完备儿童教育学、艺术美学等相关学科知识,并将其恰当地安排到综合艺术课的教程中。据有关资料显示,在我们国家的儿童艺术教育中,儿童艺术学科的艺术元素没有示范教学法的问题早已得到解决,将艺术教育真正当成一门人文文化课,在卓越文化的熏陶下,孩子们的创造力和艺术表达潜力得到很大程度的开发,形成了较为完备的艺术文化教育机制。儿童可以在文化教育的启迪下,独立寻找到掌握和采用艺术学科技能的心理转化过程。在基础艺术教育中,教师对艺术学科技能的传授可以完全不必进行示范的方法,仅靠着语言传播的力量让儿童潜能释放的问题得以解决。尤其在通感视域下,几个艺术类别的相融通常在儿童身上是自然产生的,但这并未预示在儿童艺术活动或儿童课堂上的实践中这种融合的过程不必去研究,而是激发和引导通感的形成与发展,能够融会贯通地组织教学,在艺术课程教学活动中,合理利用艺术通感的形成,将人文素养通过艺术审美活动潜移默化地编排其中,像营养液一样输入儿童渴求知识的精神世界。

（2）教师应具备美学理论素养

美学包括艺术哲学、音乐、舞蹈、美术、戏剧等多个领域。审美教育中只讲艺术教育不讲美学在理论上是缺乏高度的。例如儿童艺术课程教学标准里,主张开展艺术活动要兼具游戏形式,通过有秩序或随意的游戏活动,增加了教学的愉快感,提高了儿童对艺术学习的兴趣,使儿童能够在游戏中体验艺术,从而以自然的方式展现孩子们简单开放的天性,并以悄然的方式巧妙地培养出更具有开朗活泼性格的孩子。这就是美学理论的一种。从艺术活动中分离出来的各门类艺术在更高阶段重新相融,"艺"上升为"道",这里所讲的亦是美学理论。在"德、智、体"三方面再添加一个"美",回归传统文化中的"真善美",更加证实美学命题的崇高。综合性艺术课程的出现,必然会引发美学理论学习的热潮,促进美学理论在我国的发展,而通感在儿童艺术教育活动中的有效实施,也必须提高全体艺术教师的美学理论能力。

（3）教师应具备审美心理学知识

儿童艺术通感的发生需要多种审美心理要素参与,教师需要了解儿童教育心理学,需要了解儿童审美心理机制的能动作用,了解艺术通感在儿童各个年龄段的发展特点与产生时段,以便有效地将通感与儿童艺术教育融合在一起并实现互相促进。

心理学的相关研究还包括许多其他方面,如格式塔心理学。阿恩海姆说:"人的各种心理能力中差不多都有心灵在发挥作用,因为人的诸心理能力在任何时候都是作为一个整体活动着,一切知觉中都包含着思维,一切推理中都包含着直觉,一切观测中都包含着创造。"[①]这一理论为综合艺术课程提供了心理学理论依据,而通感的形成机制也属于这一心理机制的能动结果,艺术通感的本质正是通过心灵的作用而将不同感觉进行联通、迁移、融合,进而实现完整感觉的"共振",因此,它也成为通感在综合艺术课发挥功

---

①鲁道夫·阿恩海姆:《艺术与视知觉》,滕守尧,朱疆源,译,中国社会科学出版社,1984,第88页。

效的理论依据。

（4）教师应具备建构综合知识技能的能力

作为新课程标准的一部分，艺术课程中对知识点的理解并不像过去在传统教学和课程理念的指导下那样，简单地用不同艺术学科的知识来传达，而是教师引导儿童在特定的教学文化情境中发现问题。通过艺术审美活动教学中的通感运用与引导，帮助儿童在艺术审美过程中利用儿童各个心理发育阶段审美特质及单科艺术技能特征感受美、欣赏美、创造美，完成审美体验，陶冶性情，启迪心灵，提升智力，开启智慧，由此支撑并鼓励儿童逐步去探索世界、提升认知，在具备开设综合艺术课的教学活动机构，可以基于艺术综合课程的实施基础上，完整地感受艺术之美，丰富审美体验，在暂时不具备开设综合艺术课的机构，利用单科艺术课尽量设计好课程活动方案，引发与利用好艺术通感，利用综合艺术形式激发儿童对艺术的兴趣与热爱，尽量给儿童完整的审美体验与感受，最终使儿童真正成为文化艺术的传承人与创造者。教师在通感视域下完成儿童艺术教育，为儿童提供多视角认知来探索艺术世界和构建专业知识，使儿童能够跨学科、跨时间、跨空间地学习，这也要求教师作为实施这一教学活动设计的主导者，需要具备将多门学科技能合理构建的能力与素质。

参考文献

一、著作类

[1]杨咏祁,李开,左健.美育词典[M].南京:江苏美术出版社,1993.

[2]朱光潜.谈美[M].合肥:安徽教育出版社,2006.

[3]印小青.现代儿童艺术教育论[M].济南:山东人民出版社,2005.

[4]杨立梅.现代儿童艺术教育论[M].北京:科学出版社,2001.

[5]王杰.马克思主义美学研究(第20卷期)[M].北京:东方出版中心,2017.

[6]海德格尔.艺术作品的本源[M].孙周兴,译.北京:商务印书馆,2022.

[7]楼必生,屠美如.学前儿童艺术综合教育研究[M].北京:北京师范大学出版社,1997.

[8]张涵.中国当代美学[M].郑州:河南人民出版社,1990.

[9]陈育德.灵心妙语:艺术通感论[M].合肥:安徽教育出版社,2005.

[10]朱光潜.朱光潜全集(第1卷)[M].合肥:安徽教育出版社,1987.

[11]钱钟书.旧文四篇[M].上海:上海古籍出版社,1979.

[12]陈望道.陈望道文集(第1卷)[M].上海:上海教育出版社,1987.

[13]邱明正.审美心理[M].上海:复旦大学出版社,1993.

[14]苏珊·朗格:情思与形式[M].刘大基,等,译.北京:中国社会科学出版社,1986.

[15]黑格尔.美学(第1卷)[M].朱光潜,译.北京:商务印书馆,1979.

[16]许卓娅.生态式艺术教育:小学音乐[M].长春:北方妇女儿童出版社,2005.

[17]滕守尧.审美心理描述[M].北京:中国社会科学出版社,1985.

[18]王荣德.教师人格论:高素质教师研究的新视角[M].北京:科学出版社,2001.

[19]程英.学前儿童艺术教育与活动指导[M].2版,上海:华东师范大学出版社,2022.

[20]鲁道夫·奥恩海姆:艺术与视知觉[M].滕守尧,译.成都:四川人民出版社,2022.

[21]许卓娅,孔起英.《学前儿童音乐与美术教育》自学辅导[M].苏州:苏州大学出版社,2001.

[22]加登纳.艺术与人的发展[M].兰金仁,译.北京:人民音乐出版社,1988.

[23]汉斯立克.论音乐的美[M].刘鑫,译.北京:人民音乐出版社,1978.

[24]孔起英.儿童审美心理研究[M].南京:江苏教育出版社,2008.

二、期刊论文类

[1]徐雯豫.基于视听互通的艺术通感现象研究:一项学前儿童与青年的案例研究[J].教育观察,2022(12):19.

[2]邓礼红.试论中国儿童文学及其教育价值[J].文学杂谈,2021(6):144.

[3]郑亚楠.深化教育改革视阈下高校舞蹈教学中联觉能力的培养[J].艺教论坛,2022(4):121.

[4]覃光文.论审美通感[J].常德师范学院学报(社会科学版),2000(4):54-56.

[5]杨波.艺术通感:一种统觉性创造性的审美能力:艺术通感的审美阐释[J].新疆大学学报(社会科学版),2003(4):82-87.

[6]杨波.文学接受活动中的艺术通感特征解说:艺术通感研究系列之三[J].喀什师范学院学报,2003(5):76-79.

[7]杨波.对通感作为修辞的阈限质疑:艺术通感研究系列之一[J].喀什师范学院学报,2003(2):60-62,74.

[8]杨波.艺术通感的生理—心理学发生探源:艺术通感的研究系列之二[J].喀什师范学院学报,2003(4):62-66,79.

[9]姜守旸.浅谈艺术通感的类型及作用[J].辽宁师专学报(社会科学版),2001(1):52-54.

[10]王丽.艺术通感与儿童艺术教育研究[D].南京:南京师范大学,2007.

[11]刘洋.儿童与音乐的对话:5-6岁儿童音乐欣赏特点研究[D].南京:南京师范大学,2006.

[12]刘旭.简析"艺术通感"现象:以《图画展览会》为例[D].天津:天津师范大学,2022.

[13]张海苗.基于艺术通感理论的幼儿音乐活动的设计与实践研究[D].南昌:江西科技师范大学.2020.

[14]张青苗.儿童美育研究[D].济南:山东师范大学,2008.

[15]刘友洪.杜威儿童美育思想研究[D].重庆:西南大学,2010.

[16]孙文娇.儿童审美意识建构的引导[D].昆明:云南师范大学,2013.

[17]范诚.解读儿童画中的儿童审美心理研究[D].南京:南京师范大学,2012.

[18]孔起英.儿童审美心理研究:学前儿童对视觉艺术文本的解读[D].南京:南京师范大学,2001.

[19]高华.幼儿艺术教育综合性的实践研究[D].长春:东北师范大学,2005.

[20]赵晶磊.基于审美态度的朗诵艺术表达研究[D].哈尔滨:哈尔滨师范大学,2020.

[21]董玉娟.艺术通感在学前儿童艺术教育中的价值及其培养价值[D].济南:山东师范大学,2011.